土地划区分级督察理论与方法探索

张建军　付梅臣　李元恒
唐正国　华　蓉　孟苏菊　著

地质出版社
·北　京·

图书在版编目（CIP）数据

土地划区分级督察理论与方法探索／张建军 等著.
—北京：地质出版社，2016.12
ISBN 978-7-116-09197-9

Ⅰ.①土… Ⅱ.①张… Ⅲ.①土地管理-监管制度-研究-中国 Ⅳ.①F321.1

中国版本图书馆 CIP 数据核字（2016）第 265795 号

责任编辑：贺秋梅 马洁瑶
责任校对：王洪强
出版发行：地质出版社
社址邮编：北京市海淀区学院路 31 号，100083
电　　话：（010）66554528（邮购部）；（010）66554611（编辑部）
网　　址：http：//www.gph.com.cn
传　　真：（010）66554607
印　　刷：北京地大彩印有限公司
开　　本：787mm×960mm 1/16
印　　张：12
字　　数：260 千字
版　　次：2016 年 12 月北京第 1 版
印　　次：2016 年 12 月北京第 1 次印刷
定　　价：48.00 元
书　　号：ISBN 978-7-116-09197-9

序　言

“十分珍惜、合理利用土地和切实保护耕地”是我国的基本国策。为了充分贯彻这一国策，2004 年 10 月 28 日，《国务院关于深化改革严格土地管理的决定》（国发〔2004〕28 号）提出：“完善土地执法监察体制，建立国家土地督察制度，设立国家土地总督察，向地方派驻土地督察专员，监督土地执法行为。”2006 年 7 月 13 日，《国务院办公厅关于建立国家土地督察制度有关问题的通知》（国办发〔2006〕50 号）印发，决定建立国家土地督察制度，并明确了土地督察机构组成及其职责。

国家土地督察西安局代表国家土地总督察履行监督检查职责，负责对陕西省、甘肃省、青海省、宁夏回族自治区、新疆维吾尔自治区人民政府和新疆生产建设兵团的土地利用和管理情况进行监督检查。当前，国家土地督察西安局的督察工作具有以下 4 个鲜明特点：督察域广任务重，亟须提升督察效率和效果；督察形势仍旧严峻，亟须强化督察力度和作用；督察要求不断提高，亟须丰富督察方式和方法；督察区域特点明显，亟须尝试差别化工作实践。因此，针对西北地区土地与矿产资源区域特征明显、人口总规模小但相对集中聚居、产业集聚性强、土地利用方式复杂、经济发展需求强烈等特征，考虑到青海省经济发展处于起步阶段、年用地量相对不大、土地违法违规案件具有统计操作性，体现了西北地区的典型用地特点，故选择青海省作为“土地划区分级督察”研究试点，由中国地质大学（北京）和青海省国土规划研究院共同承担。

“青海省土地划区分级督察试点研究”是根据国家土地总督察、副总督察的重要批示，安排的国家土地督察西安局 2009 年度的重点工作任务之一，也是国家土地督察西安局和青海省政府联合开展的第一项试点研究工作。为推进该项工作，国家土地督察西安局在西宁组织召开了试点研究启动会，青海省发改委、财政厅、国土资源厅、统计局、农牧厅等部门组成的土地划区分级督察试点工作领导小组成员参加会议。会议强调指出，本研究主要目的是针对西部地区地广人稀、人口和耕地分布与经济发展很不平衡、自然生态环境脆弱且差异较大，而国家土地督察和国土资源管理人员相对较少、任务重的实际问题，选择青海省开展试点研究，丰富土地督察理论，探索将青海省划分为不同的土地督察区域和督察级别，并对不同级别区域实施差别化的土地督察方式、方法和管理政策，以集中主要精力抓住重点督察区域，完善土地督察绩效评估体系，达到有效管控绝大多数耕地和建设用地的督察目标。

“青海省土地划区分级督察试点研究”自2009年9月正式启动以来，课题组经过数据收集整理、技术方案设计、指标和权重咨询、类型区划分和级别评定、差别性督察办法制定、信息系统设计等研究工作，曾先后两次邀请国土资源部相关单位与高校科研机构的专家，就项目研究的中期阶段性成果召开论证会。经过课题组与专家的多次沟通和内部的反复讨论、修改，研究成果技术路径逐步成熟，能够反映青海省的实情，基本具备在西北地区推广实施的条件。历时1年，“青海省土地划区分级督察试点研究”项目顺利完成了既定任务，基本达到任务书的要求，并由国家土地督察西安局和青海省人民政府在北京组织召开了“青海省土地划区分级督察试点研究”成果验收会和成果鉴定会。专家组认为，项目首次构建了土地督察的划区分级模式，有针对性地提出了差别化土地督察办法，并初步建立了土地督察预警模型和土地划区分级督察信息系统，项目成果具有显著的创新性、实用性和推广应用前景，达到国内领先水平，对提高土地督察工作的效率和效果，完善土地督察机制，提升土地督察技术水平具有重要意义。

“青海省土地划区分级督察试点研究”项目得以顺利开展并取得丰硕成果，得到了国家土地督察西安局杨璐局长的大力支持，在此表示衷心的感谢！同时，感谢原国家土地管理局副局长马克伟，国家土地督察北京局原局长、中国矿业联合会秘书长樊志全，国土资源部地籍司原副司长向洪宜，执法局张新宝巡视员，政策法规司赵久田副巡视员，人事司牛继宝处长，规划院张晓玲所长，中国国土资源经济研究院文志岳研究员，中国土地矿产法律事务中心李鸿雁处长，国家土地督察办公室纪东义副主任，国家土地督察西安局吴昌洋副局长、调研处王平会处长、督察三室张占军副主任与郑谊鸽科员，青海省人民政府姚海瑜副秘书长，青海省国土资源厅朱小川副厅长，青海省国土资源厅执法局徐卫东局长，中国地质大学赵鹏大院士，中国科学院陈百明研究员，中国矿业大学胡振琪教授，中国农业大学张军连教授，以及东华理工大学张立亭教授为本项目的前期准备、中期论证、后期验收与鉴定付出的辛劳，以及对本研究成果的充分肯定。

本书基于“青海省土地划区分级督察试点研究”项目总结提炼而成。全书由9章构成，主要内容分为4部分：第一部分是技术篇章，包括第一、二、三、四、五章，主要是对研究背景与基础、土地督察类型区的划分、土地督察级别的评定以及差别化土地督察办法的制定等方面的阐述；第二部分是扩展篇章，包括第六、七章，主要是对土地划区分级督察绩效考核办法、督察预警进行探索性阐述；第三部分是信息系统篇章，包括第八章，主要是将核心研究技术应用计算机软件平台进行集成和可视化，以提高土地划区分级督察工作的智能化水平；第四部分是成果应用与运行保障篇章，包括第九章，主要是对试点的运行机制和保障措施的内容和工作措施进行了阐述。本书的撰写，汇聚了研究团队所有成员的心血，其中研究生陶金、肖秋平、王增、何睿雅、伍贤斌、魏聪礼、王柯等对基础资料进行了收集、汇总与整理，在此表示衷心感谢！本书中所引用文献作者及网络文献匿名作者的智慧贡献，为本书的撰写提供了宝贵的思路和理论借鉴，在此一并致谢！

由于国内外对土地划区分级督察的研究几乎为空白，可借鉴的经验少，加上作者水平有限，本书可能存在诸多不足和值得商榷之处，敬请广大专家、学者批评指正。

作　者

2016 年于北京

目　录

1 绪 论

1.1 研究背景与意义

1.1.1 研究背景

2004 年 10 月 28 日,《国务院关于深化改革严格土地管理的决定》（国发〔2004〕28 号）正式提出:“完善土地执法监察体制，建立国家土地督察制度，设立国家土地总督察，向地方派驻土地督察专员，监督土地执法行为。”2006 年 7 月 13 日，《国务院办公厅关于建立国家土地督察制度有关问题的通知》（国办发〔2006〕50 号）印发，决定建立国家土地督察制度，并明确了土地督察机构组成及其职责。根据国土资源部三定方案：国务院设立国家土地总督察，授权国家土地总督察对各省、自治区、直辖市，以及计划单列市人民政府土地利用和管理情况进行监督检查，落实耕地保护目标责任制，监督国家土地调控政策的实施。

国家土地总督察办公室根据《中华人民共和国土地管理法》和《国务院办公厅关于建立国家土地督察制度有关问题的通知》，多年来逐步开展了对于国家土地督察机构对农用地转用和土地征收审批事项的督察规范工作，并以监督检查省级政府土地利用和管理情况为主线，把保护耕地、严守红线作为各项督察工作的重中之重，突出对维护群众合法权益情况的监督检查，认真履行职责，不断提升效能，国家土地督察工作取得积极成效[1]。经过近 10 年发展，具有中国特色的国家土地督察制度已经初步建立，形成了基本的制度安排、工作机制和管理规则，建立了涵盖土地督察各方面的制度规范体系，土地督察队伍逐步完备，依法督察格局日趋成形，在国土资源管理工作乃至国民经济建设中日益发挥不可或缺的作用。

国家土地总督察对国务院负责，委托国土资源部组织实施国家土地督察制度，向地方派驻 9 个国家土地督察局。其中，国家土地督察西安局（以下简称西安局）代表国家土地总督察履行监督检查职责，负责对陕西省、甘肃省、青海省、宁夏回族自治区、新疆维吾尔自治区人民政府和新疆生产建设兵团的土地利用和管理情况进行监督检查。由于我国人口分布、经济水平、土地开发等方面的地域分布差异性，地方派驻的国家土地督察局在分管的行政辖区、督察范围、工作任务等方面也迥然不同，特别是对于国家土地督察西安局，地区特征决定了其督察工作具有以下几个鲜明特点。

（1）督察域广任务重，亟须提升督察效率和效果。截至2013年年底，西安局督察人员少（人员编制38名），督察范围却涉及5个省（自治区）及新疆生产建设兵团、52个市（地、州）、359个县（市、区），面积达311.34 $\times 10^4 km^2$，人口9842.46万人。督察面积约占全国的三分之一，额定编制人均督察土地面积为8.2 $\times 10^4 km^2$，是全国额定编制人均督察土地面积的3倍（全国额定人均督察土地面积为2.67 $\times 10^4 km^2$）。每一位工作人员都身兼数职，工作量非常大。其中，青海省共涉及8个市（地、州）、43个县（市、区）、396个乡（镇），面积达72.23 $\times 10^4 km^2$，人口583.42万人，专职督察人员3人，额定编制人均督察土地面积为24.08 $\times 10^4 km^2$，又是国家土地督察西安局额定编制人均督察土地面积2.94倍，如不采取科学有效的督察方式方法，提高督察工作的针对性和效率，负责青海省土地督察工作的同志，任务将更加繁重，而且效果也将受到严重影响，督察目标难以实现。

（2）督察形势仍旧严峻，亟须强化督察力度和作用。近年来，经过“土地市场治理整顿”“土地违法违规案件专项行动”“土地执法百日行动”和卫片执法检查等较大规模执法行动，土地市场秩序有所好转，土地违法行为在一定范围内和一定程度上得到了遏制，然而土地违法这一问题还没有从根本上得到解决，土地违法案件仍然屡禁不止，并且出现了一些新的动向、新的特点。青海省“十二五”期间，国民生产总值年平均增长速度超过10.8%，2010年度土地矿产卫片执法检查发现违法违规用地行为204宗，立案查处150宗；2011年度发现违法违规用地行为581宗，立案查处377宗；2012年度立案查处244宗。同时，农村改革发展激发了各地浓厚的改革热情，土地流转加快，各种探索踊跃，规范稳步推进农村土地管理制度改革的任务繁重；另一方面，为应对国际金融危机的影响，中央和地方采取积极措施扩大内需，新增投资力度大、涉及范围广、建设时间集中，土地的需求量大幅度上涨。因此，保护耕地、遏制违法违规用地的任务更加艰巨，必须及时有效地反馈督察信息，提升督察效率，保证督察效果，保障土地资源的可持续利用。

（3）督察要求不断提高，亟须丰富督察方式和方法。原国家土地副总督察甘藏春同志曾要求对土地督察方式进行探索和创新，随着时间的推移，工作的深入，土地督察方式方法将不断丰富和完善。当前，国家土地总督察姜大明同志提出了更高的要求，土地督察机构要与时俱进，注重法治引领和创新驱动，要保质保量、做好专项督察，继续探索、做精做实例行督察，整合业务、再造流程、不断探索和总结规范日常督察，进一步促进土地督察制度臻于完善，构建中国特色的国家土地督察制度。可见，土地督察的工作重点，一是体现在督察内容方面，二是体现在督察方式方面，三是体现在督察效能方面。西安局经过多年的督察工作实践，通过督察工作机制的不断探索和创新，已初步形成例行督察、建设用地审批事项督察、专项督察、卫片督察、信访督察等土地督察核心业务，形成了实施土地督察制度的有效工作模式。但督察人力有限的局面，难以全面适时监督，需要不断创新和丰富土地督察方式，突出工作重点和方向，逐步推进“区域的土地划区分级督察”。

（4）督察区域特点明显，亟须尝试差别化工作实践。青海省土地广阔，土地类型多样，垂直分布明显，利用不均衡性较强。从整体来看，青海省的耕地区主要集中在东部，同时东部也是经济相对发达地区，建设用地的需求量也较大，违法违规占用耕地的情况也较多。另外，青海省是个多民族聚居的省份，有54个民族，涉及全国96%的民族。人口最多的市（地、州）为西宁市，其次为海东地区，最少为果洛藏族自治州。青海省矿产品种齐全、储量大，但有探明储量的矿产主要集中分布于柴达木盆地，该盆地是青海矿产资源的富集区，盆地内矿产资源潜在价值占全省的90%，在全省乃至全国都具有极其重要的地位。针对西北地区土地和矿产资源丰富且相对集中分布、人口总规模小但各民族也在各自治区域相对集中聚居、产业集聚性强、土地利用方式复杂、经济发展欲望强烈等特征，决定了需要对西北地区实行差别化的土地督察办法。

早在国家土地督察机构组建初期，原国家土地副总督察甘藏春同志就提出“西北地区地域辽阔，土地督察机构人员不多，如何及时发现问题”的课题。如何结合地方实际，落实好既定职能职责，西北地区迫切需要创新体制和机制，借助现代科学技术改善作业方式，区别对待，分清主次，提升督察效率和效果。考虑到青海省经济发展处于起步阶段、年用地量相对不大、土地违法违规案件在量上属中等水平，体现了西北地区的典型用地特点。因此，在深入调查研究的基础上，选择青海省开展“土地划区分级督察”研究试点，依托现代科学技术手段，分析探讨土地划区分级督察基础理论，划分督察类型区，评定土地督察级别，制定划区分级督察办法，建立划区分级的督察绩效评估指标体系和考核办法，为提高土地督察工作的效率、效益和效果，提供了切实可行的理论依据和技术支持。

1.1.2 研究目的和意义

西北地域广，气候干旱，生态环境脆弱，主要社会经济活动区与稀缺的耕地及其他农业资源分布区紧密相伴，大量的新增建设用地集中于大中城市、工矿区及交通沿线，形成特有的土地利用格局。以构建“保障和促进科学发展土地管理新机制”为主线，保护耕地资源和改善生态环境，促进区域可持续发展是西北土地督察的重要任务。试行土地划区分级督察，是构建土地督察新机制的有效探索，是科学发展观在土地督察工作中的具体体现。研究土地划区分级督察的主要目的和意义可以概括为以下几点。

（1）促进建立因地制宜的督察体制。以行政区经济为主导体制，使各级政府按照行政辖区进行空间开发和产业布局，形成自成一体、相对独立的产业和经济体系。加之，区域自然和社会经济的差异，形成不同的用地政策和土地管理方式。因此，有必要采取因地制宜、划区分级管理的督察方式，才能监管好耕地，落实国家调控政策，促进区域协调发展。

（2）提高督察效率和效果。开展土地划区分级督察，突出督察重点，实施差别督察，提高督察的针对性，能够缓解当前土地督察工作人员少、任务重的矛盾，有效防止土地违法违规现象，实现保障发展、保护资源的双重目的，具有重要的意义。

（3）创新土地督察方式。“创新”贯穿土地督察机构组建和成长的整个历程。在例行督察、建设用地审批事项督察、专项督察、卫片督察、信访督察等土地督察核心业务范围内，通过督察工作机制的不断探索、创新，构建土地督察制度的有效工作模式，使土地督察机构成为土地管理制度改革的积极促进者，土地管理长效机制健全、完善的重要推手[2,3]。实行土地划区分级督察，主要目的是通过对督察区进行划区和分级，创新土地督察运行机制，集中精力抓住少数重点区域，才能有效管控新增建设用地、保住耕地红线、保证发展用地。

1.2 概念界定与理论基础

1.2.1 概念界定

任何理论的拓展和深化，首先取决于概念的提出与明晰，概念的界定是任何科学研究不可或缺的，特别是研究中所出现的尚未得到学术界一致认可的、理解存在偏差的以及为满足特定研究需要的名词，对其概念的界定显得尤为重要。基于研究需要，拟对以下名词的概念加以界定。

（1）土地划区分级督察：对督察区内处于不同类型区和级别的单元实施差别化的土地督察方式。

（2）土地督察类型区：按照地域分异规律，从土地利用类型、土地开发利用方向与途径的相似性及差异性角度，对督察区域内各单元进行归类，以区分监管类型区。

（3）土地督察级别：依据土地督察工作要求，通过采集和处理与土地督察业务相关的各项指标，建立警戒度分等标准，对督察区域内各单元的警戒度进行评定，以明确单元级别。

(4) 土地划区分级督察办法：根据土地督察业务要求，以及不同督察区、级的特点，从业务选择和业务实施周期两方面制定出的差别化的土地督察办法。

(5) 土地划区分级督察绩效：是指实施土地划区分级督察而实现的土地督察效率和效益的提高。从本质上讲，督察绩效是一种特殊的投入与产出的比例关系，由土地督察所产生的社会效益、经济效益、生态效益的综合反映。

(6) 土地督察预警：是指依据督察区土地利用执行情况和土地督察情况，通过相关分析，选取土地督察预警警兆指标，明确警情，确定警度，建立土地督察预警模型，对各单元土地督察警情进行预测，确定土地督察警情级别，并发布警度预报。

1.2.2 理论基础

新生的国家土地督察制度正逐步完善其理论体系，土地督察也在朝着健康、有效的方向发展。土地督察制度正处于由初创阶段转入基本有待巩固创新的发展阶段，在督察实践中由于地方条件的差异性及人员配备情况的不同，又催生了新的土地督察方式——土地划区分级督察，而目前对于其理论体系的研究尚属空白。本书结合土地督察的内涵、任务、方式及管理措施等方面，从基础理论和应用理论两个方面进行了探讨。

相关的基础理论是研究土地划区分级过程中应当借鉴和遵循的理论基础。它可以规范指导土地划区分级的技术工作，从客观层面上保证土地督察方式、方法有所创新，同时也是引导土地督察合理性与有效性的展现，明确土地督察科学发展的方向，从主观层面上保证土地督察效率的提高。主要涉及的相关理论有可持续发展理论、土地利用区域理论、弹性理论和行政监督理论。土地划区分级督察基础理论的相关性描述见表 1.1。

表 1.1　土地划区分级督察基础理论的相关性表述

基础理论	相关性描述
可持续发展理论	划区分级的最终目的是实现土地资源的可持续利用
土地利用区域理论	不同区域的不同土地利用方式与管制差异是划区分级的基础
弹性理论	在督察办法制定上体现出行政自由裁量权
行政监督理论	地方政府作为督察对象离不开行政监督

1.2.2.1 可持续发展理论

随着区域经济的发展和城市化进程的加快，土地资源的有限性与日益增长的土地需求的矛盾愈演愈烈，使为经济社会发展提供切实有效的土地资源保障[4]和坚决“保住18亿亩耕地红线”的矛盾，成为当今土地资源管理和利用乃至经济社会发展的突出矛盾，迫切要求各地各部门必须以科学发展观为统领，坚持走可持续发展的道路。土地划区分级督察的目的，从近期来看，就是采取因地制宜的督察方式，监管好耕地，落实国家调控政策，促进区域协调发展；实行划区分级土地督察，能够缓解当前土地督察工作人员少、任务重的矛盾，有效防止土地违法违规，实现保障发展、保护资源的双重目的。从长远来看，土地划区分级督察的最终目的是实现土地资源的可持续利用。

现代可持续发展理论源于人们对环境的日益关注。传统的发展观，偏重于物质财富的增长而忽视人的全面发展，简单地把经济增长等同于经济发展而忽视社会的全面进步[5]，简单地把国内生产总值的增长作为衡量一个国家和地区经济社会发展的核心标尺而忽视资源的、环境的、人文的指标，单纯地把自然界看作是人类生存和发展的索取对象而忽视自然界是人类赖以生存和发展的根本基础[6]。可持续发展是指在对人类有意义的时间和空间尺度上，支配这一生存空间的生物、物理、化学定律所规定的限度内，环境资源对人类福利需求的可承受能力或可承载能力[7]。

以人为本、全面协调可持续发展的科学发展观，以经济建设为中心，走生产发展、生活富裕、生态良好的文明发展道路[8]，统筹城乡发展、统筹区域发展、统筹经济社会发展、统筹人与自然和谐发展，促进人与自然的和谐，实现经济发展和人口、资源、环境相协调[9]。

协调土地供给和土地需求是土地资源持续利用的永恒主题，也是土地督察的目的之一。在土地督察的划区分级过程中，要遵循土地资源的可持续利用理论，首先需要明确督察范围内的土地资源状况。只有在对督察范围内的土地资源状况，特别是不同区域的差异有了详细的了解之后，才能采用正确的方法对土地利用状况进行划区分级。根据土地供需形势和矛盾的不同，通过差别督察，推动差别管理和利用，各地各部门协调可持续发展。其次，思想认识要有一定的提高，高瞻远瞩的目光与对后代负责的态度，是合理划区分级的必要思想准备。在划区分级的过程中，结合当地的自然社会经济条件，将土地利用不合理的区域进行适当连接，形成评价体系，划分监督级别，从而形成专人专用、专人专管、差别对待的体制，提高土地督察的工作效率。

1.2.2.2 土地利用区域理论

土地划区分级督察一个很重要的部分，就是督察范围内土地的区域划分。采取的划区分级方式是：通过选取适当的评价指标，以县级行政区为基本单元对督察区进行聚类分析，得出土地督察类型区，并选取土地督察级别评定指标和因子，对各类型督察区进行级别的评定，最终得出土地督察的划区分级结果。从而形成不同的督察监管方式，为科学有效督察提供依据。由此可见，土地区域理论具有很强的指导作用。

本书的土地利用区域理论不同于区位理论。区位理论包括杜能的农业区位论、韦伯的工业区位论、克里斯塔勒的中心地理论等[10]。它主要是关于人类活动的空间分布及其空间中的相互关系的理论。具体来讲，是研究人类经济行为空间区位选择及空间区内经济活动优化组合的理论[11]。它的研究范围一般是指某一个行政区划，而且该行政区划有一定的规模和限制条件，研究范围相对狭窄。区位之间条件在形成不同状况的前提下又有一定的相似性。本书的研究区域是整个青海省，其省域范围广，不同区域的自然经济社会条件又有极大的不同，考虑到研究的科学性和准确性，扩大化的区位理论的指导意义显得有些不足，而区域理论的指导意义更强[12]。

土地利用区域理论强调的是不同区域的土地有不同的客观条件，也有不同的主观条件，进而带来不同的土地利用状况。它涉及的区域范围更为广阔，可以是一个县级城市区域，也可以是几个市级的区域之间，也可以是省域之内，侧重点在于不同区域土地利用状况不同，区域范围限制不大。督察划区也是根据区域土地不同的利用状况进行划区，划区的目的是进行差别化监管督察而非差别化利用，从这一点上来看区域理论也比区位理论更为贴切。

在土地督察的划区分级过程中，必须全面系统地应用土地利用区域理论作为指导，结合督察区域的自然状况、经济状况和社会状况，合理进行划区分级。

1.2.2.3 弹性理论

土地划区分级督察研究选取了一定时段的数据和资料，对青海省的土地利用状况进行分析，然后根据分析得出的结果制定相应的督察机制和体系，在这个过程中形成了两种大体上的动态体系。一种是基础数据资料的动态性，科学研究只能采用过去的数据进行分析研究，对未来的土地利用动态进行理论上的研究与预测，实际的数据与利用情况肯定会有所变化，划区分级的结果也就需要有相应的调整；另一种是督察体系客观条件的动态性，人员数量的变动、人员条件的不同、自然因素的影响、国家政策的改变等都是属于未知的可变化的情况。两种动态体系的存在需要对划区分级督察的过程和结果保留一定的弹性空间，以期达到科学合理的利用。因此弹性理论在这里也有很强的指导意义。

弹性理论是由阿尔佛雷德·马歇尔（Alfred Marshall）在《经济学原理》中提出的，后在经济学家的不断补充和完善中得到广泛运用。在经济学中，它是研究因变量经济变量的相对变化对自变量经济变量的相对变化的反应程度或灵敏程度的。当两个经济变量间存在函数关系时，作为自变量的经济变量的变化，必然引起作为因变量的经济变量的变化，弹性即表示因变量经济变量的相对变化对自变量相对变化的反应程度或灵敏程度[13]。在划区分级的过程中，也要考虑不同因素之间的相互影响，虽然从理论上来讲这种因素的选取应该是独立、相互不造成影响的因素才更合理，但实际的情况是对同一对象造成影响的真正相互独立的因素根本就不存在。因此，如何削弱这些因素之间的相互影响，就需要采取弹性理论进行合理取舍配置，得出科学结果。

在土地划区分级督察的过程中，弹性理论主要强调的是一种动态的思想，一种协调的思想，一种多样性选择的思想。划区分级督察是在土地利用情况复杂、人员配备不足、督察效率不高的状态下产生的新的土地督察方法。针对复杂的土地利用状况，督察方式需要灵活调整体系和时序，构造弹性督察思路，落实行政自由裁量权。督察人员的不足，需要土地督察部门根据划区分级的状况，协调人员与资源的配置，针对不同的情况也需要有可变的应急机制，强调督察的弹性思想。

1.2.2.4 行政监督理论

行政监督有狭义和广义之分。狭义的行政监督是指行政机关内部上下级之间，以及专设的行政监察、审计机关对行政机关及其公务人员的监督。广义的行政监督泛指执政党、国家权利机关、司法机关和人民群众等多种社会力量对国家行政机关及其公务人员的监督[14]。

当代中国监督制度的主要理论依据是“议行合一”说和马克思主义权力制约观。邓小平对新中国成立以来30多年历史进行了深刻反思与总结，系统提出以权利制约权力、以适当分权制约权力、以法制制约权力、以公开与监督制约权力、以素质制约权力等权力制约与监控思想，丰富和发展了马克思主义权力制约观。

国家土地督察制度作为我国行政监督制度的组成部分，应以马克思主义监督理论为指导，同时注重吸收西方监督理论的进步成分。

（1）土地监督制度设计一方面要注意保障民主和公民的土地权利，以民主和权利制约权力，另一方面要丰富监督方式，扩大行政内部和外部监督。

（2）现代社会的权力制约和制衡具有向横向、纵向和社会的多维度发展的趋势，土地行政管理制度改革在扩大地方政府权力和利益的同时[15]，必须加强纵向的监督和制约，防止权力滥用特别是权力失控。

（3）土地权利具有公权性质，国家拥有对土地的最终管理权和决定权，土地的国家监督是保证该权利实现的基本制度安排。

（4）权力制约与法治具有内在的统一性，加强土地监督法治建设，是建立和实施国家土地督察制度的前提和保证[15]。

1.3 国内外研究进展

1.3.1 土地划区分级研究

土地划区与土地分级属同一范畴，二者的发展总是联系在一起的。土地划区的概念是人们在对自然区划的研究探索中形成的。霍迈尔（H. G. Honnnever）于19世纪初首先提出自然区划，将自然资源划分为4级地理单元，从高到低为大区域（land）——区域（landschaft）——地区（gegend）——小区（ort）。近代以来，国际上对于区划的研究，一方面对理论方法进行深入研究，不断完善区划体系；另一方面，在与人文因素相结合方面的研究，日渐增多现代自然区划的研究。1898年，Merriam对美国的生命带和农作物带进行了详细划分，这是人们首次以生物作为自然分区的依据。人口、资源及环境问题，对区划工作提出了更高的要求。Leonardo Cascini对由滑坡引发的危险性灾害进行了分区研究，进而依据不同区域的特征条件降低因山体滑坡造成的损失[16]。Xuehua Liu则在指标因素选取方面进行自然保护区分区方法的研究[17]。María del Carmen Sabatini从生物多样性角度对已有森林区划模型进行设计和改进[18]。还有学者研究了海洋区域的多用途分区，并对该分区结果进行方案检验，使海洋管理更方便[19]。L. Picarelli以意大利风险最高的滑坡区域Campania为案例，进行了滑坡区域分区研究[20]。A. Araya以农业气候资源为基础，将生育期引入传统的分区方法，进行农业气候区划分[21]。

划区理论在土地管理行业的应用起源于19世纪末期的德国，法兰克福（Frankfurt）于1891年首次使用了土地分区的方法来管理城市土地，在不同区域采用不同标准来控制建筑密度和建筑体积，严格管理城市土地。美国则在20世纪初开始使用土地划区，纽约于1907年制定了美国第一个土地分区管理法案，该法案将纽约土地分为3种功能区：居住区、商业区（污染性的工、商业除外）和无限制区[22]。随后，美国商务部发布了“标准土地分区管理授权法”，协助、统一各州政府授权地方政府建立当地的土地分区管理法案。加拿大通过区划立法（Zoning by law）的形式对各级别层次的规划进行了明确要求[23]，如在城市中，区划法以法律条文形式规定，包括用途和建筑两方面内容。其中把城市每块地的用途确定下来，未列明或未确定的不能开展建设；建筑则对建筑的规模加以规定。地区级规划以省级政策宣言为标准，结合当地实际情况对辖区内的土地用途进行具体规划，并制定当地的《用地分区管理法》。

中国区划的研究工作起步较晚。20世纪50年代，我国组织了3次大规模的全国综合自然区划研究，科学家对全国范围内自然资源分为几大区划（如华东、东北、华北、华南、西南等）进行考察，并在此基础上开展不同单项区划以及综合自然区划的工作[24]。随后，以土地利用现状研究为基础，形成较为成熟的全国性土地利用区划资料《全国土地利用现状区划》[25]。20 世纪 80 年代初，中国科学院综考会在编制《中国 1∶100 万土地资源图》的过程中，提出了九大土地资源潜力区划的思想[26]。20 世纪 80 年代后期，中科院地理所编制了《中国 1∶400 万土地合理利用区划图》。

20 世纪 80 年代以来，谢高地等人将资源、环境、生态系统等概念、理论和方法应用在区划研究当中[27]，大大丰富了区划方面的研究。近几年，国内关于分区的研究已经广泛应用到农业生产、经济战略、土地开发、环境保护等各行各业中，尤其土地利用分区研究已得到长足发展。贾良清等在对区域生态环境特征分析的基础上，根据建立的生态功能区划体系，以安徽省生态系统为对象，以中国生态环境区划方案为背景，综合自然因素与人类活动影响，形成了安徽省生态功能区划方案，为当地生态保护与建设的重点、目标、措施的确定以及区域产业结构与布局的调整提供了重要依据[28]。张熙等以门头沟区为例，在总结旅游资源特点的基础上，综合人文因素，设计了“一带、一轴、四区、多中心”的旅游功能分区[29]。

1.3.2 土地督察制度研究

1.3.2.1 国外土地督察制度研究

西方国家行政监督制度由来已久，一般认为始于 1810 年的瑞典议会司法专员制度，其表现形式不仅包括行政权对立法、司法的监督，还包括生活中各种法定社会团体对行政主体的监督。就当代西方行政监督实践而言，除了来自外部的监督力量外，内部的监督力量似乎更为明显[30]，主要包括层级监督、审计督察、金融监管及法纪监管。

目前，类似我国土地督察制度的行政监督制度主要有俄罗斯的国家土地督察制度，英国的规划督察制度，荷兰的住房、空间规划和环境督察制度，美国环保大区督察制度等。

苏联在 1970 年即制定了《土地利用国家条例》，详细规定了国家土地督察的任务和实行督察的管理机构体系，确立了国家总督察职务，标志着国家土地督察的正式建立。目前，俄罗斯在联邦（中央）、主体（省）和部分地区（包括城市）形成了三级的土地督察管理机构。过去 20 年间陆续颁布并不断完善的俄罗斯《土地法》《国家土地督察条例》等为俄罗斯国家土地督察提供了法律依据[31]。

英国规划由于其自身特点在其规划体系中纳入了一个规划督察机制，其主要职责是对规划实施和在开发控制管理过程中出现矛盾时发挥仲裁作用。自 1992

年以来，英国的规划督察署已成为一个半独立的执行机构，直接对国务大臣和威尔士议会负责[32]。

2002 年 1 月，为了提高住房、空间规划和环境方面的政策法律的执行力，荷兰的住房、空间规划和环境部（VROM）将原来分散的 4 个监管机构合为一体，即空间规划督察、住房督察、环保督察以及刑事调查科合并为现在的荷兰住房、空间规划和环境部督察局。VROM 督察局相对比较独立，总部设在海牙，并在 5 个区域各设有一个派出机构。荷兰的 VROM 督察采用全面督察和专项督察相结合的督察方式，督察效率较高。

美国的政府体制大体可分为 3 个层次：联邦—州—地方政府，是一个典型的“三权分立”式国家，其相应的行政监督体制是分散的、不统一的，呈多元交叉状态，而且至今没有形成一个自上而下、统一的专司监察职权的行政监督体系。美国为了加强政府内部监督制约，在 1978 年通过了《监察长法案》，在几个重要部门设立了监察长办事处，专门调查联邦政府内部贪污、贿赂等不良行政行为和提高政府工作效率[33]。美国环保局（EPA）总部位于华盛顿，在全国设有 10 个区域办公室，总部及区域办公室主要采用经济措施激励各州政府解决环境问题，特别是通过项目专项拨款的方式。区域办公室通过总部确立的目标任务，通过项目委托的方式，将有关环境保护职责交由州环保机构承担。若某个州未能实施计划，则区域办公室可以将项目收回，同时撤回资金和委托的职责。一旦撤回，将导致州政府既失去经济援助，又失去选民信任。因此州政府都会尽力实施规划，避免项目被收回。

从各国督察的发展趋势来看，督察有以下特点：①总体呈扩大趋势；②来自公众的督察力量正逐步强化；③行政内部督察力量明显逐渐增强；④督察的有效运行有赖于制度的保障。

1.3.2.2 国内土地督察制度研究

与国外加强行业督察的情况相类似，近年来，我国国内具有较强独立性的行业督察机构纷纷建立起来，督察制度建设正加速推进。目前，我国已形成 4 类监督体系：一是由检察机关实施的法律监督；二是由监察部和中央纪检委实施的行政监督和党政监督；三是由审计部门实施的经济监督；四是由各行业部门实施的行业监督，如警务督察、环保督查、城乡规划督察等。土地督察正是在国土资源部设立国家土地总督察办公室，并向地方派驻国家土地督察局，对各级人民政府的土地利用和管理情况进行监督检查。

由于我国土地督察制度建立不久，国内学者对土地督察制度的理论研究并不多。邱永明按照监察制度演变的内在逻辑关系，全面论述了监察制度萌发、创建、发展、成熟和强化的发展历程，并对中国古代督察制度的特点进行了归纳总结[34]。尤光付对中国与西方国家在监督制度的理论基础、地位作用、监督体系、方式手段等进行了较为系统的比较[30]。胡平仁等研究了土地督察的法律属性、制度定位等[35]，指出土地督察是国家土地总督察在国务院的授权和委托下，代表国务院行使土地监督检查职权的行为，监督的对象主要是地方政府的土地利用和管理行为。

董祚继的《走向良好监管——国家土地督察制度的理论和实践研究》[36]可算国家土地督察制度研究的真正开端之作，系统地梳理了建立国家土地督察制度的主要理论渊源，分析了我国大量土地问题产生的症结，对国内外相关行政监督制度进行了系统的比较研究，对国家土地督察的组织体系与运作体系进行了全面的分析研究，并对国家土地制度实施三年来的实践情况进行了系统总结。这些分析对本书分析省级地方政府违法违规用地现象，提出高效合理的土地督察方式，对于展望土地督察制度的发展方向等提供了借鉴。

1.3.3 GIS 在土地督察中的应用

GIS 技术是 20 世纪 60 年代中期开始发展起来的新技术。它最初被设计成一种计算机地图测量系统[37]，至今已成为一门融合了测绘科学、环境科学、计算机技术等多学科的交叉学科。加拿大测量学家 R. F. Tomlinson 于 1963 年率先提出了“地理信息系统”这一名词，并建成世界上最早的地理信息系统——加拿大地理信息系统（Canada Geographic Information System，CGIS），并将其应用于土地潜力评价中，进行全国土地普查。20 世纪 60 年代末，美国哈佛大学提出了较完整的系统软件 SYMAP。这一时期是 GIS 处于起步阶段。1973 年英国实验制图组织与英国地质调查局合作出版了世界上第一套由计算机自动化方式制作的系列地图，达到了当时已经建立的制图标准。此后，英国陆军测量局、法国国家地理协会及美国地质调查局和国防制图机构都开始研究计算机辅助制图，以避免手工修改和重绘所导致的代价昂贵和速度缓慢问题。进入 80 年代后，GIS 得到了真正的迅速发展。计算机软硬件水平的不断、快速提高，促使 GIS 朝着实际应用方向迅速发展，不少发达国家先后建立了许多专业性较强的 GIS，这使得 GIS 在自然资源管理及规划管理方面发挥了重大作用。林业公司和自然资源部门为了了解和管理所拥有的大量森林资源而成为第一批 GIS 用户。

20 世纪 80 年代后期，计算机网络技术兴起并迅速发展，这使得地理信息的传输效率得到了极大的提高，并促使地理信息系统的应用从之前的基础信息管理以及规划管理转向更为复杂的实际应用，成为辅助人们决策的工具，地理信息产业的形成在这一形势下成为必然产物。截至 1995 年，国际市场上经过许可的软件已达上千种，其中涌现出了一批有代表性的 GIS 软件。如 ESRI 公司为了满足 B to B 市场的需要，推出了 SDE。这样，空间数据和表格数据可以同时存储在商业的关系性数据库管理系统（DBMS）中。同时，ESRI 还推出了 Business MAP

以及相关产品，以满足 B to C 市场的需求。伴随着 GIS 技术的发展，国外在其出现早期即应用于土地管理以提高土地资源管理的效率，土地资源管理信息系统因此而诞生。国外为了有效地管理土地，土地资源管理信息系统以其独有的海量数据的存储、查询、操作和管理等方面优势，已成为土地管理科学研究的重要手段之一[38]。

中国从 20 世纪 80 年代开始了地理信息系统（以下简称为 GIS）的建设，至今发展已有 30 年左右的历史，在理论探索、硬件配制、软件研制方面都取得了显著发展，但与发达国家相比还较为滞后，总体上分为 4 个阶段：起步阶段（1970—1980 年）、准备阶段（1980—1985 年）、发展阶段（1985—1995 年）以及产业化阶段（1996 年以后），期间 GIS 技术发生了翻天覆地的改变，其发展可以说与计算机技术的发展完全同步了。随着我国 GIS 技术理论研究和应用的不断深入，一些 GIS 公司相继推出了自己的 GIS 平台和产品，如 MapGIS、SuperMap、GeoStar、CityStar 等。目前，地理信息系统正在向产业化方向发展，应用领域也越来越广，引起了政府部门的高度重视。从应用领域的角度看，GIS 已在农作物调查与结产、林业、资源开发、环境保护、自然灾害的监测与评估、石油与天然气、交通、能源、通信、土地管理、城市规划建设、地图测绘、房地产开发金融、保险、军事、犯罪分析、110 报警系统、运输与导航、公共汽车调度等方面得到了具体应用。

当代土地督察工作的开展已时刻离不开“3S”技术的支持，GIS 在其中更是发挥了举足轻重的作用。韩德峰等以土地违法违规现象的发现机制为前提，基于 GIS 平台开发了国土资源督察信息系统，提出了一种以元数据为基础的多坐标系的空间数据组织方案，并采用动态切换、动态渲染和空间数据优化等方式提高系统效率和用户体验[39]。

1.4 研究思路与方案设计

1.4.1 总体思想

全面贯彻落实科学发展观，以构建“保障和促进科学发展土地管理新机制”为主线，以对土地督察区域进行划区分级为基础，以实现差别化的土地督察方法、差别化的绩效评估为手段，建立划区分级督察模式，实行土地督察差别化管理，提升土地督察工作的针对性、效能性和科学性，促进最严格的耕地保护和集约节约用地目标的实现，不断提高土地督察对社会经济全面协调可持续发展的保障作用。

1.4.2 研究内容

本书主要是基于青海省的土地利用现状及国家土地督察西安局在青海省的督察工作的开展情况，对青海省进行土地督察类型区的划分、级别的评定、差别化土地督察办法的制定、土地督察绩效考核体系的建立、土地划区分级督察信息系统的构建，以及如何在青海省进行试点和后续相关研究等。具体来说，主要的研究内容包括以下几个方面。

（1）土地督察类型区的划分：通过将青海省划分成若干类土地督察类型区，明确各区土地督察工作的侧重点，为各区制定差别化的土地督察办法提供依据。

（2）土地督察级别的评定：综合考虑自然、社会和经济等因素，对青海省各县（市、区）的土地督察警戒度进行定量与定性分析，以将督察区划分为不同的土地督察级别，为差别化土地督察办法的制定提供依据。

（3）差别化土地督察办法的制定：对青海省土地督察进行划区分级的目标是针对不同区和级实施差别化的土地督察办法，以提高土地督察的效率和效益。

（4）土地督察绩效考核：国家土地督察局及其工作人员采用划区分级的土地督察方法从事土地督察活动而取得的土地督察活动效率和效益的提高。

（5）土地督察预警初探：从青海省土地利用执行情况和土地督察情况出发，系统分析不同级别区域土地利用执行与督察现状及存在问题，通过相关分析选取土地督察预警警兆指标，明确警情、确定警度（巨警、重警、中警、轻警、无警），采用最优的数学方法建立土地督察预警模型，对不同级别区域土地督察警情进行预测，确定土地督察警情级别，发布警度预报，为土地督察决策提供依据。

（6）土地划区分级督察系统设计：从土地划区分级督察工作实际需要出发，运用结构化系统设计方法，进行系统可行性分析，包括系统的目标及可行性。以系统开发为主线，确定系统目标、设计原则和系统总体结构。实现督察区的可视化动态管理及监督级别转化，科学及时发布警情信息，实现土地督察动态预警，建立研究区土地督察决策系统。

1.4.3 研究方法

本书以土地科学为基础，结合经济学、行政学等多个学科，在土地督察工作成就调查分析的基础上，根据青海省自然与社会经济条件，结合土地管理法律法规及政策，从土地督察的职责与职权出发，综合分析耕地保护、土地利用与调控、土地执法、农用地转用、土地征收等影响因素及新增建设用地规律，以县级行政区为基本单元，结合自然状态、经济地理区位及社会经济发展水平等，对土地督察理论与方法进行了分析研究。主要采用了以下方法。

（1）逻辑推理法。通过查阅关于土地督察制度、划区、分级、地理信息系统等文献，演绎概括土地划区分级督察的概念和研究方法，归纳出土地划区分级督察的相关理论。

（2）实地调查法。通过历时半月的实地走访各州（市、自治区），以座谈、现场调研等方法直观了解各地土地利用特征及土地违法发生原因与频繁状态，并对各州（市、自治区）国土资源管理部门违法监察物质、人员配备进行调查记录。

（3）系统分析法。通过对土地划区分级督察的理论、方法及技术，进行需求分析、总体设计、详细设计等将系统构建完成。

（4）数学模型法。本书所用到的数学模型主要有模糊数学模型、层次分析模型（AHP 模型）及系统动力学模型。模糊数学模型主要用于类型区划分；层次分析模型主要应用于各级别的多因素评价；系统动力学模型则用于建立土地督察预警模型，对不同区域、级别土地督察警情进行未来预测，发布警度预报，为土地督察决策提供依据。

（5）定性与定量相结合法。定性与定量相结合法采用定性的描述分析和定量的量化分析，既体现了客观的科学特点，又体现了主观的经验特点，形成优势互补，提高了研究的精度和可信度。本书研究涉及基础理论研究、划区评价研究、信息系统的实现等方面，需要强大的数据支持和科学的推理分析，才有可能得到合理的研究结论。如针对各级督察区的差异性和土地督察岗位职责，依据绩效考核目标和划区分级督察绩效评估指标体系，定性与定量相结合地提出划区分级督察考核办法。

（6）GIS 空间分析法。地理信息系统（GIS）具有强大的数据查询、处理、分析和管理功能，已经广泛应用于学科研究领域。通过 GIS 空间分析法表现不同研究时点和不同空间地域的土地利用特点，具有直观性和可视性。另外，借助 GIS 平台进行多因素的空间叠加，可以综合得到全面的研究区土地督察类型区域、督察级别。

1.4.4 技术路线

本书首先是确定研究方法和研究思路；其次是进行数据收集和整理，得出可直接利用的初步数据；再次，根据方法要求，结合当地具体情况，建立科学的指标体系，进行土地督察类型区的划分；接着，对各土地利用类型分别建立级别评价指标体系，进行土地督察级别的评定；最后，针对划区分级结果提出差别化的土地督察方法和绩效考核办法，以及试点研究。本书的技术路线如图 1.1 所示。

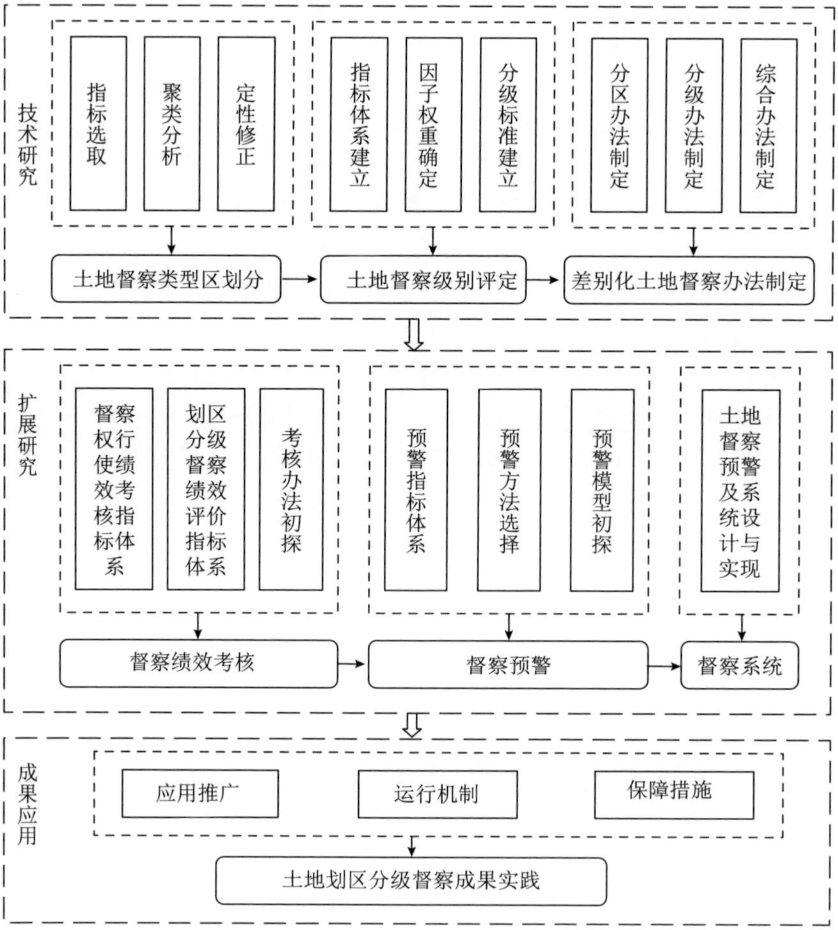

图 1.1　土地划区分级督察试点研究技术路线

2 研究区概况与基础数据

2.1 研究区概况

2.1.1 地理区位

青海省位于青藏高原区，地理位置东经89°35′~103°04′，北纬31°39′~39°19′，土地总面积$72\times10^4km^2$，与甘肃、四川、西藏、新疆毗邻，是联结西藏、新疆与内地的纽带。

青海省现辖西宁市、海东地区及海南、海北、黄南、玉树、果洛5个藏族自治州和海西蒙古族藏族自治州8个市、地、州。2013年年末，全省常住人口577.79万人。分城乡看，城镇人口280.30万人，占常住人口的比例为48.5%；乡村人口297.49万人，占51.5%，2013年年末，全省分地区人口最多为西宁市，其次为海东地区，最少为果洛藏族自治州（图2.1）。

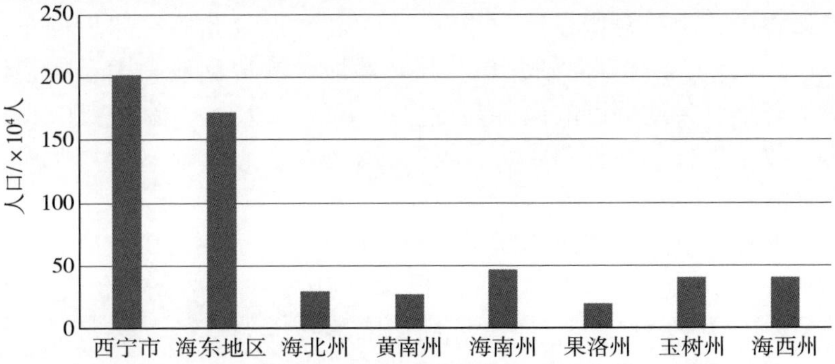

图2.1 2013年青海省人口分区统计图

省内有铁路、公路和航空联结省内外。铁路营运总里程1856 km，公路运输通车里程70117 km，其中高级次高级公路1228×10^4km，民航通航里程62820 km。有5条国道、23条省道，形成以西宁市为中心，辐射全省的公路运输网。

2.1.2 自然概况

2.1.2.1 地形地貌

青海山脉纵横，峰峦重叠，湖泊众多，峡谷、盆地遍布。祁连山、巴颜喀拉山、阿尼玛卿山、唐古拉山等山脉横亘境内，青海湖是我国最大的内陆咸水湖，柴达木盆地以“聚宝盆”著称于世。全省地貌复杂多样，五分之四以上的地区为高原。东部多山，海拔较低，西部为高原和盆地。全省平均海拔高于3000 m，最高点昆仑山的布喀达坂峰为6860 m，最低点在民和下川口村，海拔为1650 m。青南高原超过4000 m，面积占全省的一半以上，河湟谷地海拔较低，多在2000 m左右。其中海拔3000 m以下的地区约占全省总面积的26.3%；3000 ~ 5000 m的地区占67%；5000 m以上的地区占5%。

境内的山脉，有东西向、南北向两组，构成了青海的地貌格局。地形分为祁连山地、柴达木盆地、青南高原3区。

祁连山地：位于本省东北部，北于东邻河西走廊，南靠柴达木盆地，由一系列北西西—南东东平行走向的褶皱—断块山脉与谷地组成。东西长达1200 km，南北宽约250 ~ 400 km，面积$11\times10^4 km^2$，西端及北缘伸入甘肃境内。一般海拔在4000 m以上，景观垂直分异显著，格状水系发达，5000 m以上山峰很多，西面地势高，平行岭谷紧密相间。4500 m以上的山峰和山谷常年覆盖着积雪和冰川，现代冰川广泛发育。从北向南有黑河等6个谷地，谷宽20 ~ 30 km。除南部有沙漠、戈壁外，多为4200 m以下的坡地。牧草生长良好，是重要的天然牧场。东段平行岭谷少，山势较低，海拔4000 m左右，仅冷龙岭有冰川分布。谷地海拔2500 m上下，主要有青海湖盆地、共和盆地、西宁盆地和大通河谷地、湟水谷地、黄河谷地。谷地周围的山脉高度多在4000 m左右，除少数山头常年积雪外，大都有牧草生长；河谷两岸均有较宽的阶地，气候湿暖，土壤肥沃，为本省农垦较早地区。

柴达木盆地：位于本省西北部，周围有阿尔金山、祁连山、昆仑山环绕，东西长约850 km，南北宽约300 km，面积$25\times10^4 km^2$，是我国第三大内陆盆地。盆地海拔2600 ~ 3100 m之间，是青藏高原陷落最深的地区，系典型的封闭的高原盆地。

青南高原：是柴达木盆地、青海南山及贵德巴音山以南的广大地区，面积$35\times10^4 km^2$，占全省总面积的一半。主要由昆仑山脉及其支脉可可西里山、巴颜喀拉山、阿尼玛卿山等组成，海拔多在5000 m以上，山脉间的高原也多在4000 m以上，是本省最高的地区。常年积雪的山峰很多，冰川极其发育。高原西部和南部同藏北高原、川西北高原连成一片，高原面积相当完整。

2.1.2.2 气候和水文

青海省远离海洋，深居内陆，加之地势高耸，是典型的高原大陆性气候。其气候特征是：日照时数长，辐射强；冬季漫长、夏季凉爽；气温日差较大，年差较小；降水地区差异大，东部地区雨水较多，西部地区干燥多风、缺氧、寒冷，形成了特殊的气候条件。青海境内河流湖泊众多，水能资源极为丰富。境内拥有长江、黄河、澜沧江以及内陆河四大水系。

2.1.2.3 矿产资源

青海省矿产品种齐全、储量大。发现矿产120余种，探明储量的有110种。钾、钠、镁、锂、溴、芒硝、石棉、化工灰岩和硅储量居全国首位，其中许多矿产是属于国内外急需的资源。青海省已探明各类矿产资源潜在价值约18万亿元，占全国各类矿产资源总价值的20%。柴达木盆地是青海矿产资源的富集区，素有“聚宝盆”的美誉，盆地内矿产资源潜在价值占全省的90%，在全省乃至全国都具有极其重要的地位。

青海矿产资源具有突出优势的有：盐湖资源、石油天然气资源、金属和黄金资源及非金属矿产资源等。占全省矿产潜在价值98%以上的矿床集中分布在柴达木盆地、青海东部和海北地区。图2.2所示为2013年青海省矿产资源产量，通过该图能直观地看出海西蒙古族藏族自治州为青海省最大的矿产资源产地，其次为海东地区。

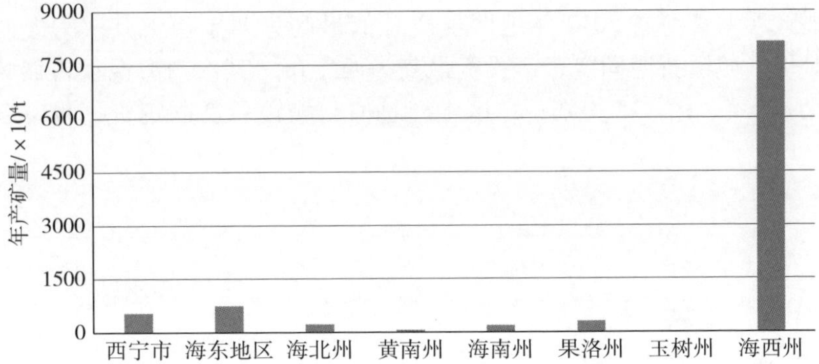

图2.2 2013年青海省矿产资源产量分区统计图

2.1.3 社会经济概况

2013年，全省实现生产总值2101.05亿元，按可比价格计算，比2012年增长10.8%；全年城镇居民人均可支配收入19498.54元，比2012年增长12.1%。全年第一产业完成增加值207.59亿元，增长5.3%；第二产业完成增加值1204.31亿元，增长12.3%；第三产业完成增加值689.15亿元，增长9.8%。第一、第二和第三产业对GDP的贡献率分别为4.2%，65.8%，30.0%。三次产业结构由2007年的10.6：53.3：36.1转变为2013年的10：57：33。图2.3为青海省10年地区生产总值与GDP增长速度变化图。从图中可看出近年来青海GDP增长保持一个较高的速度，但从2010年以后增长速度开始下降，我国进入经济发展新常态，总的来说青海经济发展趋势良好。

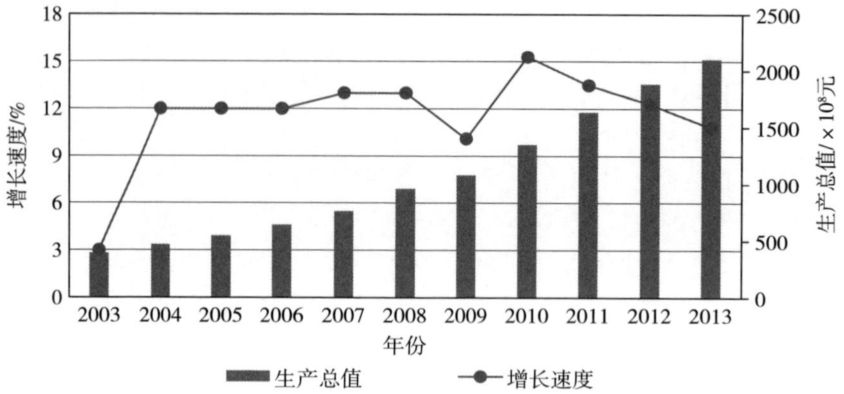

图2.3　青海省生产总值与增长速度变化图

分地区看，青海省2013年地区生产总值最高为西宁市，其次为海西蒙古族藏族自治州；城镇新增固定资产投资最高为西宁市，其次为海西蒙古族藏族自治州。对比图2.4、图2.5得知，地区生产总值与城镇新增固定资产投资存在正比的关系。

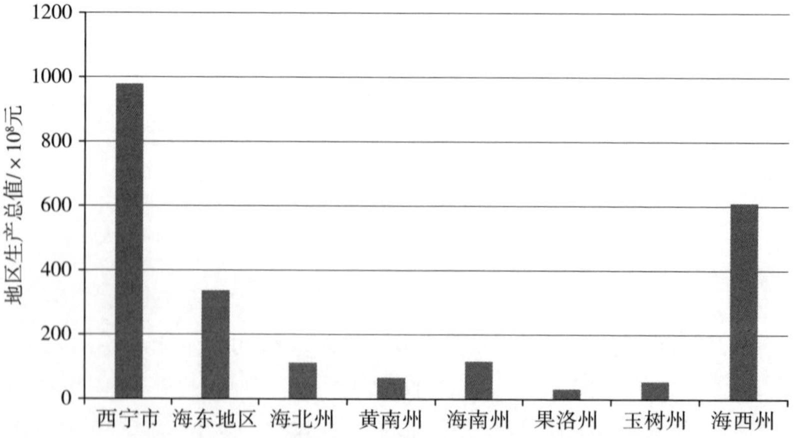

图2.4　2013年青海省地区生产总值分区统计图

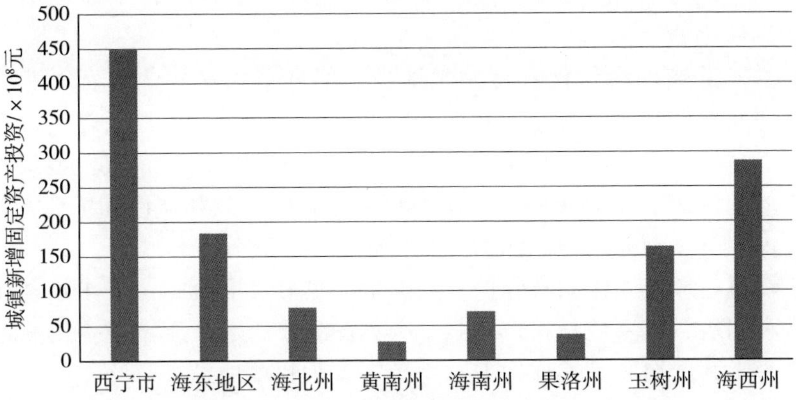

图 2.5 2013 年青海省城镇新增固定资产投资分区统计图

2.1.4 土地资源概况

2.1.4.1 土地资源特征

青海省土地总面积仅次于内蒙古、西藏和新疆，居全国第 4 位。其土地资源特征如下。

（1）土地面积大，但质量差，优质土地少。青海省地处青藏高原，海拔高，气温偏低，大多数地区降水少，土地发育程度低。从土地类型来看，高山地多，山旱地多，戈壁、沙漠多，冰川、寒漠地多，土层薄和质地较粗的土地多，从而影响了土地的质量。青海也有一定面积质量较好的土地，主要分布于东部河湟地区、共和盆地和柴达木盆地。东部河湟地区的黄土区或红土区，土层深厚，气候温暖，降水较多，土地质量较好。共和盆地和柴达木盆地，气候较温暖，但降水少，局部地区土层较厚，小面积有水源灌溉，土层较厚的土地质量较好。

（2）土地类型多样，垂直分布明显，利用不均衡性较强。青海省土地广阔，南北纬度相差 8 度，地貌、土壤、植被类型较多。以东部黄土区山地为例，其土地类型垂直分带是：河谷沟谷地，低山丘陵地，中山地，高山地，极高山地。该区土地利用垂直分带是：海拔 2800 m 以下主要种植春小麦等温性作物，还有草地，为农牧地带；海拔 2800～3300m 主要种植青稞、油菜等耐寒作物，还有天然草地和森林，为农林牧地带；海拔 3300～3900 m 为牧业用地；海拔最低为 1650 m，最高达 6860 m。土地类型随着海拔的升高，也呈相应的变化，出现明显的土地垂直带谱。从整体来看，青海省的耕地区主要集中在东部，同时东部也是经济相对较发达地区，建设用地的需求量也最大，违法违规占用耕地的情况也较多；东北部主要是牧草地区，西北部主要是未利用地，整个南部基本都是牧草地区。土地的自然条件决定了青海省差异化的土地利用事实，同时人口的分布、社会经济发展的侧重点等都是青海省土地利用状况不均衡现象的影响因素。

（3）草地分布广泛，宜农宜林土地少，但分布相对较集中。青海草地面积广阔，草地面积占全省总土地面积的50.46%，是全国五大牧区之一。草地主要集中于青南高原、祁连山地和柴达木盆地东南部边缘山地。宜农土地仅占全省总土地面积的1.54%，主要集中分布于东部河湟地区、共和盆地和柴达木盆地。宜林土地仅占全省总土地面积的6.1%，主要分布于东南部地区。

由于青海地形及气候的特殊性，其土地利用分界明显，主要土地利用类型可以分为未利用地、牧草地及耕地，其分布如图2.6所示，东部主要为耕地区，西北部主要为未利用地区，祁连山地及南部主要为牧草地区。

图2.6　青海省土地利用分区图

2.1.4.2　耕地保护概况

青海省农业用地46249747.71 hm^2，占总土地面积的66.39%；建设用地3112880.13hm^2，占总土地面积的4.47%；其他用地20302048.9 hm^2，占总土地面积的29.14%。

青海省大部分耕地集中于日月山以东的湟水和黄河流域一带，其次是柴达木盆地和共和盆地，祁连山北部边缘和青南高原东南部边缘海拔较低的河谷地带也有小面积的分布。各州耕地面积如图2.7所示。

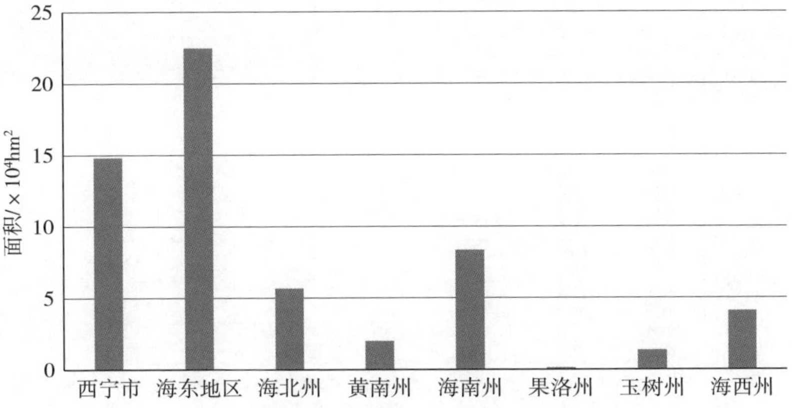

图 2.7 2013 年青海省耕地资源面积分区统计图

青海省人民政府确保了“十二五”期间国家下达的 $54\times10^4hm^2$ 耕地保有量和 $43.4\times10^4hm^2$ 基本农田保护任务的落实。按照《土地利用计划目标责任制领导责任书》要求，西宁市人民政府在保障当地经济快速发展的同时，高度重视耕地保护工作，严格实行土地利用计划台账管理，确保了全市 $17.85\times10^4hm^2$ 的耕地保有量和 $13.566\times10^4hm^2$ 的基本农田保护面积；海东行署严控制非农建设项目，实行了土地利用计划台账管理制度，积极落实全省土地开发整理项目，年度全区实施了 4 个项目，总规模 $565.53hm^2$；海北州政府切实加强全州耕地、特别是基本农田保护工作，全州共划定基本农田 869 块，确保了全州 $6.84\times10^4hm^2$ 的耕地保有量和 $5.78\times10^4hm^2$ 的基本农田面积，保护率达到 84%；海西州政府从严控制新增建设用地，确保了全州 $4.74\times10^4hm^2$ 的耕地保有量和 $4.14\times10^4hm^2$ 的基本农田面积，保护率达到 87%；海南州政府将耕地和基本农田保护纳入政府目标考核内容，耕地保护目标责任落到实处，确保了全州 $10.38\times10^4hm^2$ 的耕地保有量和 $8.95\times10^4hm^2$ 的基本农田面积，保护率为 86%；黄南州政府明确职责，认真落实耕地保护制度，将耕地保护目标纳入州政府考核体系，确保了全州 $2.45\times10^4hm^2$ 的耕地保有量和 $2.02\times10^4hm^2$ 的基本农田面积，保护率达到 82%；玉树藏族自治州政府明确耕地保护责任，确保了全州 $1.77\times10^4hm^2$ 的耕地保有量和 $1.35\times10^4hm^2$ 的基本农田面积，保护率达到 76%；果洛州政府主管领导与各县政府签订了耕地保护目标责任书，将耕地保护的措施和目标管理责任落到实处，确保了全州 $0.17\times10^4hm^2$ 的耕地保有量和 $0.12\times10^4hm^2$ 的基本农田面积，保护率达到 71%。青海省 2013 年耕地减少面积如图 2.8 所示。

2.1.4.3 牧草地、林地保护概况

青海省是中国五大牧区之一。全省有天然草场 $4211.11\times10^4hm^2$。其中天

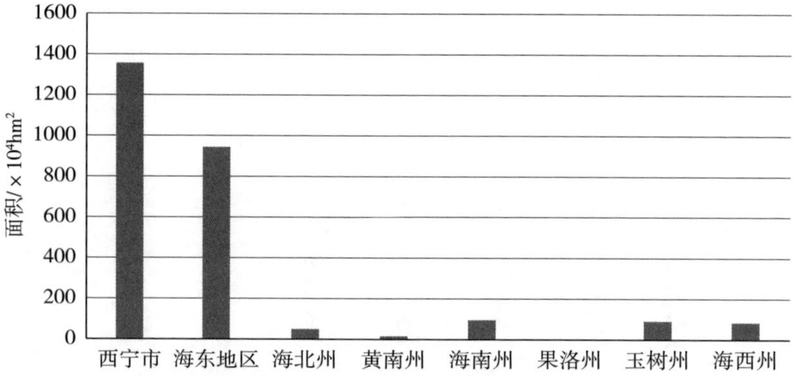

图 2.8　2013 年青海省耕地减少面积分区统计图

然草场面积 4072.59 $\times 10^4 hm^2$，占草场总面积的 96.71%。人工牧草地面积为 9.80 $\times 10^4 hm^2$，其他草地面积为 128.73 $\times 10^4 hm^2$，分别占草场总面积的 0.23% 和 3.06%。青海省的天然草场面积占全国草场面积的十分之一，居全国第 4 位。

青海省林地包括有林地、灌木林地和其他林地，其中，有林地 67.73 $\times 10^4 hm^2$，灌木林地 250.70 $\times 10^4 hm^2$，其他林地 35.96 $\times 10^4 hm^2$。其中：一等宜林土地包括针叶林灰褐土中山地以及部分针阔混交林灰褐土山地、阔叶林灰褐土中山地，主要分布于祁连山、大通河、湟水、黄河上游、隆务河、班玛、玉树等林区阴坡和半阴坡，土层较厚，适于林木生长发育，是青海林业生产基地；二等宜林土地分布范围包括一等宜林土地分布地区的阳坡和半阴坡，以及阴坡坡度较陡的地方，土层较薄而干旱，生产能力稍低；三等宜林土地包括灌木林地和乔木疏林地，土地面积最大，主要分布在青南高原和祁连山地区，以及柴达木盆地东部地区，生产能力低，但对保持水土具有重要意义。

图 2.9 显示的为 2013 年牧草地、林地减少面积值，其中牧草地减少面积较快的州为海西州、海北州及玉树州，林地减少面积较快的为西宁市、海西州和海东地区。对于减少面积大的区域应加强重视，分析其减少原因，加强土地监督管理。

2.2　数据来源与处理

数据的来源和整理是进行土地督察划区分级研究的基础工作。对收集的各种数据需要进行系统的整理，以筛选和提炼出用于本项研究所需要的各种土地利用数据、社会经济数据、图件数据及有关文件、办法和政策等。

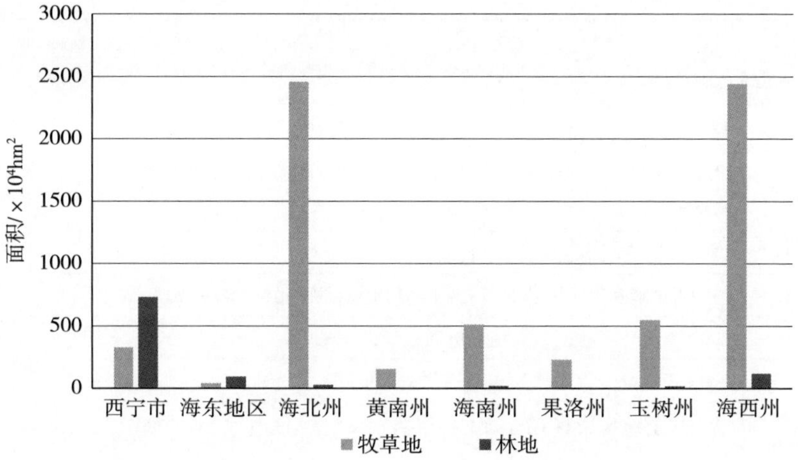

图 2.9　2013 年青海省林地、牧草地减少面积分区统计图

2.2.1　数据收集

本书数据资料收集涉及青海省国土资源厅、青海省国土规划研究院、青海省林业厅、青海省民政厅、青海省水利厅、青海省发展和改革委员会、青海省环保厅、青海省统计局等单位，已收集的主要资料清单见表 2.1。

表 2.1　资料来源及使用

数据类型	序号	收集资料名称	数据使用情况	所属单位
土地利用数据	1	2008 年度青海省土地利用变更调查年报	√	省国土资源厅
	2	2009 年度青海省土地利用变更调查年报	√	
	3	省级人民政府批准的各市（州、行署）、县（区）建设用地情况统计表（2004—2008）	√	
	4	青海省土地利用变更调整年报（2007 年，2008 年）	√	
	5	各县（区）第二次土地调查成果资料	√	
	6	青海省土地利用总体规划（1997—2010）	×	
	7	青海省已完成重大项目资料汇编	×	
	8	全省地方国土资源管理部门相关资料统计表（截至 2003 年年底）	×	
	9	全省地方国土资源局机构编制情况统计汇总表（2004）	×	

续表

数据类型	序号	收集资料名称	数据使用情况	所属单位
土地利用数据	10	西宁（国家级）经济技术开发区土地集约利用评价报告（2009）	×	省国土规划研究院
	11	西宁（国家级）经济技术开发区土地集约利用评价成果图集（2009）	×	
	12	西宁市土地利用现状图（2005）	×	
	13	青海省土地利用现状图和青海省土地利用总体规划图（2006—2020）	√	
	14	2007 年度青海省土地利用变更调查年报	×	
	15	2008 年各县（市、区）土地违法情况	√	省执法监察局
	16	青海省土地执法百日行动文件资料汇编（一）（二）（2007，2008）	×	
	17	青海省治理整顿土地市场秩序文件资料汇编（一）（二）（2003，2004）	×	
	18	青海省“以粮代赈”退耕还林（草）实施规划（2000—2009）	×	省林业厅
自然、社会经济数据	19	青海省国家级、省级森林公园概况	√	省林业厅
	20	三江源及三江源国家级自然保护区情况	√	
	21	青海省国家级、省级自然保护区概况一览表	×	
	22	青海省行政区划图（2002）	√	省民政厅
	23	青海省行政区划简册（2007）	√	
	24	青海省水土保持生态建设规划报告（2005）	×	省水利厅
	25	青海省引大济湟工程规划报告（2003）	×	
	26	青海省城市饮用水水源安全保障规划（2006）	×	
	27	青海省主体功能区规划（2008—2020）（讨论稿）	√	省发展和改革委员会
	28	青海省及各市（州、行署）国民经济与社会发展第十一个五年规划纲要	√	
	29	青海省环境保护“十一五”规划	√	省环保厅
	30	2009 年青海统计年鉴	√	省统计局

本次收集的数据主要是土地利用数据和自然、社会经济数据，对收集的数据进行总结，具有以下几方面特征。

（1）数据可靠性强。本次数据收集工作是项目组在西安督察局相关人员的协助下，通过前期实地调查采集和后期补充收集来完成的，青海省各级政府、部门均积极提供真实的数据，不存在弄虚作假，为研究结果的准确性提供了必要条件。

（2）数据可采集性较强。收集的数据大部分能够在相关省厅级单位获取，部分数据在地市级和县级能够获取，数据比较稳定，可采集性较强。

（3）数据比较全面。本次收集的数据基本能够满足研究需要，各县级行政区2008年的土地违法频次及违法占用各地类的面积均已收集。土地违法案件性质及土地违法案件影响度等数据的收集难度较大，但是该类数据对研究结果的准确性影响不大，可通过筛选与土地督察间接相关的土地利用和社会经济指标以弥补个别相关指标的缺乏，提高评价结果的精确性。

2.2.2 基础数据与整理

本书需要整理的图件数据主要有：土地利用现状图、行政区划图、主体功能区图和地形地貌图。根据划区分级督察技术要求，土地利用现状图通过整理后作为土地督察级别评定的底图，行政区划图是划区分级成果图件的底图，主体功能区图和地形地貌图是通过定量化后作为土地督察级别评定的重要指标。

2.2.2.1 土地利用类型区图

土地是土地督察工作的重要客体，土地利用现状图是土地利用类型空间分布的直观表现。根据土地督察工作的需要，土地利用现状图需进行合并处理，突出主题土地利用类型，以简化图斑的数量，提高土地督察工作的效率和效果。

本书搜集到的数据资料来自第二次全国土地利用现状调查数据库，以县为单位。由于全省“二调”单位众多，数据格式多样，统一转为ArcGIS格式。各县数据存在于不同的投影带上，根据青海省的具体情况，统一转换为Xian_ 1980_ GK_ Zone_ 17。

土地利用类型分区是本次数据处理的重点，处理时考虑土地督察的特性，其处理原则有：不跨三大地类合并；不跨县级行政区合并；小图斑归并。合并便于划区分级，小图斑融合到相邻的大图斑。

地类与图斑综合步骤如下。

（1）图斑综合。根据各分区图可看出青海的土地督察重点区在海东盆地区，海西蒙古族藏族自治州以未利用地为主，玉树、果洛以草地为主，自然条件恶劣，并且包含大部分禁止开发区即保护区，土地督察力度较海东盆地区较小，故合并图斑时选取的面积条件较大。合并时，小图斑融合到相邻的大图斑，基本合并标准如下：海西蒙古族藏族自治州、玉树藏族自治州、果洛藏族自治州图斑面积小于1000 hm^2；海北州、海南藏族自治州、黄南藏族自治州、海东地区图斑面积小于100 hm^2；西宁市面积小于10 hm^2；合并图斑后结合实际情况对局部地区继续合并。

（2）地类归并。参考《土地利用现状分类》12大类标准，根据合并后的图斑类型，将研究区土地利用类型划分为耕地、林地、草地、城乡建设用地、采矿用地、交通运输用地、水域、未利用地、风景名胜及特殊用地等。各一级地类包含的二级地类分别为：耕地包含水浇地、旱地、设施农用地；林地包括有林地、灌木林地、其他林地；草地包括天然牧草地、人工牧草地、其他草地；城乡建设用地包括城市、建制镇、村庄；采矿用地包括独立工矿用地一项；交通运输用地包括机场用地、公路用地、农村道路、铁路用地、管道运输用地、港口码头用地；水域包括河流水面、湖泊水面、水库水面、坑塘水面、沿海滩涂、内陆滩涂、沟渠、水工建筑用地、冰川及永久积雪；未利用地包括沙地、沼泽地、盐碱地、裸地（由于单块园地面积很小，经合并后全部归入其他地类，故合并后不含该用地类型）。

（3）不同的土地利用类型区所需土地督察力度不同，合并小图斑时城市、建制镇、采矿用地不合并，即突出与土地督察紧密相关的因素。

叠加后总的图斑数目由10余万个减少到6196个，得出的青海省土地利用类型区图见图2.10。

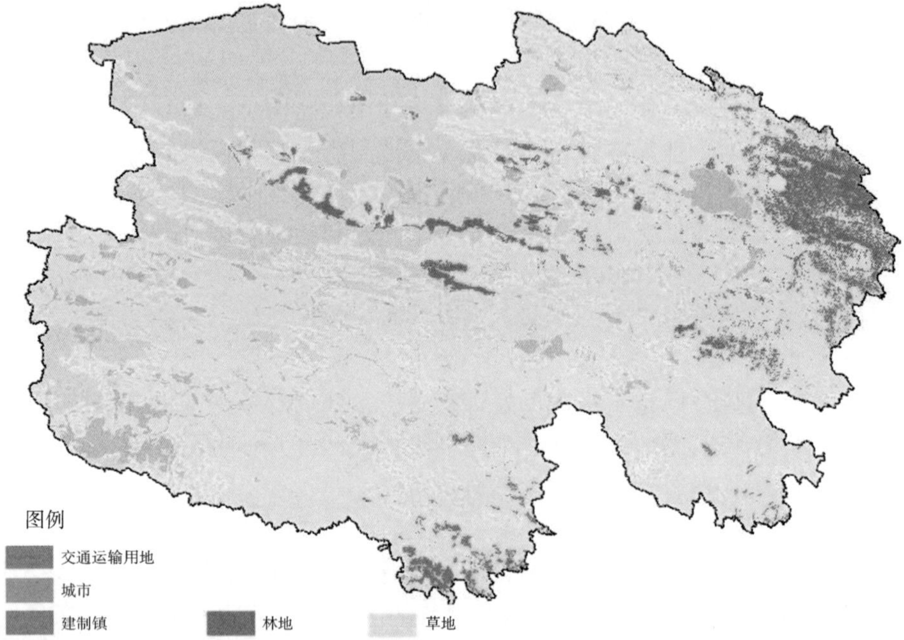

图2.10　青海省土地利用类型区图

2.2.2.2　行政区划图

行政区划图通过合并各县第二次全国土地利用现状调查数据库形成，提取县名称、州名称属性（图2.11）。由于格尔木市分为格尔木市（不含可可西里）和格尔木市（可可西里）两部分组成，且差异明显，为了体现土地督察的区域差异性，将格尔木市分为两部分，因此将青海省分为47个县（市、区）评价单元。

图 2.11 青海省行政区划图

2.2.2.3 主体功能区图

青海省重点开发区主要位于西宁市及海东地区，其他零散分布于西部矿产资源开采区，如格尔木市、德令哈市、茫崖行委等。禁止开发区主要位于三江源保护区、青海湖保护区及祁连山地（图 2.12）。

图 2.12 青海省主体功能区划图

2.2.2.4 地形地貌图

青海省地貌分区分为10个区，主要分为东阿尔金—北祁连高山宽谷地区、哈拉湖—大通河宽谷盆地地区、南祁连高山山原地区、柴达木盆地地区、鄂拉山大起伏高山地区、海东盆地地区、昆仑山大起伏高山地区、江河源丘状高原地区、江河上游大中起伏高山山原地区、唐古拉高山极高山地区（图2.13）。

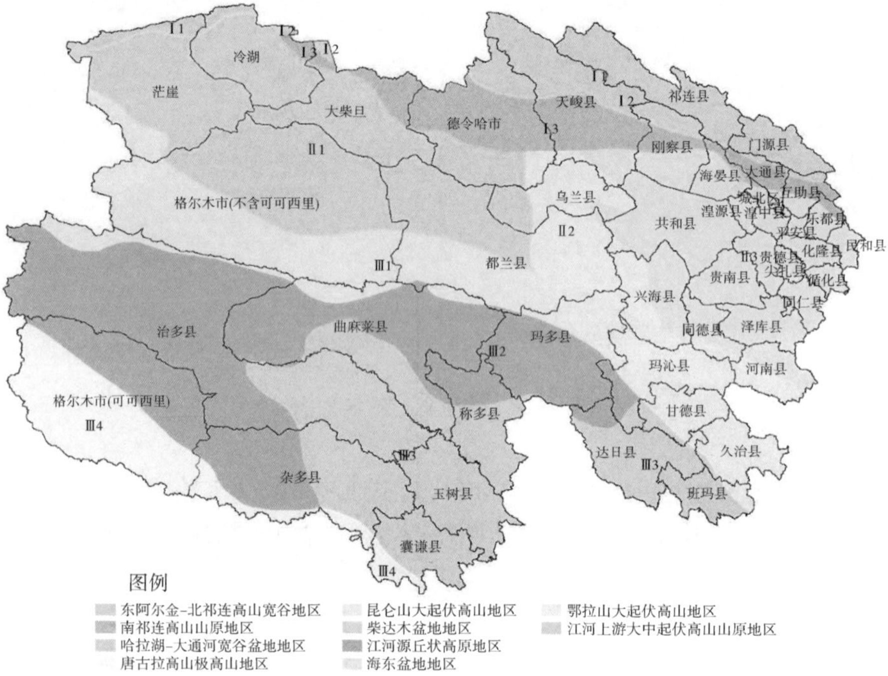

图2.13 青海省地貌分区图

青海省各地形地貌综合描述见表2.2。

表2.2 青海省地形地貌分区综合描述

序号	地貌类型	主要分布地区	土地利用强度
1	海东盆地地区	共和县、天峻县、都兰县、泽库县、贵南县、乌兰县、兴海县、贵德县、刚察县、河南县、湟中县、互助县	很高
2	南祁连高山山原地区	德令哈市、天峻县、大柴旦、刚察县、冷湖、祁连县	较高
3	哈拉湖—大通河宽谷盆地地区	天峻县、德令哈市、祁连县、大柴旦、刚察县、冷湖、门源县	略高
4	鄂拉山大起伏高山地区	天峻县、德令哈市、玛多县、都兰县、乌兰县、共和县、兴海县	中等
5	柴达木盆地地区	格尔木市、德令哈市、茫崖、都兰县、大柴旦	略低
6	东阿尔金—北祁连高山宽谷地区	天峻县、德令哈市、祁连县、茫崖、门源县、冷湖	较低

续表

序号	地貌类型	主要分布地区	土地利用强度
7	江河上游大中起伏高山山原地区	治多县、曲麻莱县、杂多县、玉树县、称多县、玛多县、达日县	较低
8	昆仑山大起伏高山地区	格尔木市、治多县、都兰县、玛沁县、玛多县、茫崖、曲麻莱县	很低
9	江河源丘状高原地区	治多县、曲麻莱县、格尔木市、玛多县、杂多县	很低
10	唐古拉高山极高山地区	杂多县、格尔木市、囊谦县	很低

2.2.3 其他相关数据

用于土地督察级别评定的相关数据主要分为4类：土地利用数据、经济数据、人口数据和区位数据，数据收集的基本单元是县级行政区。相关主要数据清单见表2.3。

表2.3 相关数据清单

数据类型	数据项目名称
土地利用数据	土地违法频次
	违法用地总面积
	违法用地占耕地面积
	违法占用建设用地面积
	违法占用草地、林地面积
	上年耕地减少面积
	上年草地、林地减少面积
	新增建设用地面积
	采矿用地规模
	基本农田保护率
经济数据	城市化水平
	GDP增长率
	城镇新增固定资产投资
	地均GDP
	人均GDP
	矿产资源种类
	固定资产投资
人口数据	人口密度
区位数据	道路网密度

3 土地督察类型区划分

青海省地处青藏高原，土地总面积大，海拔高。土地类型多样，垂直分布明显。由于青海地形地貌的特殊性，其土地利用分界明显，主要土地利用类型可以分为未利用地、牧草地及耕地等；东部主要为耕地区，西北部主要为未利用地区，祁连山地及南部主要为牧草地区。土地类型的区域差异性导致了青海省社会经济发展区域分异明显，土地督察工作的方式方法相应地也要针对不同的地区体现出区域间的差异性。因此，为了有效开展土地督察，按照差别化土地督察的需要对青海省进行土地督察类型区的划分，以形成区域分异的监管对象。

3.1 总体思路

3.1.1 分区原则

土地督察类型区划分的主要目的在于区分监管区域，突出不同监管区域各不相同的主要特征，以明确各区土地督察工作的侧重点，为各区制定有针对性的、差别化的土地督察办法提供依据。因此，通过对分区对象内在空间分布与演化规律的认识，结合分区的目的，提出以下的土地督察类型区划分及指标选取原则。

（1）地域性原则。首先，土地督察类型区要反映出地域分异规律，突出区内相似性与区际差异性，即在同一类型区内土地督察区域具有相对一致性，有利于制定统一的土地督察办法，而区际之间要有较大差异性，能够体现出土地督察办法的差异性。

（2）主导因素原则。土地督察类型区划分不同于土地利用功能分区，其核心目的是体现土地督察类型的区域分异。因此，在构建分区指标体系时，重点考虑能够体现出土地督察类型差异的主导因素，突出主导因素对分区结果的影响。而土地利用功能分区是借助于区划的方法，依据土地的自然、经济条件的差异性，以及土地利用的相对一致性，将一定的地域按一定标准分为不同的等级区域。

（3）可操作性原则。在分区过程中兼顾行政区域的完整性，有利于分区方案的实际应用和普遍接受。分区基本单元不宜过细，以县级行政区作为地域单元为宜，并有利于完整数据资料的获取和分区研究工作的展开。同时，县级行政区也正是当前土地督察的最小基本行政单元，作为分区的最小基本行政单元也具有现实性，操作性较强。

（4）定量分析与定性分析相结合原则。土地督察类型区划分应以定量计算为主，同时需要咨询相关专家进行定性分析和调整，以提高分区结果的科学性、合理性和可接受性。

3.1.2　分区技术路线

类型区划分技术路线如图 3.1 所示。

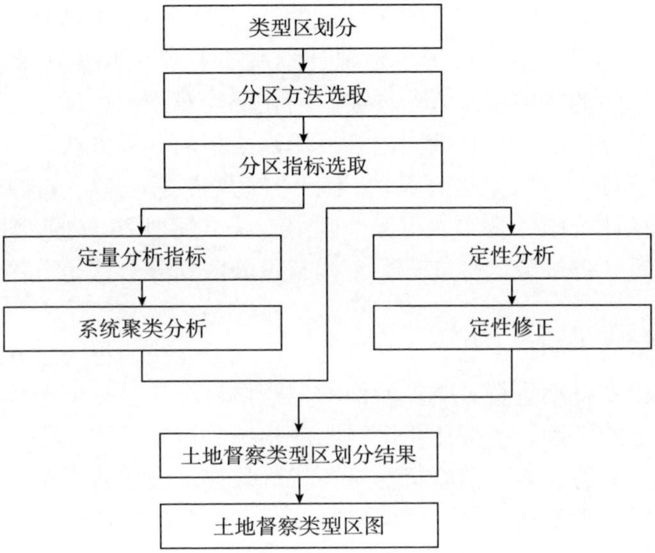

图 3.1　土地督察类型区划分技术路线

3.2　土地督察类型区划分过程

3.2.1　方法选取

土地督察类型区的划分，作为一个新的研究领域，目前对其分区方法的研究尚属空白。土地督察类型区划分与土地利用功能分区尽管目的不同，但两者的研究思路和工作流程类似，因而类型区划分方法可以借鉴土地利用功能分区的方法。

土地利用功能分区的方法是对土地利用功能分区的具体落实，它借助于区划的方法，依据土地的自然、经济条件的差异性，以及土地利用的相对一致性，将一定的地域按一定标准分为不同等级的区域，每个区域的土地利用方向、土地利用类型、土地利用政策和措施都具有相对一致性。它既是土地利用总体规划的一种重要方法，也是土地利用总体规划的一项重要成果。分区法把握了区域土地利用发展的总体结构，反映了区位差异，对宏观的土地利用活动和土地利用战略目标的实现有重要作用。同一土地利用区域具有土地利用的相对一致性，有利于规划的实施和管理。目前，土地利用功能分区方法主要有：综合评价法、聚类分析法和 GIS 空间分析法。

（1）综合评价法。综合评价法，又称多因素评价法，是通过对项目区从不同角度选取典型性指标，建立评价指标体系，并赋予相应的权重值，然后用分值加权和的公式进行累加，确定出各个区域的总分值，对所得结果进行排序分类。

（2）聚类分析法。聚类分析法是统计学所研究的“物以类聚”问题的一种方法。根据指标间的相关性或者是样品间的相似性对指标或样品归类。聚类分析法也称层次聚类分析法，是目前国内外使用的最多的一种方法。

（3）GIS 空间分析法。将有关的成果图件叠置在一起，如将土地利用现状图、土地适宜性评价图、基本农田保护区图、城镇规划图、地形图叠加起来，进行 GIS 空间分析，再按分区标准进行土地利用分区划分。这是分区的一种较为简便易行的方法。

以聚类分析法为例，它的实质是建立一种分类方法，将一批样本数据按照其性质上的亲密程度自动进行分类。所谓的类是指一个具有相似个体的集合，不同类之间具有明显的区别。一般用于国民经济领域，根据经济水平、产业结构、生产总值、人口、人均收入、消费特点等，将行政辖区分成若干个经济区域，如经济发达地区、经济不发达地区、资源丰富地区、资源匮乏地区等。该类分区旨在对属于同一类的地区或者国家采用类似的经济政策等。

聚类分析法的基本思想是根据我们所研究个体的观测指标，具体找出一些能够度量指标之间相似程度的统计量，以这些统计量为划分类型的依据，把一些相似程度较大的指标聚合为一类，把另外一些彼此之间相似程度较大的指标又聚合为一类，关系密切的聚合到一个小的分类单位，关系疏远的聚合到一个大的分类单位，直到把所有的指标都聚合完毕，把不同的类型一一划分出来，形成一个由小到大的分类系统。通过聚类分析法对指标进行分类可以综合利用多个变量的信息进行分类，使分类结果更加直观、全面和合理。

由于土地督察类型区的划分目的在于区分出土地督察不同的监管对象，土地督察类型区划分方案属于宏观研究的范畴，本身并不存在单一的区划形式，因此选择聚类分析方法，能够更加简便易行地得出科学合理的划区结果。该方法也是在土地督察类型区划分方案制定中的一种探索性尝试。

聚类分析的步骤如下：①评价指标的选取；②将选取的指标进行标准化处理；③对标准化后的指标进行聚类分析；④将聚类分析结果与其空间格局相结合，参考实际情况对其进行统筹分析。

3.2.2 分区指标选取

青海省由于受海拔、地形地貌等自然因素的影响，使得土地利用类型、经济发展水平、功能定位和发展方向存在明显的区域分异特征，因此在进行类型区划分指标选取时需要综合考虑以下 3 方面内容。

（1）区域的土地利用结构分异特征。各地区的土地利用结构特征基本能够反映出该地区的发展定位和方向，是制定差别化督察办法的重要依据。

（2）区域的土地利用结构调整方向。区域的土地利用结构调整，反映的是该地区土地利用变化特征，具有现势性，以便于提高差别化督察办法制定的精确性。

（3）区域经济的发展水平。各地区的经济发展情况能够体现出区域的分异特征，能进一步提高分区结果的准确性。

根据实地调研，结合青海省实际情况和土地督察要求，参考国内外相关文献以及相关专家的意见和建议，初步拟定的分区指标体系见表 3.1。

表 3.1 土地督察类型区划分指标初选

目标层	准则层	指 标 层
土地督察类型区	土地利用结构	耕地占青海省总耕地比例
		耕地占本县总面积比例
		城乡建设用地占青海省总城乡建设用地比例
		城乡建设用地占本县总面积比例
		采矿用地占青海省总采矿用地比例
		采矿用地占本县总面积比例
		其他土地占青海省总其他土地比例
		其他土地占本县总面积比例
	土地利用结构调整	新增建设用地面积
	经济发展水平	固定资产投资
		人均 GDP

为了提高聚类的效果，根据指标选取的原则及青海省的土地利用特点，对初选指标进行筛选见表 3.2。

表 3.2　土地督察类型区划分指标筛选与依据

初选指标	是否可选	依　　据
耕地占青海省总耕地比例	√	能够突出本县耕地在青海省的比例，反映耕地保有量的任务大小
耕地占本县总面积比例	√	能够突出本县耕地的比例，反映农业发展地位和主要督察监控对象
城乡建设用地占青海省总城乡建设用地比例	×	不能突出显示发达地区的城乡建设用地的比例（如较发达的西宁市四城区，城乡建设用地占本行政区面积比例较高，但占全省总城乡建设用地比例并不很高）
城乡建设用地占本县总面积比例	√	能够突出发达地区的城乡建设用地的比例、经济区位及经济发展水平
采矿用地占青海省总采矿用地比例	√	能够突出显示采矿用地的集聚度
采矿用地占本县总面积比例	×	仅能反映采矿用地内部比例
其他土地占青海省总其他土地比例	×	其他土地的地域差异不突出
其他土地占本县总面积比例	√	能够突出本县其他土地的功能，利于相似性聚类
年均新增建设用地面积	×	指标稳定性较低，不利于聚类结果的稳定性
年均固定资产投资	×	指标稳定性较低，不利于聚类结果的稳定性
人均 GDP	×	指标稳定性较低，不利于聚类结果的稳定性

经过筛选，选取耕地占青海省总耕地比例、耕地占本县总面积比例、城乡建设用地占本县总面积比例、采矿用地占青海省总采矿用地比例、其他土地占本县总面积比例 5 个因素作为聚类分析指标，其他指标作为定性分析的参考指标。

3.2.3　指标处理与计算

在进行数据的计算评价之前，首先需要排除不同的量纲和参数数量级对评价结果的影响，因此，要对指标数据进行标准化（无量纲化）处理。通过参考相关文献，研究采用标准差法对原始数据进行标准化，即：

$$\bar{X}_{ij} = \frac{X_{ij} - X_j}{S_j} \qquad \text{（式 3.1）}$$

式中：X_j 和 S_j 分别是第 j 个指标的样本均值和样本标准差。

标准化的目的是消去量纲和数量级的影响。指标标准化值见表 3.3。

表 3.3 分区指标标准化值

县（市、区）名称	耕地占青海省总耕地比例	耕地占本县总面积比例	城乡建设用地占本县总面积比例	采矿用地占青海省总采矿用地比例	其他土地占本县总面积比例
城东区	-0.501	-0.1983	2.7991	-0.3212	-1.6392
城中区	-0.5157	-0.5253	4.4509	-0.3231	-2.4476
城西区	-0.5057	-0.149	3.1776	-0.3077	-2.0175
城北区	-0.3695	2.1474	2.1325	-0.3102	-2.9522
大通县	2.6753	2.0135	-0.231	-0.2661	-1.312
湟中县	3.7373	3.6366	-0.1939	-0.2383	-2.5201
湟源县	0.2638	0.7782	-0.267	-0.3101	-0.3886
平安县	0.0063	1.2601	-0.1577	-0.2924	-0.8235
民和县	1.7307	2.4463	-0.2355	-0.2793	-1.6254
乐都县	1.0374	1.048	-0.2775	-0.2859	-0.5805
互助县	3.1611	2.232	-0.2884	-0.2869	-1.4304
化隆县	1.3891	1.2422	-0.2929	-0.3018	-0.7082
循化县	-0.1939	-0.0802	-0.2856	-0.3085	0.2463
门源县	1.1955	0.1477	-0.2972	-0.2919	0.0899
祁连县	-0.5157	-0.5253	-0.3056	-0.2479	0.5832
海晏县	-0.5157	-0.5253	-0.2978	-0.3066	0.579
刚察县	-0.3132	-0.4726	-0.3042	-0.2468	0.5428
同仁县	-0.2764	-0.3372	-0.2964	-0.3169	0.4425
尖扎县	-0.3759	-0.2998	-0.2921	-0.3149	0.4111
泽库县	-0.5157	-0.5253	-0.3056	-0.3231	0.5857
河南县	-0.5157	-0.5253	-0.3052	-0.3231	0.5855
共和县	0.1279	-0.4279	-0.3022	-0.3023	0.5123
同德县	-0.251	-0.3822	-0.3052	-0.3213	0.4815
贵德县	-0.2257	-0.3176	-0.2867	-0.2893	0.4184
兴海县	-0.147	-0.4491	-0.3042	-0.3231	0.5296
贵南县	0.1661	-0.261	-0.3048	-0.3231	0.3934
玛沁县	-0.5157	-0.5253	-0.3033	-0.3028	0.5835
班玛县	-0.5157	-0.5253	-0.3067	-0.3227	0.5864
甘德县	-0.5157	-0.5253	-0.3072	-0.3227	0.5867
达日县	-0.5157	-0.5253	-0.3073	-0.3221	0.5868
久治县	-0.5157	-0.5253	-0.3074	-0.3214	0.5868
玛多县	-0.5157	-0.5253	-0.3081	-0.3231	0.5873

续表

县（市、区）名称	耕地占青海省总耕地比例	耕地占本县总面积比例	城乡建设用地占本县总面积比例	采矿用地占青海省总采矿用地比例	其他土地占本县总面积比例
玉树县	-0.5157	-0.5253	-0.304	-0.3163	0.5845
杂多县	-0.5157	-0.5253	-0.3076	-0.3219	0.587
称多县	-0.5157	-0.5253	-0.3078	-0.3231	0.5871
治多县	-0.5157	-0.5253	-0.3084	-0.3032	0.5874
囊谦县	-0.4104	-0.5034	-0.3061	-0.3205	0.5701
曲麻莱	-0.5157	-0.5253	-0.308	-0.1399	0.5854
格尔木市 a	-0.3497	-0.5195	-0.3005	5.0502	0.5427
格尔木市 b	-0.5157	-0.5253	-0.3087	-0.3223	0.5877
德令哈市	-0.2522	-0.5015	-0.2964	-0.2914	0.562
乌兰县	-0.5157	-0.5253	-0.3017	0.7092	0.5432
都兰县	0.0273	-0.4952	-0.3077	3.6891	0.5231
天峻县	-0.5157	-0.5253	-0.3066	-0.1866	0.5839
茫崖	-0.5157	-0.5253	-0.3046	1.2343	0.5622
大柴旦	-0.5157	-0.5253	-0.3077	0.6708	0.5645
冷湖	-0.5157	-0.5253	-0.3076	0.8482	0.5558

注：格尔木市 a 不含可可西里，格尔木市 b 仅为可可西里。

应用所选取的 5 个因子，对青海省 47 个县（市、区）进行系统聚类分析，此项工作在 SPSS 软件中操作。在 SPSS 中，“Analysis”主菜单中用鼠标指向“Classify”菜单项，打开“Hierachical Cluster：Analysis”对话框，利用该对话框设置，进行系统聚类分析。其分析结果如图 3.2 所示。

3.3 土地督察类型区划分结果

3.3.1 类型区划分初步结果

对青海省 47 个县（市、区）进行土地督察类型区划分时，分区太多会失去分区的意义，分区太少则很难做到分类指导和有的放矢，以满足督察职责为准，划分为 3 ~5 个区。根据聚类树状图，同时通过咨询相关领域专家和当地专业人士的意见，将青海省 47 个县（市、区）分为 4 个类型区，并按照土地督察工作的任务重点及类型区土地违法敏感性，分别命名为耕地保护监管区、城市发展监管区、矿业发展监管区和生态保护监管区（表 3.4）。

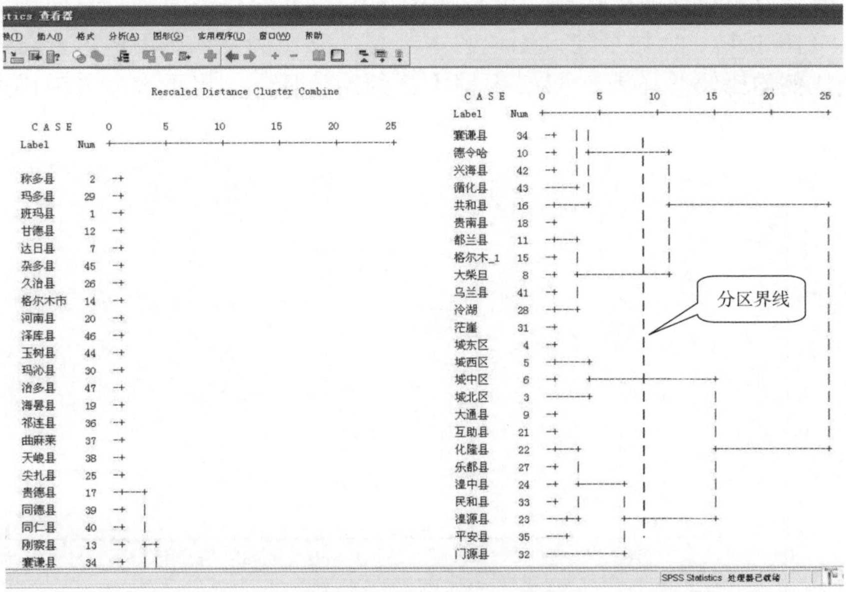

图 3.2 系统聚类分析树状图

表 3.4 土地督察类型区初步划分结果及命名

编号	名 称	县（区）数/个	县（区）名称
Ⅰ区	耕地保护监管区	9	大通县、湟中县、乐都县、湟源县、平安县、民和县、互助县、化隆县、门源县
Ⅱ区	城市发展监管区	4	城东区、城中区、城西区、城北区
Ⅲ区	矿业发展监管区	6	格尔木市（不含可可西里）、乌兰县、都兰县、茫崖、大柴旦、冷湖
Ⅳ区	生态保护监管区	28	循化县、祁连县、海晏县、刚察县、同仁县、尖扎县、泽库县、河南县、共和县、同德县、贵德县、兴海县、贵南县、玛沁县、班玛县、甘德县、达日县、久治县、玛多县、玉树县、杂多县、称多县、治多县、囊谦县、曲麻莱县、格尔木市（可可西里）、德令哈市、天峻县

3.3.2 类型区划分特征

根据分区结果，对4个区的类型特征进行定量分析，分析结果如下。

（1）Ⅰ区——耕地保护监管区。Ⅰ区分布于西宁市及其周边区域，青海省耕地主要分布于该地区，耕地面积占青海省总耕地比例81.85%，各县级行政区耕地占青海省总耕地面积比例均很高（图 3.3），并且耕地占本县总面积的比例均很高（图 3.4），而城乡建设用地占本县总面积比例、采矿用地占青海省总采矿用地比例均比较低（表 3.5）。根据 I 区的用地特点，将 I 区命名为耕地保护监管区。

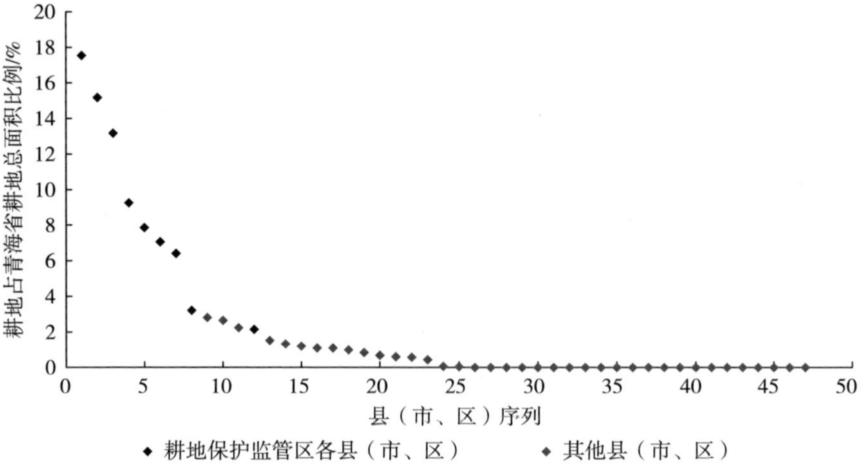

图 3.3　各县（市、区）耕地占青海省耕地总面积的比例

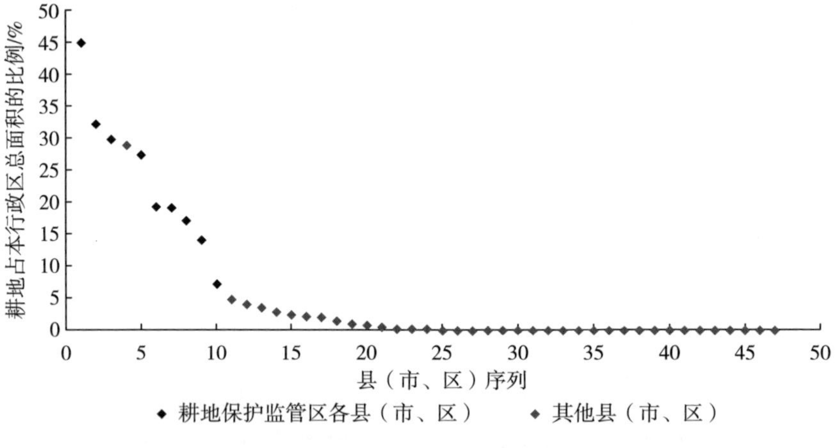

图 3.4　各县（市、区）耕地占本行政区总面积的比例

表 3.5　I 区所含各县（市、区）聚类指标值

县（市、区）名称	耕地占青海省总耕地比例/%	耕地占本县总面积比例/%	城乡建设用地占本县总面积比例/%	采矿用地占青海省总采矿用地比例/%	其他土地占本县总面积比例/%
湟中县	17.55	44.98	1.09	0.56	53.70
互助县	15.17	29.80	0.19	0.24	69.93

续表

县（市、区）名称	耕地占青海省总耕地比例/%	耕地占本县总面积比例/%	城乡建设用地占本县总面积比例/%	采矿用地占青海省总采矿用地比例/%	其他土地占本县总面积比例/%
大通县	13.16	27.44	0.74	0.38	71.70
民和县	9.27	32.11	0.70	0.29	67.03
化隆县	7.86	19.10	0.15	0.14	80.69
门源县	7.06	7.27	0.11	0.21	92.58
乐都县	6.41	17.00	0.30	0.24	82.59
湟源县	3.22	14.09	0.40	0.09	85.45
平安县	2.15	19.29	1.43	0.20	78.97

（2）Ⅱ区——城市发展监管区。Ⅱ区属于西宁市中心城区，是城市重点发展区。Ⅱ区城乡建设用地比例远远高于其他43个县（市、区），同时Ⅱ区中的各行政区城乡建设用地占本区土地总面积比例均很高（图3.5），同时耕地占青海省总耕地比例、采矿用地占青海省总采矿用地比例均很低，个别县耕地占本县总面积比例因行政辖区面积小而较高，但总体占比也较低（表3.6）。根据Ⅱ区的用地特点，将Ⅱ区命名为城市发展监管区。

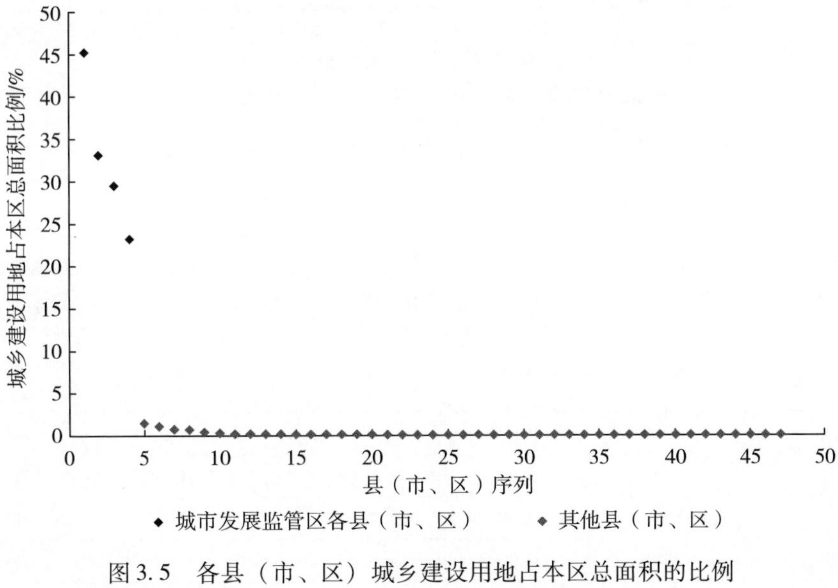

图3.5 各县（市、区）城乡建设用地占本区总面积的比例

表 3.6　Ⅱ区所含各县（市、区）聚类指标值

县（市、区）名称	耕地占青海省总耕地比例/%	耕地占本县总面积比例/%	城乡建设用地占本县总面积比例/%	采矿用地占青海省总采矿用地比例/%	其他土地占本县总面积比例/%
城中区	0.00	0.00	45.22	0.00	54.78
城西区	0.04	4.07	33.12	0.10	61.19
城东区	0.06	3.53	29.53	0.01	66.82
城北区	0.60	28.88	23.19	0.08	47.26

（3）Ⅲ区——矿业发展监管区。Ⅲ区分布于青海省西北部，青海省探明矿产资源主要分布于该地区。Ⅲ区采矿用地面积远远高于其他41个县（市、区），占青海省总采矿用地面积的93.13%（图3.6），而耕地和城乡建设用地相应的指标值均很低（表3.7）。根据Ⅲ区的用地特点，将Ⅲ区命名为矿业发展监管区。

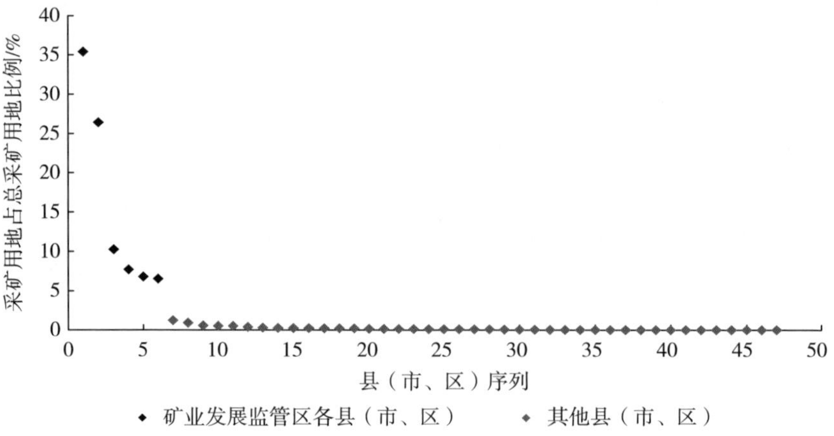

图3.6　各县（市、区）采矿用地占总采矿用地比例

表 3.7　Ⅲ区所含各县（市、区）聚类指标值

县（市、区）名称	耕地占青海省总耕地比例/%	耕地占本县总面积比例/%	城乡建设用地占本县总面积比例/%	采矿用地占青海省总采矿用地比例/%	其他土地占本县总面积比例/%
格尔木市（不含可可西里）	0.68	0.06	0.08	35.39	99.33
都兰县	2.24	0.33	0.01	26.42	99.04
茫崖	0.00	0.00	0.04	10.26	99.62
冷湖	0.00	0.00	0.01	7.71	99.52
乌兰县	0.00	0.00	0.07	6.80	99.34
大柴旦	0.00	0.00	0.01	6.55	99.65

（4）Ⅳ区——生态保护监管区。Ⅳ区为青海省除了前三区以外的其他区域，该区域主要分布于青海省西北部和南部，其他土地占本县总面积的比例均很高（表3.8）。主要包括可可西里自然保护区、三江源保护区、环青海湖自然保护区及冰川、荒漠、草地等。因此，将Ⅳ区命名为生态保护监管区。

表3.8 Ⅳ区所含各县（市、区）聚类指标值

县（市、区）名称	耕地占全省比例/%	耕地占本县总面积比例/%	城乡建设用地占本县总面积的比例/%	采矿用地占总采矿用地比例/%	其他土地占本县总面积的比例/%
格尔木市（管辖区）	0.00	0.00	0.00	0.00	100.00
治多县	0.00	0.00	0.00	0.13	100.00
玛多县	0.00	0.00	0.01	0.00	99.99
称多县	0.00	0.00	0.01	0.00	99.99
杂多县	0.00	0.00	0.01	0.01	99.99
久治县	0.00	0.00	0.01	0.01	99.99
达日县	0.00	0.00	0.01	0.01	99.99
甘德县	0.00	0.00	0.01	0.00	99.98
班玛县	0.00	0.00	0.02	0.00	99.98
泽库县	0.00	0.00	0.03	0.00	99.97
河南县	0.00	0.00	0.03	0.00	99.97
曲麻莱县	0.00	0.00	0.01	1.21	99.97
玉树县	0.00	0.00	0.04	0.04	99.95
天峻县	0.00	0.00	0.02	0.90	99.94
玛沁县	0.00	0.00	0.05	0.13	99.94
祁连县	0.00	0.00	0.03	0.49	99.93
海晏县	0.00	0.00	0.10	0.11	99.87
囊谦县	0.43	0.24	0.02	0.02	99.74
德令哈市	1.09	0.26	0.12	0.21	99.62
刚察县	0.84	0.57	0.04	0.50	99.33
兴海县	1.52	0.82	0.04	0.00	99.13
共和县	2.66	1.05	0.06	0.14	98.88
同德县	1.09	1.55	0.03	0.01	98.42
同仁县	0.99	2.03	0.12	0.04	97.84
贵德县	1.20	2.24	0.21	0.22	97.48

续表

县（市、区）名称	耕地占全省比例/%	耕地占本县总面积比例/%	城乡建设用地占本县总面积的比例/%	采矿用地占总采矿用地比例/%	其他土地占本县总面积的比例/%
尖扎县	0.58	2.44	0.16	0.05	97.37
贵南县	2.81	2.86	0.04	0.00	97.11
循化县	1.33	4.81	0.22	0.10	94.91

3.3.3 类型区划分修正

由于聚类分析方法的局限性，容易受特殊因素分值影响；或者是由于指标选取方面的原因，不能完全反应区域发展动态和土地督察工作的实际。为了提高分区的实用性，在定量分析的基础上，采用定性分析的方法，对研究个体进行综合分析。通过咨询行业和当地相关专家的意见，个别县（市、区）可能具有双重的特征，包括城北区、贵南县、共和县、都兰县、格尔木市（不含可可西里）、德令哈市、循化县、平安县和海晏县，因此需要对其进行定性分析与修正，以进一步提高分区结果的准确性。具体分析结果如表3.9，分析过程如下。

表3.9 类型区划分定性分析结果表

序号	县（市、区）	分析前	分析后	是否调整
1	城北区	城市发展监管区	城市发展监管区	否
2	贵南县	生态保护监管区	生态保护监管区	否
3	共和县	生态保护监管区	生态保护监管区	否
4	都兰县	矿业发展监管区	矿业发展监管区	否
5	格尔木市（不含可可西里）	矿业发展监管区	矿业发展监管区	否
6	德令哈市	生态保护监管区	城市发展监管区	是
7	循化县	生态保护监管区	耕地保护监管区	是
8	平安县	耕地保护监管区	耕地保护监管区	否
9	海晏县	生态保护监管区	生态保护监管区	否

（1）城北区：该区城乡建设用地占本区总面积的比例为23.19%，低于耕地面积占本区总面积的比例（28.88%），但是城北区耕地占全省总耕地比例很低（0.60%），远低于耕地保护区各县该比例值，而且该区将成为西宁市最大的工业聚集区，其固定资产投资、新增建设用地面积及人均GDP均在青海省名列前茅。因此，将该区仍划为城市发展监管区，不作分区调整。

（2）贵南县：虽然该县耕地面积占青海省总耕地面积的2.81%、占本县行政区总面积比例2.86%，但是该县建设占用耕地十分有限，以畜牧业发展为主。全县牧场地域辽阔、气候适宜，具有发展畜牧业的良好自然条件。因此，将该县仍划为生态保护监管区，不作分区调整。

（3）共和县：虽然该县耕地面积占青海省总耕地面积的2.66%、占本县行政区总面积比例1.05%，但该县建设占用耕地十分有限，同样也是以牧业为主的县。全县现有可利用草场$120.93\times10^4hm^2$，是青海省主要畜产品生产基地。因此，将其仍划入生态保护监管区，不作分区调整。

（4）都兰县：该县耕地面积占青海省总耕地面积的2.24%、占本县行政区总面积比例0.33%，但其采矿用地面积占青海省高达26.42%。因此，将其仍划为矿业发展监管区，不作分区调整。

（5）格尔木市（不含可可西里）：该市城乡建设用地占全省比例最高，达到13.60%；同时，该市的采矿用地占青海省总采矿用地比例也是最高，达到35.39%，因此该市具有城市发展区和矿业发展区的双重特征，但是考虑到该市主要是因矿产资源而发展起来的，且发展潜力仍很大。因此，将其仍划为矿业用地监管区，不作分区调整。

（6）德令哈市：该市城乡建设用地占本市总面积的比例很低，仅为0.12%，但是其城乡建设用地占全省比例却很高，达到7.88%，仅次于格尔木市和城东区。同时考虑到该市作为青海省海西蒙古族藏族自治州首府所在地，是全州政治、经济、文化的中心，且属于柴达木国家循环经济试验区，也是青海西部重要的交通枢纽和商品集散地，目前发展速度快、潜力较大，因而将其划为生态保护监管区不太合理。经综合分析，将其分区由生态保护监管区调整为城市发展监管区。

（7）循化县：该县耕地面积占全省耕地面积比例较低，仅为1.33%，但是其占本县面积比例较高，为4.81%，高于生态保护监管区里的其他县级行政区，同时该县又是国家2016年批准实施的河湟耕地开发整理区的重点县之一，耕地占比将进一步提高，且违法占用耕地现象比较普遍，2008年违法占用耕地面积达到$2.11hm^2$，仅低于城北区和民和县。因此，将其分区由生态保护监管区调整为耕地保护监管区。

（8）平安县：该县耕地面积占全省耕地面积仅为2.15%，但是其占本县面积比例高达19.29%，远远高于城乡建设用地占本县的比例。因此，该县虽位于重点开发区内，但分区仍划为耕地保护监管区，不作分区调整。

（9）海晏县：海晏县是青海省典型的牧业县，耕地、城乡建设用地和矿业用地面积占本县行政区总面积的比例及全省总面积的比例均接近于零，而其他土地占本县行政区总面积比例很高，且主要位于环青海湖自然保护区内的禁止开发区及限制开发区，其土地违法行为主要是违法占用牧草地。因此，该县虽为海北州府所在地，但仍划为生态保护监管区，不作分区调整。

3.3.4 类型区综合划分结果

通过定量分析和定性修正，得出青海省土地督察类型区划分结果（图3.7、表3.10）。

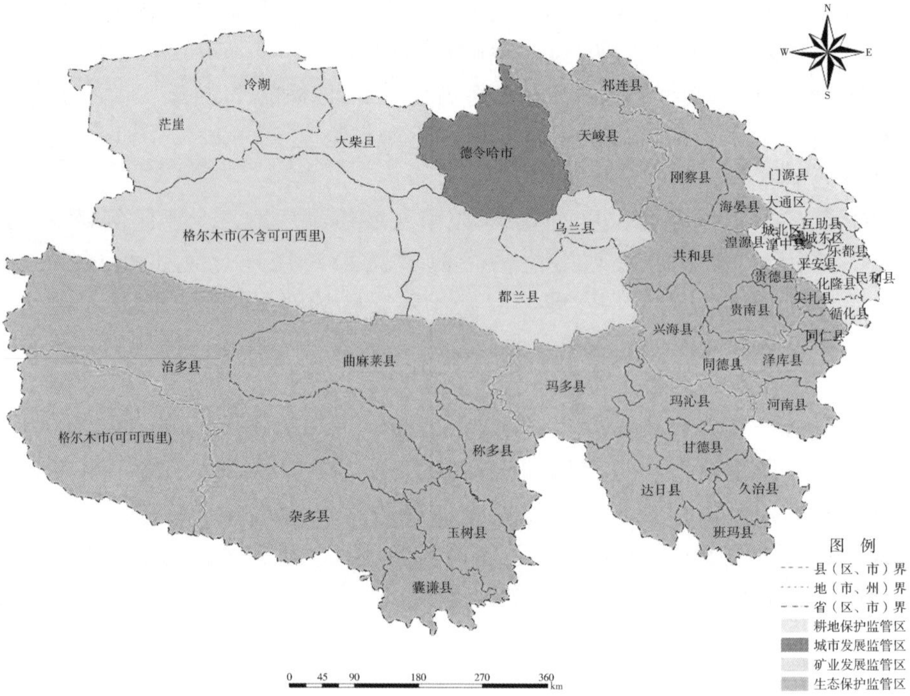

图3.7 青海省土地督察类型区图

表3.10 青海省土地督察类型区划分结果

土地督察类型区	县（市、区）数目/个	所含县（市、区）名称
耕地保护监管区	10	大通县、湟中县、乐都县、湟源县、平安县、民和县、互助县、化隆县、门源县、循化县
城市发展监管区	5	城东区、城中区、城西区、城北区、德令哈市
矿业发展监管区	6	格尔木市（不含可可西里）、乌兰县、都兰县、茫崖、大柴旦、冷湖
生态保护监管区	26	祁连县、海晏县、刚察县、同仁县、尖扎县、泽库县、河南县、共和县、同德县、贵德县、兴海县、贵南县、玛沁县、班玛县、甘德县、达日县、久治县、玛多县、玉树县、杂多县、称多县、治多县、囊谦县、曲麻莱县、格尔木市（可可西里）、德令哈市、天峻县

青海省耕地保护监管区和城市发展监管区所辖面积仅占青海省面积8.39%，但却包括了青海省68.67%的人口、59.39%的地区生产总值、74.72%的耕地、80.28%的违法频次、95.93%的违法占用耕地面积及59.59%的新增建设用地（表3.11）。由此可见，青海省区域分异的特征，使得各类型区表现出明显的差别，为采取差别化土地督察办法提供了科学依据，对处于不同类型区的行政区实行差别化的督察业务，进而提高土地督察工作的效率、效益和效果提供了科学依据。

表3.11　各类型区累计控制指标比例

指标名称	耕地保护监管区	城市发展监管区	矿业发展监管区	生态保护监管区
所含县（市、区）个数	10	5	6	26
违法用地频次/%	58.45	21.83	7.04	12.68
违法用地总面积/%	30.03	41.75	0.33	27.89
违法占用耕地面积/%	42.26	53.67	0.00	4.07
年末耕地总面积/%	71.99	2.73	4.52	20.76
上年耕地减少面积/%	60.81	29.73	0.00	9.46
新增建设用地面积/%	44.70	14.89	5.56	34.85
年末总人口/%	51.00	17.67	7.14	24.19
地区生产总值/%	27.99	31.40	24.16	16.45
行政区域土地面积/%	4.19	4.20	23.68	67.92

3.4　土地督察类型区特征对比分析

3.4.1　耕地保护监管区

耕地保护监管区包含县（市、区）个数较多，共10个，但占青海省国土总面积的比例最小，为4.19%；2008年国内生产总值较大，达277.59亿元，占青海省国内生产总值的27.99%；总人口最多，为275.10万人，占青海省总人口的51.00%；地均国内生产总值较高、人均国内生产总值最低、总平均人口密度最高。

3.4.1.1　区域功能定位

耕地保护监管区是青海省耕地分布相对最广，且为集中连片、地势相对较为平坦的耕地区域，是青海省农作物生产的主要区域；同时，海拔较低，适宜人类生产生活，是青海省人口分布最多、总体密度最大的区域。该区域内大部分县位于青海省经济社会发展功能区划的重点开发区内，仅有门源、大通等个别县部分位于限制开发区及禁止开发区内。因此，耕地保护任务最繁重，其次是节约集约用地的压力也较大。

3.4.1.2　土地利用特点

耕地保护监管区的耕地区面积占到青海省总耕地区面积的比例超过了 80%，与该区域的功能定位相一致。此区域也是城乡建设用地相对集中的区域，与相对平坦的地势和优良的生存条件有直接关系。其他类型用地分布较少。该区土地利用结构如图 3.8 所示。

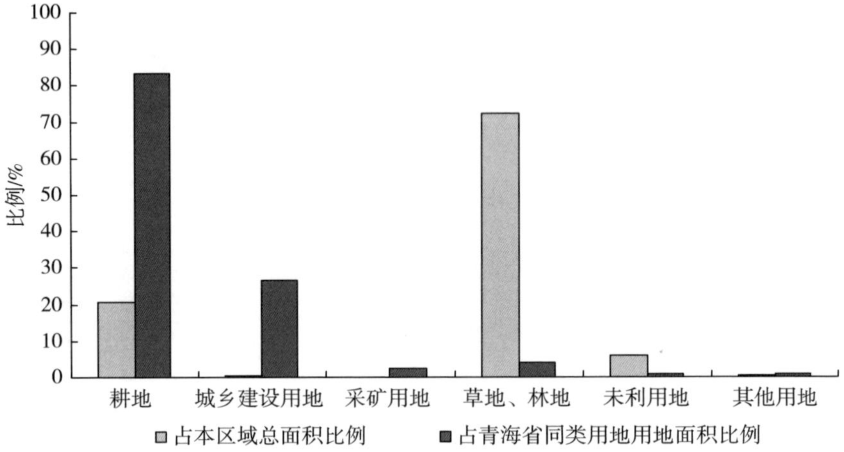

图 3.8　耕地保护监管区土地利用结构图

2008 年分布于此区域的新增建设用地面积最多（588.52 hm^2），占青海省新增建设用地总面积的 44.70%。

3.4.1.3　土地违法违规特点

耕地保护监管区内 2008 年违法用地次数为 83 次，占青海省全年总违法用地次数的 58.45%；全年违法用地面积为 15.87 hm^2，占青海省违法用地总面积的 30.03%，违法占用的土地利用类型全部为耕地和城乡建设用地。违法占地面积虽然不及城市发展监管区，但违法频次较高，表明此处土地违法违规行为猖獗，是土地违法违规的频发区域，且突出反映在耕地及城乡建设用地上。这些违法案件主要发生在互助县、化隆县、湟源县、湟中县、乐都县、民和县、平安县和循化县等。大通县、门源县 2008 年无土地违法案件。该区违法用地结构如图 3.9 所示。

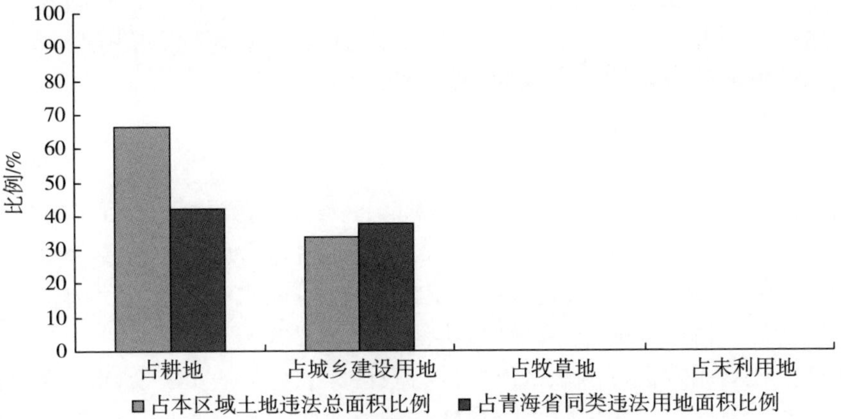

图 3.9　耕地保护监管区违法用地结构图

根据实地调查成果、统计资料分析和与土地管理部门的座谈，耕地保护监管区现有的违法违规用地类型主要为较大面积的未批先建；擅自改变土地用途；宅基地违法；零星的挖沙、取土行为。违法用地的地点主要为公路沿线、城乡接合部、河流谷地及大型企业所在地。违法时间主要集中在每年的 4 ~6 月。违法违规的原因可概括为以下几个方面：①因农地转用审批周期较长，且青海省受季节影响施工期短，项目单位先行开工建设或边报边用造成未批先建违法；②经济的发展和交通条件改善致使农村居民点向交通沿线和城乡接合部转移，新增宅基地用地违法；③个别村委会和村民受经济利益的驱动，非法转让、出租土地；④部分村民耕地保护意识较薄弱，随意挖沙取土的现象时有发生。

3.4.2　城市发展监管区

城市发展监管区辖管县（市、区）个数最少，为5 个，但占青海省国土总面积的比例仅次于耕地保护监管区，为 4.20%；国内生产总值最大，达 311 亿元，占青海省国内生产总值的 31.4%；总人口较多，为 95.3 万人，占青海省总人数的 17.67%；地均国内生产总值最高、人均国内生产总值较高、总平均人口密度较高。

3.4.2.1　区域功能定位

城市发展监管区主要以城市现有建成区以及未来城市发展方向区为依托，其中的“四区一市”特别是西宁市 4 城区，是青海省人口最密集、经济最发达的区域，是全省政治、文化和经济的中心区域。该区域海拔较低，全省唯一的国家经济技术开发区即西宁市经济技术开发区也位于该区域，同时，柴达木国家循环经济试验区也包括该区域的德令哈市。其中的 4 城区全部位于青海省经济社会发展功能区划的重点开发区内，仅有德令哈市同时处于重点开发区、限制开发区及禁止开发区内。因此，该区域经济社会发展特别是工业经济发展用地需求相对较大，在当前城乡建设用地占本区面积已经最大的前提下，节约集约用地的压力最大，其次是耕地保护的压力也较大。

3.4.2.2　土地利用特点

城镇发展监管区的城乡建设用地区面积占全省同类用地区面积的 30.83%，与该区域的功能定位一致。由于该区内的城北区耕地占比高，德令哈市草地和未利用地面积大、占比高，使得该区内总体上看，耕地占有一定的比例，草地占本区域的比例高、占全省的低，其他地类所占比例较低。

根据土地利用特征可将该区所含的行政区大致分为 3 类：①城北区：耕地占本区比例高，新增建设用地较多，违法占用耕地面积大，土地违法频次多；②城东区、城西区、城中区：城乡建设用地占本区比例高，新增建设用地规模大，土地违法频次较多；③德令哈市：耕地和城乡建设用地总量较大但占本市比例很低，新增建设用地面积较小，鲜有土地违法案件发生。该区土地利用结构如图 3.10 所示。

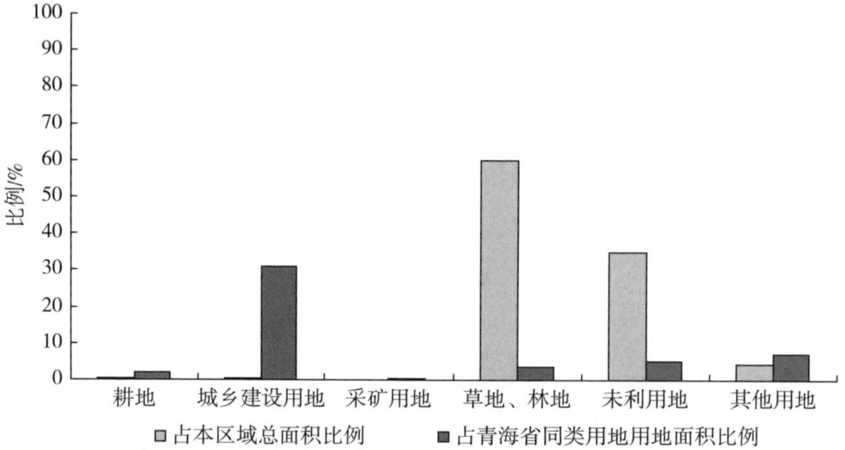

图 3.10　城市发展监管区土地利用结构图

2008 年分布于此区域的新增建设用地面积较少（196.01 hm^2），占青海省新增建设用地总面积的 14.89%。

3.4.2.3　土地违法特点

城市发展监管区内 2008 年违法用地次数为 31 次，占青海省全年总违法用地次数的 21.83%；全年违法用地面积为 22.06 hm^2，占青海省违法用地总面积的 41.75%。违法用地类型均为违法占用耕地和违法占用城乡建设用地。其中，违法占用耕地面积占青海省同类违法用地面积比例超过 50%，而违法占用城乡建设用地面积占青海省同类违法用地面积比例超过60%，表明城市发展监管区土地违法行为严重，是土地违法违规的高发区域，且突出反映在城乡建设用地及耕地上。

该区土地违法案件主要发生在城北区、城东区、城西区和城中区，德令哈市2008年尚未土地违法案件发生。该区违法用地结构如图3.11所示。

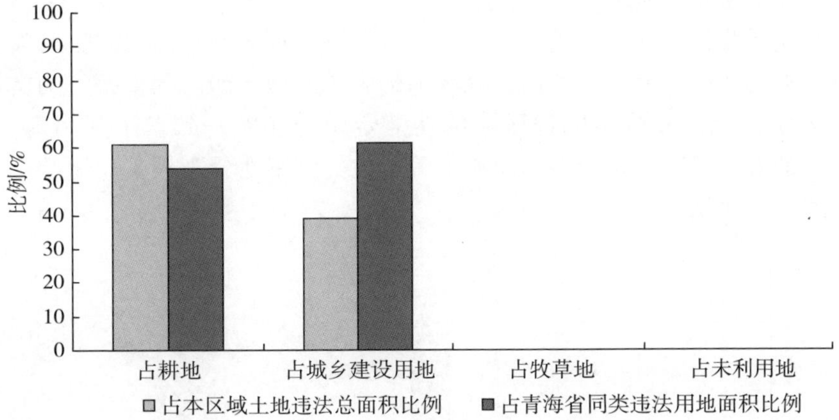

图3.11　城市发展监管区违法用地结构图

城市发展监管区土地违法违规类型和原因基本与耕地保护监管区相似，主要区别在于此区域的违法违规总频次减少、面积增加，且违法占用建设用地面积增加快于违法占用耕地面积的增加。如果按县（区、市）平均，因该区域县（区、市）个数为耕地保护区的一半，则这一特征更加明显。这与该区域为全省政治、经济、文化中心，建设用地占比高、外延式发展空间有限、项目规模相对较大、经济发展较快有密切关系。

3.4.3　矿业发展监管区

矿业发展监管区辖管县（市、区）较少，为6个，但国土总面积较大，占青海省国土总面积的比例较高，为23.68%；国内生产总值较低，达239.57亿元，占青海省国内生产总值的24.16%；总人口最少，为38.5万人，占青海省总人口的7.14%；地均国内生产总值较低，人均国内生产总值最高，总平均人口密度较低。

3.4.3.1　区域功能定位

矿业发展监管区海拔总体较高，主要位于青海省经济社会发展功能区划的限制开发区内，重点开发区面积占全省重点开发区面积比例较大，但占本区域面积比例仍较低，依现有城镇及矿产资源赋集区分布，是青海省矿产资源分布及采矿活动的集中区域，是青海省资源和能源生产与供给的主要区域。禁止开发区在本区分布很少。柴达木国家循环经济试验区主要内蕴于该区域。因此，该区域工矿业特别是矿业经济发展用地需求相对较大，用地主要表现为矿产资源开发用地和以矿产资源加工利用为依托的工业园区用地。由于该区域地域辽阔，草地和未利用地较多，占比很高，而耕地分布很少，因而耕地保护和节约集约用地的压力较小。

3.4.3.2 土地利用特点

矿业发展监管区面积广袤，采矿用地区面积不足区域总面积的0.50%，在土地利用结构类型上不突出。然而，该区内的采矿用地区却占到青海省同类用地区面积的90%以上，充分表明该区域的功能定位与实际一致。未利用地、草地、林地尤其是未利用地分布较多，而耕地等其他类型用地分布较少。该区土地利用结构如图3.12所示。

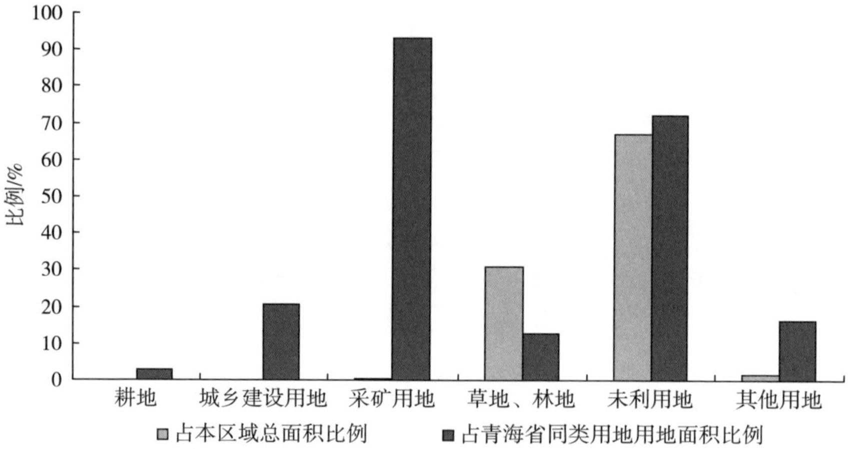

图3.12 矿业发展监管区土地利用结构图

2008年分布于此区域的新增建设用地面积最少（73.27 hm^2），仅占青海省新增建设用地总面积的5.56%。

3.4.3.3 土地违法违规特点

矿业发展监管区内2008年违法用地次数为10次，占青海省全年总违法用地次数的7.04%；全年违法用地面积为0.174hm^2，占青海省违法用地总面积的0.33%。无论是从违法的频次，还是违法面积，该区域都表现出相对较弱的反应，这与本地区的自然环境条件密切相关。该地区违法占地类型主要为占用城乡建设用地和占用未利用地。

该区土地违法案件主要发生在格尔木市（不含可可西里），大柴旦、都兰县、冷湖、茫崖、乌兰县等县2008年尚无土地违法案件发生。该区违法用地结构如图3.13所示。

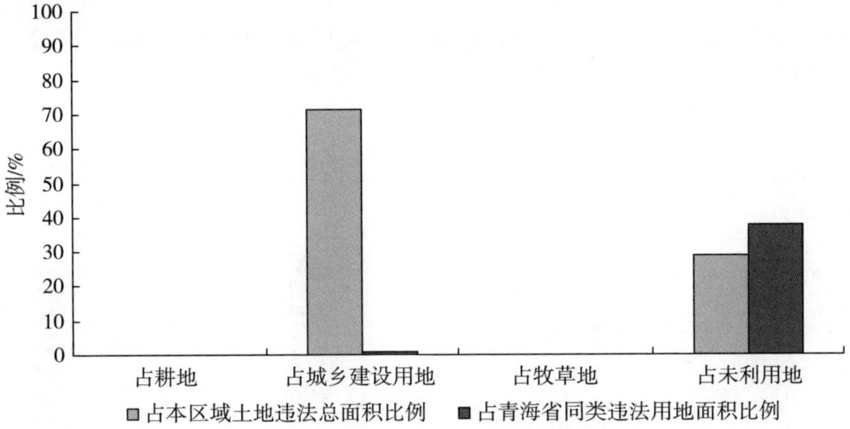

图 3.13 矿业发展监管区违法用地结构图

矿业发展监管区土地违法违规与城市发展监管区的主要区别在于该区域土地违法违规行为的一个主要原因是矿产资源的开采引发的土地资源的违法占用，且分布更不均衡，主要为违法占用城乡建设用地及未利用地，基本没有违法占用耕地。

3.4.4 生态保护监管区

生态保护监管区辖管县（市、区）个数最多，为 26 个；总面积最大，为 $44.75\times10^4km^2$，占青海省总面积的 67.92%；国内生产总值最小，达 163.10 亿元，占青海省国内生产总值的 16.45%；总人口较多，为 130.5 万人，占青海省总人数的 24.19%；地均国内生产总值最低，人均国内生产总值较低，总平均人口密度最小。

3.4.4.1 区域功能定位

生态保护监管区海拔总体最高，是青海省草地和林地分布区，是全省生态用地集中区域，对区域涵养水分、三江源保护、防风固沙及植被恢复等有重要作用。该区域主要位于各类自然保护区中，在青海省经济社会发展功能区划上基本属于禁止开发区和限制开发区，几乎没有重点开发区，也没有各类经济技术开发区和工业园区，因而当前建设用地需求较少，且以基础设施用地和居民用地为主。加之该区域地域最辽阔，草地最多，其次是未利用地占比很高，而耕地分布很少，因而耕地保护和节约集约用地的压力较小。

3.4.4.2 土地利用特点

生态保护监管区内超过同类用地总面积 80% 的草地、林地面积分布于此区，符合青海省的自然环境条件。由于面积广阔，各类用地在此区内均有一定范围的分布，分别占到青海省同类用地面积的一定比例，但绝对面积无法与草地、未利用地和林地面积相比。少量的耕地主要分布于贵南、共和、兴海、贵德、同德、同仁、刚察、尖扎、囊谦 9 个县，其余县主要为草地、未利用地和林地，基本没有耕地分布。该区土地利用结构如图 3. 14 所示。

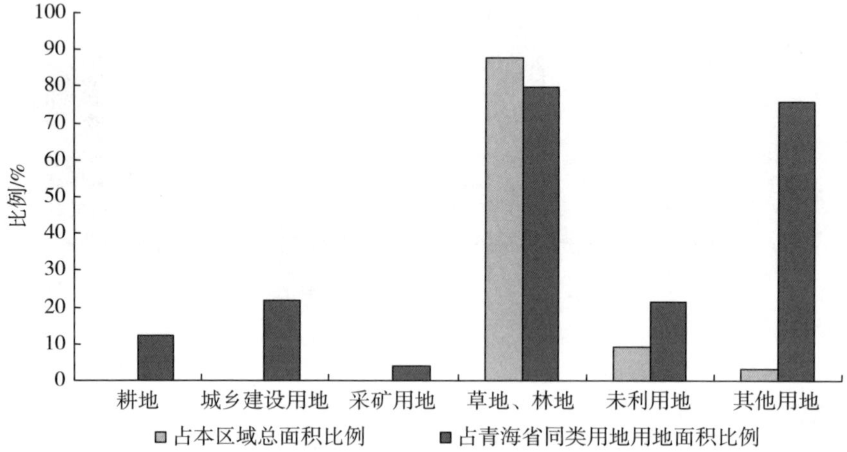

图 3. 14　生态保护监管区土地利用结构图

2008 年分布于此区域的新增建设用地面积较多（458. 95 hm^2），占青海省新增建设用地总面积的 34. 85% 。

3. 4. 4. 3　土地违法违规特点

生态保护监管区内 2008 年违法用地次数为 18 次，占青海省全年总违法用地次数的 12. 68%；全年违法用地面积为 14. 74 hm^2，占青海省违法用地总面积的 27. 89% 。该区域的主要土地利用类型之一是草地，因此，违法占用草地是该区域的主要违法占地类型。违法占用未利用地面积虽少，但其违法面积超过青海省同类违法用地面积的 60% 。

该区土地违法案件主要发生在贵德县、贵南县、海晏县、尖扎县、天峻县、同仁县。该区违法用地结构如图 3. 15 所示。

生态保护监管区土地违法违规与矿业发展监管区的主要区别在于违法占地主要类型为牧草地，其次是未利用地，很少耕地，没有建设用地。主要为基础设施、生态移民、水利移民等民生工程项目违法用地。

3. 4. 5　各类型区划分特征比较

通过上述分析，从区域定位、土地利用及土地违法情况 3 方面对各类型区进行总结归纳结果（表 3. 12）。

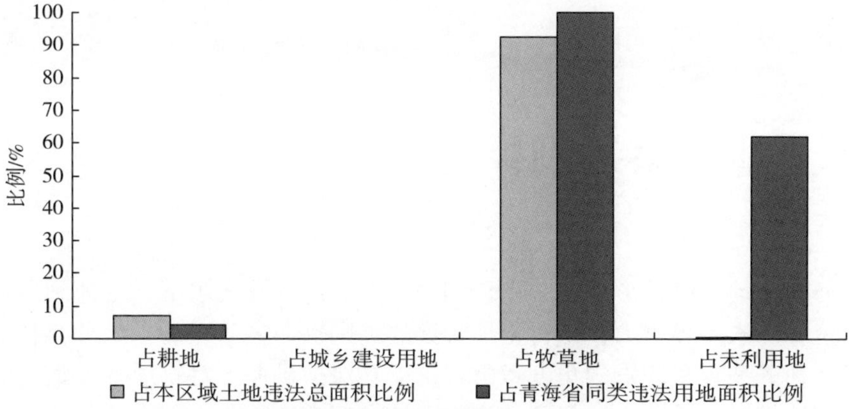

图 3.15 生态保护监管区违法用地结构图

表 3.12 青海省各类型特征比较

类型区	区域定位	土地利用特点	土地违法违规特点
耕地保护监管区	农作物生产集中区	耕地最多且集中分布，新增建设用地最多但较分散	主要以违法占用耕地及城乡建设用地为主，土地违法违规的频发区域但平均规模较小
城市发展监管区	经济和人口集聚区	城乡建设用地占比高且集中分布，新增建设用地集中	主要以违法占用城乡建设用地及耕地为主，土地违法违规的高发区域且平均规模较大
矿业发展监管区	能源资源勘探开发加工集中区	几乎全省采矿用地分布于此区域，未利用地、草地、林地分布较多、占比高，新增建设用地分布最少	违法占地类型主要为城乡建设用地及未利用地，与其他监管区相比，土地违法违规行为相对较少且集中
生态保护监管区	生态功能保护区	草地、林地的最集中区域，新增用地分布较多但分散	违法占地类型主要为草地及未利用地，土地违法违规行为很少

4 土地督察级别评定

青海省分地区的地形地貌、土地利用类型、经济发展水平、土地利用方向和功能定位等因素差异很大，使得土地督察的级别也存在明显的区域分异特征，同时从督察任务和督察职责的角度考虑，重点是保护耕地，对耕地扰动最大的是城乡建设用地扩张，因而土地督察方式与土地类型密切相关，不同的土地利用类型在同一区域中以及同一用地类型在不同区域中，其土地督察方式与措施存在差异。因此，土地督察级别评定应在土地督察类型区划分的基础上，综合考虑自然、社会、经济和土地利用状况等因素，以地类图斑评价为基础，按县级行政区为评价单元，对青海省各县（市、区）的土地督察级别进行定量分析，在督察区控制下划分为不同的土地督察级别，分清主次、突出重点，为差别化土地督察办法的制定提供依据。

4.1 总体思路

本书在近3年土地督察工作成就调查分析的基础上，根据青海省自然与社会经济条件，结合土地管理法律法规及政策，从土地督察的职责与职权出发，综合分析耕地保护、土地利用与调控、土地执法、农用地转用、土地征收等影响因素以及新增建设用地规律，以县级行政区为基本单元，结合自然状态、经济地理区位及社会经济发展水平等，采用多因素综合评价法进行土地督察分级研究。分级的总体思路如图4.1所示。

4.2 土地督察级别划分过程

4.2.1 指标体系建立

建立科学、合理的评价指标体系，是进行分级的重要前提。因此，指标体系必须能够全面反映土地督察级别的特征要求，并能够恰当地表达对目标的定量判断。土地督察级别评定是一个综合、立体、复杂的系统工程，涉及区域的土地利

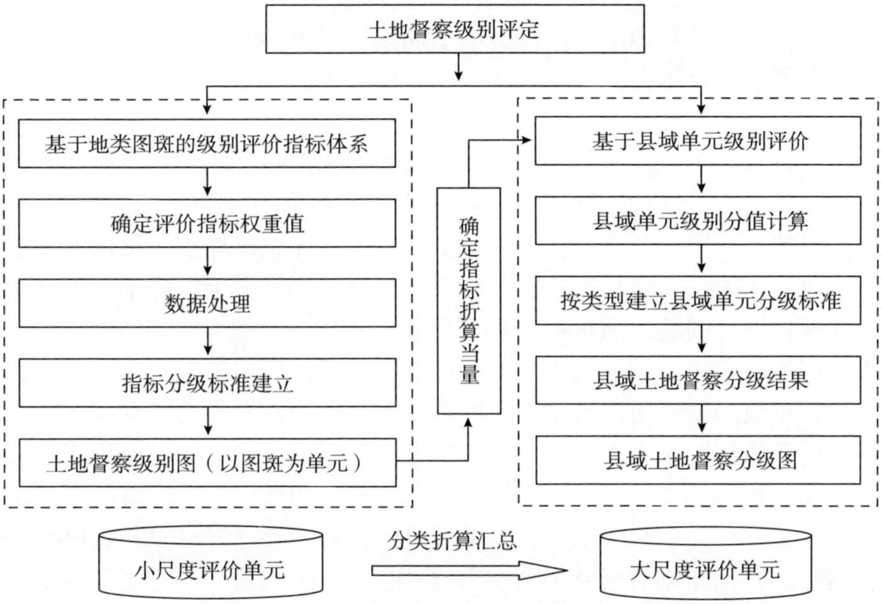

图 4.1　土地督察级别评定技术路线

用、人口、区位和经济等多个方面。因而要实现对督察区进行科学合理的分级，所构建指标体系必须能够准确评价出土地督察级别。然而，客观存在的指标数目繁多、数据获取困难等问题，需从众多指标中筛选出便于度量且具有主导性和综合性的指标作为评价指标。为了使得督察级别评定结果能够客观真实反映土地督察区域实际情况，构建指标体系时应遵循以下原则。

（1）区域性原则。选取的指标应能在区域内表现，并有相应的资料数据支撑。

（2）科学性和实用性原则。指标体系要建立在科学的基础上，体系内每一指标必须意义明确，方法准确规范，有科学依据。同时指标设计要实用，适应区域情况，考虑指标的量化及数据获取的难易程度和可靠性。

（3）全面性和代表性原则。根据当地的实际情况，合理、全面地选择指标。既要反映经济、社会、资源各系统发展的指标，又要有反映以上各系统相互协调的指标。在评价不同区域的督察级别时，选取的指标要具有一定的代表性，能够反映出评价区域的各级别情况。

（4）层次性和动态性原则。由于划区分级督察属于试点研究项目，比较复杂，应把指标体系分解成若干层次，同时应保持指标在一定时期内的稳定性。此外要充分考虑当地经济发展与违法的动态特点，既能反映目前的状况，也要能反映未来发展的趋势，便于预测和管理。

（5）定性与定量相结合原则。在划区分级的过程中，首先应保证基础资料的可获得性，其次应尽可能地将定性的、经验性的分析量化，以提高划区分级的准确性和客观性。

针对青海省的特殊情况，对划分的不同地类采用不同的分级指标确定督察级别。各地类督察分级指标主要从以下几个方面来考虑：自然因素、社会因素、经济因素和土地利用等相关因素。

通过对青海6个市（地、州）、12个县的实地走访了解到，青海土地违法主要类型为未批先占、边批边建及私挖乱采等；违法时间多集中于建设期，采煤区的私挖乱采情况集中于冬季用煤期；违法地点主要在城镇周边、河流谷地、道路沿线等；违法原因一个是村民法制观念淡薄，另一个是由于青海本身的客观特点导致，如建设期短问题、项目引进困难问题。各类违法违规占用地类差异较大，东部以占用耕地和建设用地为主，西北部以占用建设用地和未利用地为主，东南部以占用牧草地和未利用地为主。在此基础上，针对青海省的实际情况，结合相关职能部门座谈和专家咨询建议，以及督察工作职责等，在综合分析所收集和获取的信息和资料的基础上，考虑区域的自然因素、社会因素、经济因素、土地利用与管理及其他相关因素，以监管地类为目的，初步确定青海省各大地类（督察对象、指标层）的土地督察级别评定因子如下（土地违法频次没有具体区分到地类，故各地类均考虑该指标；由于水域、风景名胜及特殊用地的用地类型特别，并且2008年度无土地违法行为，故本书只考虑其功能定位指标）。

（1）耕地。耕地的驱动力因素选取重在反映耕地被违法占用的可能性和程度，初步确定的指标有：土地违法频次、违法占用耕地面积、上年耕地减少面积、功能定位、基本农田保护率、城市化水平、地形地貌。

（2）城乡建设用地。该用地的驱动力因素选取重在从土地违法情况、土地利用情况、经济和人口等方面综合反映城乡发展带来的土地违法违规的可能性和程度，初步确定的指标有：土地违法频次、违法占用建设用地面积、新增建设用地面积、人口机械增长率、人口密度、固定资产投资、人均GDP、地均GDP、交通便利度。

（3）采矿用地。该用地的驱动力因素选取重在反映矿业发展引起的土地违法违规的可能性和程度，初步确定的指标有：土地违法频次、交通便利度、采矿用地规模、矿产资源种类。

（4）草地、林地。该用地的驱动力因素选取重在反映草地、林地被违法占用的可能性和程度，初步确定的指标有：土地违法频次；违法占用草地、林地面积；上年草地、林地减少面积；功能定位；地形地貌。

（5）未利用地。该用地的驱动力因素选取重在反映未利用地被违法占用的可能性和程度，初步确定的指标有：土地违法频次、违法占用未利用地面积、功能定位、地形地貌。

（6）水域、风景名胜等其他土地。该用地的驱动力因素选取重在反映其他土地被违法占用的可能性和程度，初步确定的指标是：功能定位。

对各指标进行相关性分析得出人口密度、交通便利度、地均 GDP 这 3 者相关性很高，故用人口密度统一表示，其他各指标间相关性较小，相互独立。经过分析，最终确定包括 6 类评价对象的 28 个指标在内的青海省土地督察级别评定指标体系。青海省土地督察级别评定指标体系如表 4. 1 所示。

表 4. 1　土地督察级别评定指标体系

评价对象	评价指标
耕地（A）	土地违法频次（A_1）
	违法占用耕地面积（A_2）
	上年耕地减少面积（A_3）
	功能定位（A_4）
	基本农田保护率（A_5）
	城市化水平（A_6）
	地形地貌（A_7）
城乡建设用地（B）	土地违法频次（B_1）
	违法占用建设用地面积（B_2）
	新增建设用地面积（B_3）
	人口机械增长率（B_4）
	人口密度（B_5）
	固定资产投资（B_6）
	人均 GDP（B_7）
采矿用地（C）	土地违法频次（C_1）
	交通便利度（C_2）
	采矿用地规模（C_3）
	矿产资源种类（C_4）
草地、林地（D）	土地违法频次（D_1）
	违法占用草地、林地面积（D_2）
	上年草地、林地减少面积（D_3）
	功能定位（D_4）
	地形地貌（D_5）
未利用地（E）	土地违法频次（E_1）
	违法占用未利用地面积（E_2）
	功能定位（E_3）
	地形地貌（E_4）
其他土地（F）	功能定位（F_1）

各指标入选依据及评判标准见表4.2。

表4.2　各指标入选依据及评判标准

指标	内涵及入选依据	评判标准	监管地类
土地违法频次	表示县级行政区土地违法的次数，综合反映县级行政区土地违法情况及对违法行为的执法能力	土地违法频次越高，土地督察力度应越大	各类土地
违法占用耕地面积	表示县级行政区因土地违法而占用耕地的总面积，侧重反映县级行政区对耕地的保护力度及对违法行为的执法能力	违法占用耕地面积越大，土地督察力度应越大	耕地
上年耕地减少面积	表示县级行政区上一年占用和补充耕地之后的净减少面积，综合反映县级行政区各类建设需求对耕地占用情况及耕地补充情况	上年耕地减少面积越大，土地督察力度应越大	耕地
功能定位	表示综合区域各类开发条件而确定的主体功能，按级别反映区域人口、经济、资源和生态环境情况	功能定位为重点开发的区域，土地督察力度应越大	耕地、林地、草地、未利用地、其他土地
基本农田保护率	表示县级行政区基本农田面积占耕地总面积的比例，侧重反映县级行政区耕地的数量和质量	基本农田保护率越高，耕地资源越丰富，土地督察力度应越大	耕地
城市化水平	表示人口向城镇地区集中的过程，侧面反映县级行政区城镇用地的扩张程度及占用耕地的可能性	城市化水平越高，土地督察力度应越大	耕地
地形地貌	表示区域不同的地形地貌条件，间接反映区域不同地形地貌对土地利用的影响	地形地貌条件越好，土地督察力度应越大	耕地、林地、草地、未利用地
违法占用建设用地面积	表示县级行政区因土地违法而占用建设用地的总面积，侧重反映县级行政区对建设用地审批环节的监管能力及对违法行为的执法能力	违法占用建设用地面积越大，土地督察力度应越大	城乡建设用地
新增建设用地面积	表示县级行政区因各类发展需要而新增的建设用地净面积，反映县级行政区综合发展能力及对建设用地审批的监管能力	新增建设用地面积越大，土地督察力度应越大	城乡建设用地
人口机械增长率	表示县级行政区在一定时期内人口迁入量与迁出量的差值和该地区年平均人口数的比值，侧面反映县级行政区对各类建设用地的需求能力	人口机械增长率越高，土地督察力度应越大	城乡建设用地
人口密度	表示县级行政区单位面积土地上居住的人口数。侧面反映县级行政区经济发展、自然环境和交通区位情况及人地矛盾	人口密度越大，土地督察力度应越大	城乡建设用地

续表

指标	内涵及入选依据	评判标准	监管地类
固定资产投资	表示县级行政区因社会和经济建设需求而投入的固定资产总额，侧面反映县级行政区对各类建设用地的需求能力	固定资产投资越大，土地督察力度应越大	城乡建设用地
人均 GDP	表示按地区人口平均的国内生产总值，侧面反映县级行政区对各类建设用地的需求能力	人均 GDP 越高，土地督察力度应越大	城乡建设用地
交通便利度	表示县级行政区道路密集程度及工矿业生产、储存、运输和销售的对外交通便捷程度，侧重反映县级行政区工矿业发展与交通用地的关系	交通便利度越高，土地督察力度应越大	采矿用地
采矿用地规模	表示采矿用地的面积，侧重反映县级行政区矿业发展对采矿用地的需求能力	采矿用地规模越大，土地督察力度应越大	采矿用地
矿产资源种类	表示县级行政区矿产资源开采对土地的破坏程度，不同种类的矿产资源因开采方式不同，以致其开采对土地的破坏程度不同，侧重反映矿产资源开采对土地的影响	以采煤、采砂金、采砂石土为主的区域，土地破坏程度较大，土地督察力度应越大	采矿用地
违法占用草地、林地面积	表示县级行政区因土地违法而占用草地、林地的总面积，侧重反映县级行政区对草地、林地的保护力度及对违法行为的执法能力	违法占用草地、林地面积越大，土地督察力度应越大	林地、草地
上年草地、林地减少面积	表示县级行政区上一年因各类发展需要占用及通过生态工程补充草地、林地之后的净减少面积，综合反映县级行政区各类建设需求对草地、林地占用情况及生态工程建设情况	上年草地、林地减少面积越大，土地督察力度应越大	林地、草地

备注：①城乡建设用地和采矿用地层指标选取注重反映其扩张占用其他土地的驱动力，与其本身地形地貌和功能定位关系不大，故该两层未选取地形地貌和功能定位指标；②新增建设用地主要体现在城乡建设用地的扩展，与其他地类没有直接的驱动关系，故仅城乡建设用地层选用该指标。

4.2.2　指标权重确定

为了提高项目研究结果的准确性和实用性，本书采用特尔菲法和层次分析法相结合确定分级指标的权重。

项目组通过组织指标权重的咨询工作（分国家土地督察西安局局级领导和各处室主要负责人、青海省有关政府部门领导和专家以及研究组专家咨询组成员 3 方面进行），综合得出各指标的重要性排序，为层次分析法赋予指标权重值提供依据。

对于各个层次之间的评价指标，进行两两比较，从而建立判断矩阵。判断矩

阵 $A=(a_{ij})\ n\times n$ 具有下述性质：

$$a_{ij}>0,\ a_{ij}=\frac{1}{a_{ji}},\ a_{ij}=1(i=j),(i,j=1,2,\cdots,n) \qquad (式4.1)$$

式中，a_{ij}（$i, j=1, 2, \cdots, n$）代表元素 x_i 与 x_j 相比在土地督察分级中的重要程度。采用表 4.3 所示的比例标度对重要性程度赋值。

表 4.3 判断矩阵标度及其含义

标度	含 义
1	表示两个元素相比，具有同等重要性
3	表示两个元素相比，前者比后者稍微重要
5	表示两个元素相比，前者比后者明显重要
7	表示两个元素相比，前者比后者强烈重要
9	表示两个元素相比，前者比后者极端重要
2，4，6，8	表示上述相邻判断的中间值
倒数	若元素 i 与元素 j 的重要性之比为 a_{ij}，那么元素 j 与元素 i 重要性之比为 $a_{ji}=1/a_{ij}$

在专家打分的基础上，构造了以下判断矩阵，并进行层次单排序和一致性检验，其中：λ_{max} 为矩阵的最大特征向量；CI 为一致性指标，CI 越小，说明一致性越大；CR 为检验系数，当 CR 小于 0.1 时，矩阵具有满意的一致性。其结果如表 4.4～表 4.8 所示。

表 4.4 耕地区指标比较判断矩阵

指标	A_1	A_2	A_3	A_4	A_5	A_6	A_7	权重
A_1	1.00	2.00	2.00	3.00	4.00	5.00	5.00	0.3140
A_2	0.50	1.00	1.00	2.00	3.00	4.00	4.00	0.1964
A_3	0.50	1.00	1.00	2.00	3.00	4.00	4.00	0.1964
A_4	0.33	0.50	0.50	1.00	2.00	3.00	3.00	0.1216
A_5	0.25	0.33	0.33	0.50	1.00	2.00	2.00	0.0764
A_6	0.20	0.25	0.25	0.33	0.50	1.00	1.00	0.0476
A_7	0.20	0.25	0.25	0.33	0.50	1.00	1.00	0.0476

注：$\lambda_{max}=7.0890$，$CI=0.0148$，$CR=0.0112<0.1$，该矩阵具有满意的一致性。

表 4.5 城乡建设用地区指标比较判断矩阵

指标	B_1	B_2	B_3	B_4	B_5	B_6	B_7	权重
B_1	1.00	2.00	2.00	4.00	4.00	5.00	5.00	0.3230
B_2	0.50	1.00	1.00	3.00	3.00	4.00	4.00	0.2060
B_3	0.50	1.00	1.00	3.00	3.00	4.00	4.00	0.2060

续表

指标	B_1	B_2	B_3	B_4	B_5	B_6	B_7	权重
B_4	0.25	0.33	0.33	1.00	1.00	2.00	2.00	0.0828
B_5	0.25	0.33	0.33	1.00	1.00	2.00	2.00	0.0828
B_6	0.20	0.25	0.25	0.50	0.50	1.00	1.00	0.0497
B_7	0.20	0.25	0.25	0.50	0.50	1.00	1.00	0.0497

注：$\lambda_{max}=7.0769$，$CI=0.0128$，$CR=0.0097<0.1$，该矩阵具有满意的一致性。

表 4.6 采矿用地区指标比较判断矩阵

指　标	C_1	C_2	C_3	C_4	权重
C_1	1.00	3.00	2.00	2.00	0.4231
C_2	0.33	1.00	0.50	0.50	0.1225
C_3	0.50	2.00	1.00	1.00	0.2272
C_4	0.50	2.00	1.00	1.00	0.2272

注：$\lambda_{max}=4.0104$，$CI=0.0035$，$CR=0.0038<0.1$，该矩阵具有满意的一致性。

表 4.7 草地、林地区指标比较判断矩阵

指标	D_1	D_2	D_3	D_4	D_5	权重
D_1	1.00	2.00	3.00	3.00	4.00	0.4017
D_2	0.50	1.00	2.00	2.00	3.00	0.2442
D_3	0.33	0.50	1.00	1.00	2.00	0.1373
D_4	0.33	0.50	1.00	1.00	2.00	0.1373
D_5	0.25	0.33	0.50	0.50	1.00	0.0794

注：$\lambda_{max}=5.0331$，$CI=0.0083$，$CR=0.0690<0.1$，该矩阵具有满意的一致性。

表 4.8 未利用地区指标比较判断矩阵

指标	E_1	E_2	E_3	E_4	权重
E_1	1.00	2.00	3.00	4.00	0.4658
E_2	0.50	1.00	2.00	3.00	0.2771
E_3	0.33	0.50	1.00	2.00	0.1611
E_4	0.25	0.33	0.50	1.00	0.0960

注：$\lambda_{max}=4.0310$，$CI=0.0103$，$CR=0.0115<0.1$，该矩阵具有满意的一致性。

通过特尔菲法和层次分析法综合分析计算得出各指标层每个指标的权重见表4.9。

表 4.9 指标权重确定结果

目标层	评价对象	指标层	权重
土地督察分级指标体系	耕地（A）	土地违法频次（A_1）	0.3140
		违法占用耕地面积（A_2）	0.1964
		上年耕地减少面积（A_3）	0.1964
		功能定位（A_4）	0.1216
		基本农田保护率（A_5）	0.0764
		城市化水平（A_6）	0.0476
		地形地貌（A_7）	0.0476
	城乡建设用地（B）	土地违法频次（B_1）	0.3230
		违法占用建设用地面积（B_2）	0.2060
		新增建设用地面积（B_3）	0.2060
		人口机械增长率（B_4）	0.0828
		人口密度（B_5）	0.0828
		固定资产投资（B_6）	0.0497
		人均 GDP（B_7）	0.0497
	采矿用地（C）	土地违法频次（C_1）	0.4231
		交通便利度（C_2）	0.1225
		采矿用地规模（C_3）	0.2272
		矿产资源种类（C_4）	0.2272
	草地、林地（D）	土地违法频次（D_1）	0.4017
		违法占用草地、林地面积（D_2）	0.2442
		上年草地、林地减少面积（D_3）	0.1373
		功能定位（D_4）	0.1373
		地形地貌（D_5）	0.0794
	未利用地（E）	土地违法频次（E_1）	0.4658
		违法占用未利用地面积（E_2）	0.2771
		功能定位（E_3）	0.1611
		地形地貌（E_4）	0.0960
	其他土地（F）	功能定位（F_1）	1.0000

4.2.3 数据处理

根据指标体系中所选取指标的数据特点，可将指标层划分为两类指标：一类是描述性指标（包括：地形地貌、功能定位和矿产资源种类等指标），一类是定量化指标（除了定性描述指标之外的其他指标）。对描述性指标采用设定转换标准将其定量化参与评价，定量化指标直接进行标准化处理参与评价。

4.2.3.1　描述性指标数据处理

4.2.3.1.1　功能定位指标数据处理

青海省主体功能区包括重点开发区、限制开发区和禁止开发区。

（1）重点开发区：是指现在已有一定的经济基础，资源环境承载力仍然较强，发展潜力较大，能进一步聚集人口和经济条件较好的城市化地区。重点开发区主要位于西宁市及海东地区，其他零散分布于西部矿产资源开采区，如格尔木市、德令哈市、茫崖行委等。

（2）限制开发区：是指关系到国家或地区农产品供给安全和生态安全，不适宜进行大规模、高强度工业化和城镇化开发的农牧业地区或生态地区等。

（3）禁止开发区：是指依法设立的各级各类自然文化资源保护区域以及其他需要特殊保护、禁止工业化城镇化开发的农牧业地区和生态地区等。禁止开发区主要位于三江源保护区、环青海湖保护区及祁连山地。

通过对以上各个主体功能区的定位，了解到各区的开发保护重点，对于禁止开发区，其包含的自然保护区、重点风景名胜区、森林公园、地质公园、历史文化遗产保护地、重要水源保护地等，在督察时有其他监管单位负主要责任，故土地督察方面力度可降低。对重点开发区，由于为经济快速发展区，发展的同时带来的土地违法现象必然增多，故应加大土地督察力度。

通过分析青海省各区功能定位特点以及国家土地督察西安局相关专家意见，最终确定功能定位指标的分值标准见表4.10。

表4.10　功能定位分值标准

功能定位	重点开发区	限制开发区	禁止开发区
分值	3	2	1

4.2.3.1.2　地形地貌指标数据处理

在地表条件好、水土资源丰富的地方，容易形成聚居地，故相应的督察力度大，而在不适宜人类生存的地区，如唐古拉高山极高山地区，海拔高，气候恶劣，则土地违法相对较少，故督察力度相应降低。青海省地貌分区分为10个区，主要分为东阿尔金—北祁连高山宽谷地区、哈拉湖—大通河宽谷盆地地区、南祁连高山山原地区、柴达木盆地地区、鄂拉山大起伏高山地区、海东盆地地区、昆仑山大起伏高山地区、江河源丘状高原地区、江河上游大中起伏高山山原地区、唐古拉高山极高山地区。

考虑到耕地和城乡建设用地代表了人类对土地的高强度利用，耕地和城乡建设用地面积所占比例越大，表明该地区人类活动越频繁。通过分析和咨询相关专家的意见，最终以各地形地貌所含的耕地和城乡建设用地比例为依据设定分值标准（图4.2）。确定的地形地貌指标分值标准见表4.11。

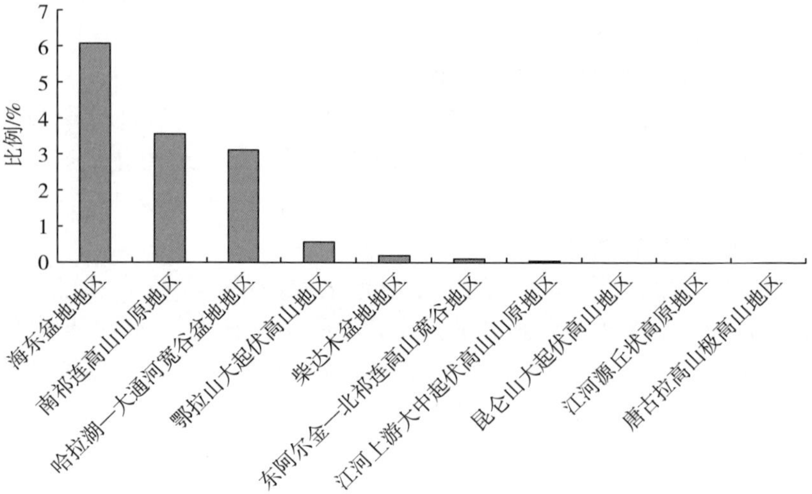

图4.2　各地貌所含的耕地和城乡建设用地比例

表4.11　地形地貌分值标准

地貌类型	分值	地貌类型	分值
海东盆地地区	5	东阿尔金—北祁连高山宽谷地区	2.5
南祁连高山山原地区	4.5	江河上游大中起伏高山山原地区	2
哈拉湖—大通河宽谷盆地地区	4	昆仑山大起伏高山地区	1.5
鄂拉山大起伏高山地区	3.5	江河源丘状高原地区	1
柴达木盆地地区	3	唐古拉高山极高山地区	0.5

备注：各地貌类型区的分值之间不存在倍数关系，仅反映前后分值的大小比较。

4.2.3.1.3　矿产资源种类指标数据处理

通过走访、座谈了解到青海省矿产资源违法现象较多，一般违法为私采乱挖，破坏了土地，故矿产资源的分布与违法密切相关，一般来说，矿产资源分布越多的地方违法越严重。青海省东部地区土地违法行为主要表现在因私自采煤引发的土地资源的违法利用，对土地的破坏程度很大，海西蒙古族藏族自治州违法为违法占地采砂金，对土地的破坏程度较大，故对这两种采矿用地监察力度应加大。考虑到东部地区耕地保护任务更重，由此确定该指标数据分值标准见表4.12。

表 4.12 矿产资源种类分值标准

矿产资源种类	采煤矿区	采砂金矿区	其他矿区
分值	3	2	1

4.2.3.2 定量化指标数据处理

选取的各指标量纲不一样，为方便统一管理，对选择的各指标进行标准化处理，标准化公式为：

$$F_{ij} = \frac{(A_{ij} - A_{\min})}{(A_{\max} - A_{\min})} \times 100 \quad 按 A 为正向型指标$$

$$F_{ij} = \frac{(A_{\max} - A_{ij})}{(A_{\max} - A_{\min})} \times 100 \quad 按 A 为逆向型指标 \qquad (式 4.2)$$

式中：F_{ij}为某县第 i 个图斑中第 j 个指标的标准化数值；A_{ij}为某县第 i 个图斑中第 j 个指标的实际数值；$A_{\max}$和 $A_{\min}$分别为青海省所有县级行政区各图斑中第 j 个指标的实际最大数值与最小数值。

4.2.4 各地类指标分级标准建立

4.2.4.1 级别数量

通过参考国内外相关研究，以及专家咨询和论证，本书将督察级别设定为 5 个级别，督察级别由高到低依次是：Ⅰ级、Ⅱ级、Ⅲ级、Ⅳ级、Ⅴ级。

4.2.4.2 级别划分

在土地督察专家咨询会议中，专家认为和土地督察紧密相关的耕地、城乡建设用地和采矿用地，在督察时，督察力度应较大。草地、林地相对于耕地、建设用地，其督察力度应稍小，故在设督察级别时，草地、林地设最高督察级别为Ⅱ级。而未利用地的督察级别较上述土地利用类型应更小，故设定其最高督察级别为Ⅲ级。根据上述专家意见，并通过对各指标进行分析，形成如下级别划分方法。

（1）耕地、城乡建设用地和采矿用地：划分为 5 个等级，分别对应Ⅰ级、Ⅱ级、Ⅲ级、Ⅳ级、Ⅴ级，对应分值分别为 5 分、4 分、3 分、2 分、1 分。

（2）草地、林地：划分为 4 个等级，为Ⅱ级、Ⅲ级、Ⅳ级、Ⅴ级，对应分值分别为 4 分、3 分、2 分、1 分。

（3）未利用地：划分为 3 个等级，为Ⅲ级、Ⅳ级、Ⅴ级，对应分值分别为 3 分、2 分、1 分。

（4）水域、风景名胜及特殊用地、交通运输用地：划分为 2 个等级，为Ⅲ级、Ⅴ级，对应分值分别为 3 分、1 分，其中重点开发区内督察级别为Ⅲ级，限制开发区及禁止开发区内该类土地被违法占用的可能性均很小，统一划为Ⅴ级。

由于青海省2008年土地违法频次数据是分县汇总数据，在各地类上无法区分，为了避免弱化土地违法频次这一关键性指标，在本次研究中，可能发生土地违法情况的前5个指标层均包含该指标，并且运用相同的分值划分标准。

根据标准化数据，对每一个指标划分为若干种级别，同时通过参考国内外相关文献以及咨询相关专家意见，以等分法为基础，结合指标分布特征进行分级别区间划分（其中，土地违法频次为0时统一划为Ⅴ级，功能定位和地形地貌指标是根据各地类与土地督察的紧密性划入不同的级别）。最终得出的各指标分级标准如表4.13所示。

表4.13　土地督察级别评定指标分级标准

评价对象	指标层	Ⅴ级	Ⅳ级	Ⅲ级	Ⅱ级	Ⅰ级
		1	2	3	4	5
耕地	土地违法频次	0	(0，15]	(15，40]	(40，50]	(50，100]
	违法用地占耕地面积	0	(0，0.5]	(0.5，5]	(5，10]	(10，100]
	上年耕地减少面积	0	(0，2]	(2，4]	(4，10]	(10，100]
	功能定位	1		2		3
	基本农田保护率	[0，30]	(30，35]	(35，50]	(50，100]	100
	城市化水平	[0，8]	(8，15]	(15，20]	(20，50]	(50，100]
	地形地貌	(0，1]	(1，2]	(2，3]	(3，4]	(4，5]
城乡建设用地	土地违法频次	0	(0，15]	(15，40]	(40，50]	(50，100]
	违法用地占建设用地面积	0	(0，5]	(5，15]	(15，25]	(25，100]
	新增建设用地面积	[0，1]	(1，2]	(2，5]	(5，15]	(15，100]
	人口机械增长率	[0，10]	(10，15]	(15，25]	(25，35]	(35，100]
	人口密度	[0，1]	(1，2.5]	(2.5，10]	(10，50]	(50，100]
	固定资产投资	[0，2]	(2，4]	(4，6]	(6，20]	(20，100]
	人均GDP	[0，0.5]	(0.5，1]	(1，1.8]	(1.8，4]	(4，100]
采矿用地	土地违法违规频次	0	(0，15]	(15，40]	(40，50]	(50，100]
	交通便利度	[0，0.2]	(0.2，0.8]	(0.8，1.5]	(1.5，5]	(5，100]
	采矿用地规模	0	(0，0.01]	(0.01，0.03]	(0.03，0.1]	(0.1，100]
	矿产资源种类	—	1	—	2	3
草地、林地	土地违法频次	0	(0，15]	(15，40]	(40，50]	(50，100]
	违法用地占草地、林地面积	0	—	—	(0，100]	—
	上年草地、林地减少面积	0	(0，5]	(5，15]	(15，100]	—
	功能定位	1	2	3	—	—
	地形地貌	[0，2]	(2，3]	(3，4]	(4，5]	—

续表

评价对象	指标层	Ⅴ级	Ⅳ级	Ⅲ级	Ⅱ级	Ⅰ级
		1	2	3	4	5
未利用地	土地违法频次	0	(0, 15]	(15, 40]	(40, 50]	(50, 100]
	违法用地占未利用地面积	0	(0, 80]	(80, 100]	—	—
	功能定位	[1, 2]	—	3	—	—
	地形地貌	[0, 3]	(3, 4]	(4, 5]	—	—
水域、风景名胜及其他用地	功能定位	[1, 2]	—	3	—	—

注：①由于青海省2008年土地违法频次数据是分县汇总数据，在各地类上无法区分，为了避免弱化土地违法频次这一关键性指标，在本次研究中，可能发生土地违法情况的前5个指标层均包含该指标，并且运用相同的分值划分标准；②由于不同地类与土地督察工作的紧密度不同，故地形地貌与功能定位指标在不同地类中划分标准有所差异；③由于2008年仅有海晏县违法占用了草地、林地，其他县级行政区均为0，故仅划分为两级；④由于诸如土地违法频次等指标其有一部分县级行政区该项指标值为0，数据为0时统一划为Ⅴ级，故没有严格遵循等分法来制定划分标准。

4.3 土地督察级别划分结果

4.3.1 图斑单元分级结果

对每个图斑单元计算其单元分值。其计算公式为：

$$S_i = \sum_{j=1}^{n} F_{ij} \cdot W_{ij} \qquad （式4.3）$$

式中：S_i 为第 i 个图斑分值；W_{ij}为第 i 个图斑中第 j 指标的权重；F_{ij}为第 i 个图斑中第 j 指标的分值。

通过计算后得到每个图斑单元分值，各地类图斑单元分值散点图如图4.3～图4.8所示。对于耕地、城乡建设用地、采矿用地计算分值落在［2，4］区间的图斑数最多，对于草地和林地、未利用地和其他土地，计算分值落在［1，3］区间的图斑数最多。以散点图中具有跳跃断层、变化趋势趋于平缓或加快的分界点即拐点作为级别划分的标准。

耕地区图斑主要分布于湟中县、互助县、大通县、民和县、化隆县、门源县、乐都县、湟源县、贵南县、共和县、都兰县、平安县等，图斑数目和面积以Ⅰ级和Ⅱ级居多（表4.14）。

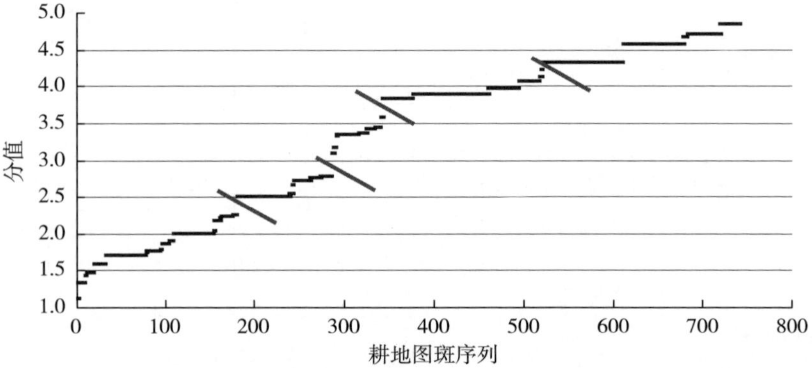

图 4.3　耕地区图斑计算分值散点图

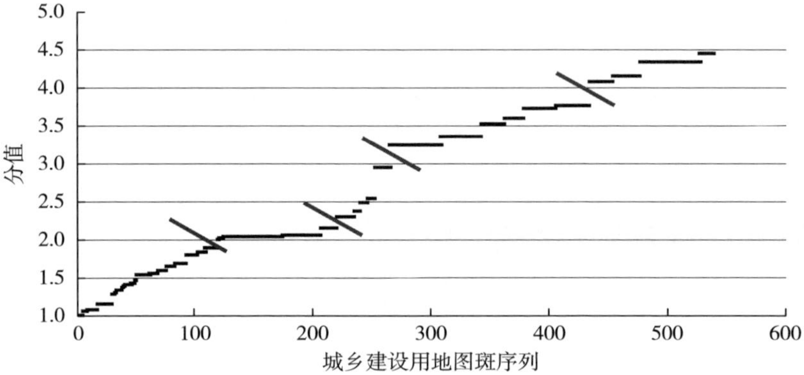

图 4.4　城乡建设用地区图斑计算分值散点图

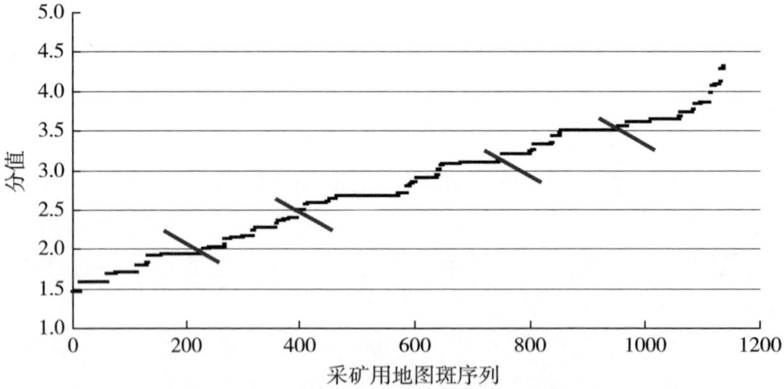

图 4.5　采矿用地区图斑计算分值散点图

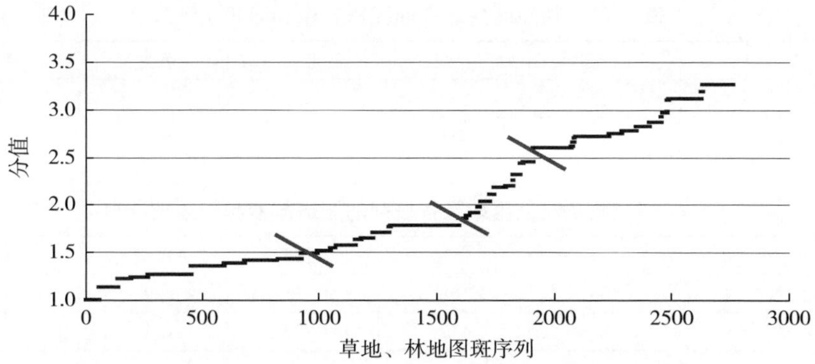

图4.6 草地、林地区图斑计算分值散点图

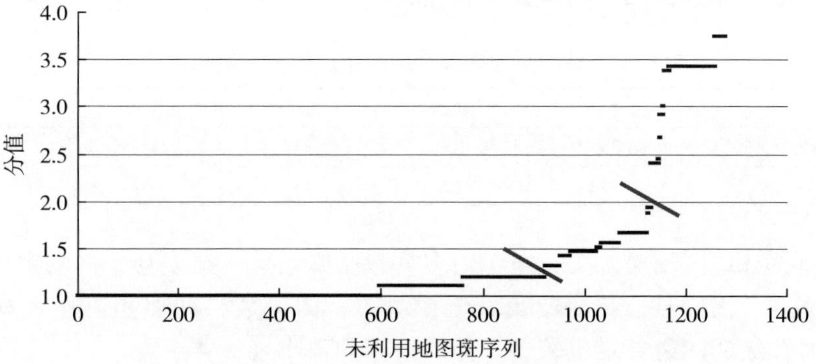

图4.7 未利用地区图斑计算分值散点图

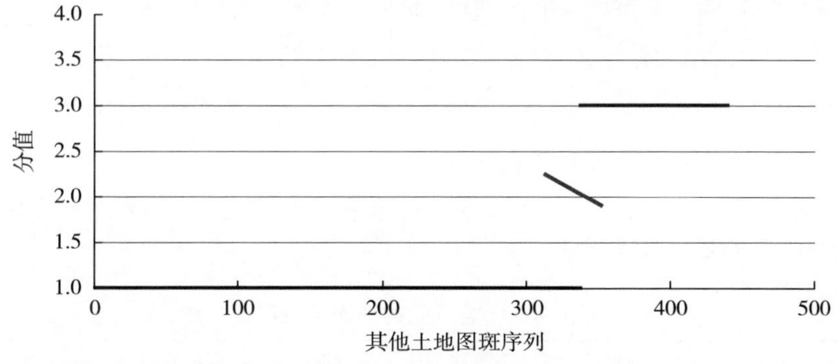

图4.8 其他用地区图斑计算分值散点图

城乡建设用地区图斑主要分布于城东区、城西区、城北区、湟中县、大通县、德令哈市、格尔木市（不含可可西里）等，图斑数目和面积以Ⅰ级和Ⅱ级居多，同时Ⅴ级的图斑数量和面积也较大，该级城乡建设用地主要分布在德令哈市、格尔木市（不含可可西里）等西北部地区（表4.15）。

表 4.14　耕地区各级别的图斑数量和面积统计表

	Ⅰ级	Ⅱ级	Ⅲ级	Ⅳ级	Ⅴ级
图斑数目/个	222	177	56	105	181
面积/km^2	2166	1809	346	1047	1225

表 4.15　城乡建设用地区各级别的图斑数量和面积统计表

	Ⅰ级	Ⅱ级	Ⅲ级	Ⅳ级	Ⅴ级
图斑数目/个	106	168	45	99	121
面积/km^2	92	122	32	73	94

采矿用地区图斑主要分布于格尔木市（不含可可西里）、都兰县、茫崖、冷湖、乌兰县、大柴旦等，图斑数目和面积以Ⅰ级和Ⅲ级居多（表 4.16）。

表 4.16　采矿用地区各级别的图斑数量和面积统计表

	Ⅰ级	Ⅱ级	Ⅲ级	Ⅳ级	Ⅴ级
图斑数目/个	285	100	344	167	240
面积/km^2	393	12	638	26	7

草地、林地区图斑主要分布于治多县、曲麻莱县、杂多县、格尔木市、都兰县、玛多县、天峻县、德令哈市、玉树县等，图斑数目和面积以Ⅳ级和Ⅴ级居多，同时Ⅱ级的图斑数量也较多，但图斑面积很小（表 4.17）。

表 4.17　草地、林地区各级别的图斑数量和面积统计表

	Ⅰ级	Ⅱ级	Ⅲ级	Ⅳ级	Ⅴ级
图斑数目/个	0	846	320	601	990
面积/km^2	0	38824	31751	80918	336299

未利用地区图斑主要分布于格尔木市、茫崖、大柴旦、冷湖、都兰县、德令哈市、曲麻莱县、乌兰县、天峻县等，图斑数目和面积以Ⅴ级居多，其次是Ⅳ级，Ⅲ级最少（表 4.18）。

表 4.18　未利用地区各级别的图斑数量和面积统计表

	Ⅰ级	Ⅱ级	Ⅲ级	Ⅳ级	Ⅴ级
图斑数目/个	0	0	25	209	1042
面积/km^2	0	0	189	14947	170636

其他用地区图斑主要分布于治多县、共和县、刚察县、格尔木市、玛多县、德令哈市、曲麻莱县、海晏县、都兰县、天峻县等，图斑数目和面积以Ⅴ级为主，Ⅲ级所占比例很小（表 4.19）。

表 4.19 其他用地区各级别的图斑数量和面积统计表

	Ⅰ级	Ⅱ级	Ⅲ级	Ⅳ级	Ⅴ级
图斑数目/个	0	0	103	0	336
面积/km^2	0	0	892	0	16932

通过分析各个散点图，确定划分标准如表 4.20 所示。划分后对各级别重新赋分值，以计算县域土地督察级别。

表 4.20 各地类图斑级别分值确定标准

地类	Ⅴ级	Ⅳ级	Ⅲ级	Ⅱ级	Ⅰ级
	1	2	3	4	5
耕地	[1, 2.5]	(2.5, 3.0]	(3.0, 3.7]	(3.7, 4.2]	(4.2, 5.0]
城乡建设用地	[1, 2.0]	(2.0, 2.2]	(2.2, 3.0]	(3.0, 4]	(4, 5.0]
采矿用地	[1, 2.0]	(2.0, 2.5]	(2.5, 3.2]	(3.2, 3.5]	(3.5, 5.0]
草地、林地	[1, 1.5]	(1.5, 1.8]	(1.8, 2.5]	(2.5, 4.0]	—
未利用地	[1, 1.2]	(1.2, 2.0]	(2.0, 3.0]	—	—
水域 风景名胜及特殊用地	1	—	3	—	—

根据分级标准，得到青海省以图斑为单元的土地督察级别如图 4.9 所示。

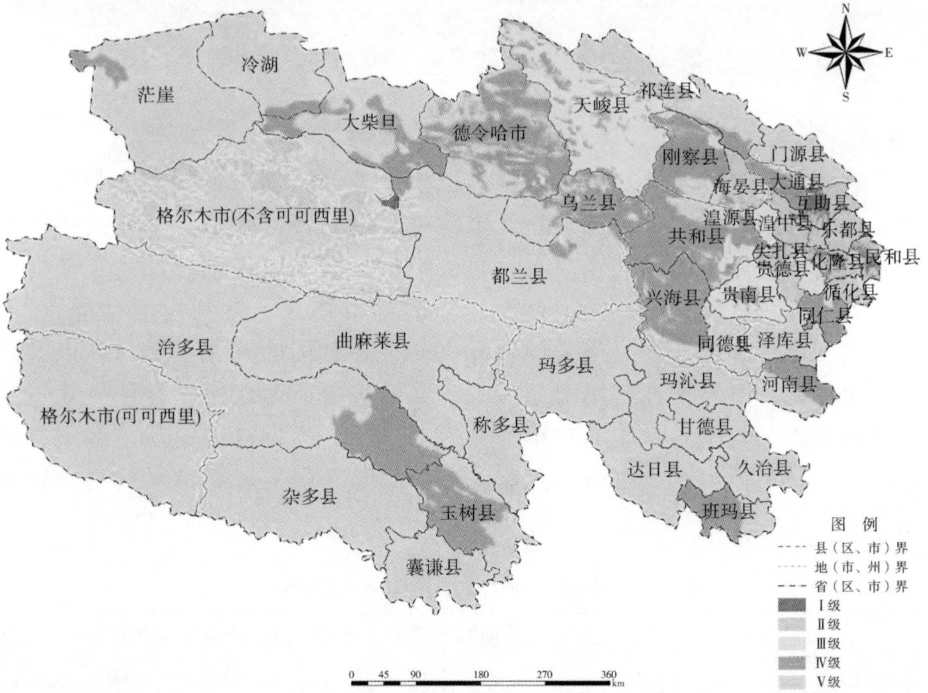

图 4.9 青海省以图斑为单元的土地督察分级图

各级别面积比如图 4.10 所示，Ⅴ级别区面积比重最大，占到全省面积的 75.08%，Ⅰ级别区面积比重最小，仅为 0.38%，Ⅱ级别区和Ⅲ级别区面积比重也较小，分别为 5.83%、4.84%，Ⅳ级别区为 13.87%。Ⅰ级别区主要为耕地、城乡建设用地和采矿用地，Ⅱ级别区主要为耕地、城乡建设用地、采矿用地以及草地、林地，Ⅲ级别区以草地、林地为主，Ⅳ级别区主要为林地、草地及未利用地，Ⅴ级别区主要为林地、草地、未利用地及其他土地。该分布能明确确定督察重点区域，对评定县级行政区土地督察级别和制定差别化土地督察办法奠定基础。

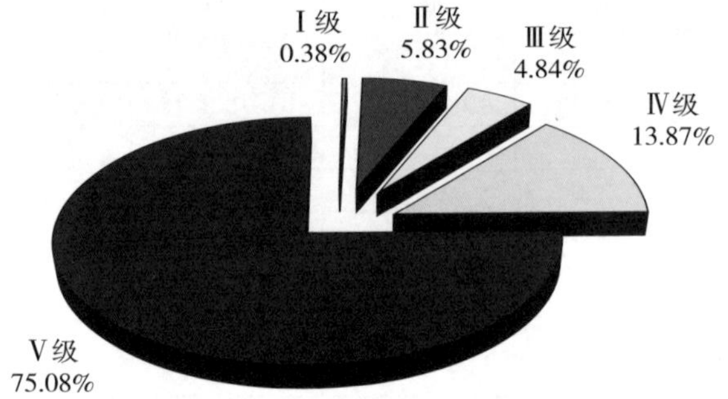

图 4.10　青海省以图斑为单元的土地督察级别面积结构图

4.3.2　县级行政区单元分级结果

4.3.2.1　土地利用类型区重要等级折算

县域内包含多种土地利用类型区，也包含多种级别，不同类型和级别的图斑分布于同一个县域内，且图斑数量也较多，以县级行政区为单元的级别如何确定，是需要重点考虑的问题。在计算县级行政区单元级别时，为了使得各土地利用类型区具有可比性，需要制定统一的标准将各土地利用类型进行折算，以体现出各土地利用类型的重要性差异。通过参考国内外相关文献，以及咨询相关专家意见，对各土地利用类型区的重要性进行两两比较，并依据比较结果应用层次分析法得出各地类的权重值（表 4.21）。通过这种主观与客观相结合的方法以克服其他主观方法或者客观方法的缺陷，保证计算结果的科学性和合理性。

表 4.21　各土地利用类型区权重

地　类	耕地	城乡建设用地	采矿用地	草地、林地	未利用地	其他土地	权重
耕地	1.00	1.50	2.00	2.50	3.00	3.00	0.3025
城乡建设用地	0.67	1.00	1.50	2.00	2.50	2.50	0.2280

续表

地　类	耕地	城乡建设用地	采矿用地	草地、林地	未利用地	其他土地	权重
采矿用地	0.50	0.67	1.00	1.50	2.00	2.00	0.1683
草地、林地	0.40	0.50	0.67	1.00	1.50	1.50	0.1227
未利用地	0.33	0.40	0.50	0.67	1.00	1.00	0.0893
其他土地	0.33	0.40	0.50	0.67	1.00	1.00	0.0893

注：$\lambda_{max}=6.0172$，$CI=0.0034$，$CR=0.0028<0.1$，该矩阵具有满意的一致性。

同时假设未利用地折算当量为1，其他用地类型根据权重值进行折算得出各用地类型的折算当量。计算得出各用地类型折算当量见表4.22。

表4.22　地类折算平均当量

耕地	城乡建设用地	采矿用地	草地、林地	未利用地	其他土地
3.39	2.55	1.88	1.37	1	1

考虑到各类型区监管对象、督察侧重点、土地的规划利用方向以及本身督察任务等方面的不同，需针对不同的类型区将地类折算当量进行修正，本次修正征求了相关专家和领导的意见，最终得出的修正意见是：耕地保护监管区和城市发展监管区中的耕地和城乡建设用地折算当量上调20%、矿业发展监管区中采矿用地和城乡建设用地、林草地折算当量上调20%、生态保护监管区中草地和林地折算当量上调20%。最终得出的结果见表4.23。

表4.23　各类型区地类折算当量

督察类型区	耕地	城乡建设用地	采矿用地	草地、林地	未利用地	其他土地
耕地保护监管区	4.07	3.06	1.88	1.37	1	1
城市发展监管区	4.07	3.06	1.88	1.37	1	1
矿业发展监管区	3.39	3.06	2.63	1.64	1	1
生态保护监管区	3.39	2.55	1.88	1.64	1	1

根据各用地类型的折算当量、面积以及对应图斑分值计算得出以县为单元的级别分值。县级行政区级别分值的计算公式为：

$$V_i=\frac{\sum_{j=1}^{n}W_{ij}\cdot Eq_{ij}\cdot A_{ij}}{A_i}\qquad（式4.4）$$

式中：V_i为第i个县的级别分值；W_{ij}为第i个县中第j个图斑单元的级别分值；

Eq_{ij}为第 i 个县中第 j 个图斑单元的折算当量；A_{ij}为第 i 个县中第 j 个图斑单元的面积；A_i 为第 i 个县国土总面积。通过计算得出各县级行政区的级别分值。

经过相关专家的咨询和论证，以及项目组的反复讨论，考虑到青海省全省县级行政区的总个数以及每个类型区内县级行政区的个数，按级别既不能过多又不宜过少，同时突出不同类型区督察的重要性不同的原则，确定将青海省所有县级行政区划分为 5 个督察级别、每个类型区划分为 3 个督察级别。具体以各县级行政区所在类型区、计算出的督察级别分值及散点图为依据，按以下规定进行督察分级。

（1）耕地保护监管区和城市发展监管区：为督察重点地区，总体督察级别最高，相应的督察力度应最大，故对这两个类型区分别划分为 3 个等级，按督察强度依次确定为Ⅰ级、Ⅱ级、Ⅲ级。

（2）矿业发展监管区：由于行政区国土面积较大而所含耕地面积较小等，为督察次重点地区，相应的督察级别和督察力度也应比前两区小，故对该类型区划分为 3 个等级，按督察强度依次确定为Ⅱ级、Ⅲ级、Ⅳ级。

（3）生态保护监管区：主要分布于禁止开发区和限制开发区内，各行政区以国土面积大、耕地少，以草地、林地和未利用地多和土地违法行为较少为特征，督察级别分值普遍较低，故对该类型区划分为 3 个等级，按督察强度依次确定为Ⅲ级、Ⅳ级、Ⅴ级。

4.3.2.2　各县级行政区督察级别的划分结果

4.3.2.2.1　耕地保护监管区

耕地保护监管区中各县级行政区督察级别分值计算结果见表 4.24。

表 4.24　耕地保护监管区中各县级行政区督察级别分值

县（市、区）名称	级别分值	县（市、区）名称	级别分值
湟中县	9.56	平安县	6.37
民和县	8.93	乐都县	5.65
互助县	8.69	湟源县	4.66
化隆县	6.95	循化县	4.27
大通县	6.74	门源县	2.08

耕地保护监管区中各县级行政区督察级别分值散点图见图 4.11。

4.3.2.2.2　城市发展监管区

城市发展监管区中各县级行政区督察级别分值计算结果见表 4.25。

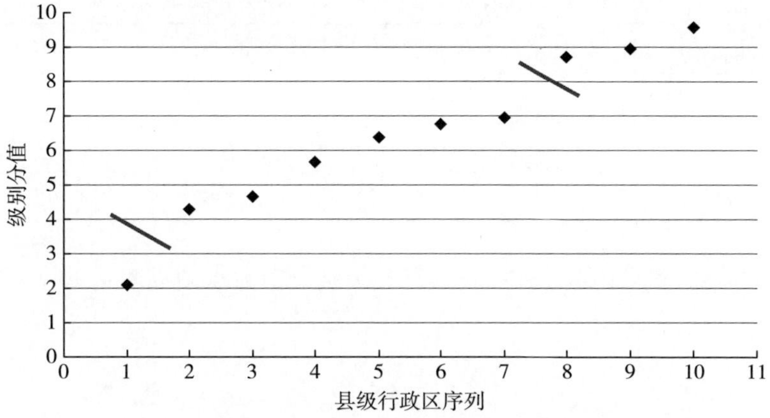

图 4.11 耕地保护监管区各县级行政区督察级别分值散点图

表 4.25 城市发展监管区中各县级行政区督察级别分值

县（市、区）名称	级别分值	县（市、区）名称	级别分值
城北区	10.79	城中区	5.55
城西区	6.83	德令哈市	1.88
城东区	6.46		

城市发展监管区中各县级行政区督察级别分值散点图见图 4.12。

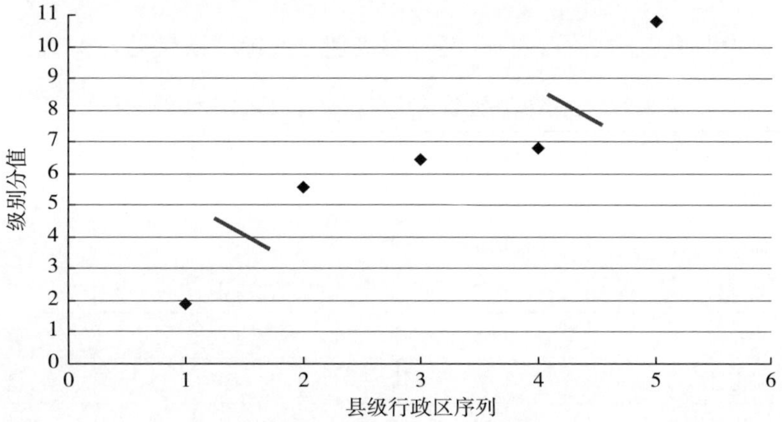

图 4.12 城市发展监管区各县级行政区督察级别分值散点图

4.3.2.2.3 矿业发展监管区

矿业发展监管区中各县级行政区督察级别分值计算结果见表 4.26。

表 4.26 矿业发展监管区中各县级行政区督察级别分值

县（市、区）名称	级别分值	县（市、区）名称	级别分值
格尔木市（不含可可西里）	4.24	大柴旦	1.44
乌兰县	2.14	茫崖	1.29
都兰县	1.91	冷湖	1.27

矿业发展监管区中各县级行政区督察级别分值散点图见图 4.13。

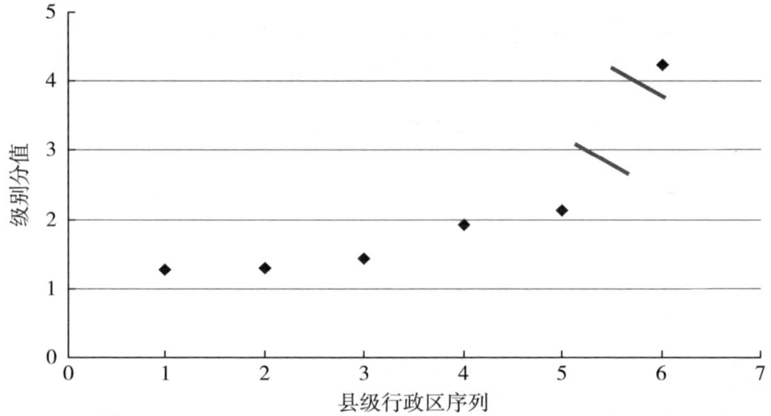

图 4.13 矿业发展监管区各县级行政区督察级别分值散点图

4.3.2.2.4 生态保护监管区

生态保护监管区中各县级行政区督察级别分值计算结果见表 4.27。

表 4.27 生态保护监管区中各县级行政区督察级别分值

县（市、区）名称	级别分值	县（市、区）名称	级别分值
贵德县	4.47	玉树县	2.40
海晏县	3.91	河南县	2.38
兴海县	3.72	治多县	2.27
尖扎县	3.58	祁连县	2.21
贵南县	3.47	称多县	2.18
刚察县	3.12	杂多县	2.06
天峻县	3.12	甘德县	2.05
泽库县	3.04	囊谦县	2.05
同仁县	3.03	达日县	2.03
共和县	2.97	曲麻莱县	1.99

续表

县（市、区）名称	级别分值	县（市、区）名称	级别分值
同德县	2.75	久治县	1.92
玛沁县	2.48	玛多县	1.87
班玛县	2.46	格尔木市（可可西里）	1.52

生态保护监管区中各县级行政区督察级别分值散点图见图4.14。

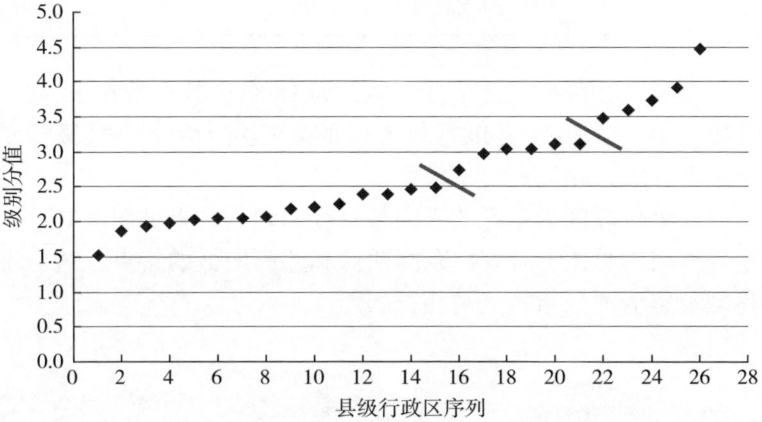

图4.14 生态保护监管区各县级行政区督察级别分值散点图

根据各类型区督察级别分值及散点图分布及拐点，确定青海省5个督察级别的划分标准见表4.28所示。

表4.28 县级行政区督察级别划分标准

督察类型区	Ⅴ级	Ⅳ级	Ⅲ级	Ⅱ级	Ⅰ级
耕地保护监管区			≤4	(4，8]	>8
城市发展监管区			≤4	(4，8]	>8
矿业发展监管区		≤3	(3，4]	>4	
生态保护监管区	≤2.5	(2.5，3.2]	>3.2		

根据以上划分标准，得到各类型区所含的县（市、区）土地督察级别划分结果见表4.29。

表4.29 青海省县级行政区土地督察级别分级结果

督察级别	县级行政区个数	县级行政区名称
Ⅰ级	4	城北区、湟中县、民和县、互助县
Ⅱ级	10	城东区、城中区、城西区、大通县、湟源县、平安县、乐都县、化隆县、循化县、格尔木市（不含可可西里）

续表

督察级别	县级行政区个数	县级行政区名称
Ⅲ级	7	门源县、海晏县、尖扎县、贵德县、贵南县、兴海县、德令哈市
Ⅳ级	11	刚察县、同仁县、泽库县、共和县、同德县、乌兰县、都兰县、天峻县、茫崖、大柴旦、冷湖
Ⅴ级	15	祁连县、河南县、玛沁县、班玛县、甘德县、达日县、久治县、玛多县、玉树县、杂多县、称多县、治多县、囊谦县、曲麻莱县、格尔木市（可可西里）

其中：Ⅴ级所含县级行政区个数最多，为15个；其次是Ⅳ级，含11个县级行政区；Ⅱ级居中，含10个县级行政区；Ⅲ级较少，含7个县级行政区；Ⅰ级最少，仅含4个县级行政区。

青海省以县级行政区为单元的土地督察级别划分结果见图4.15。青海省县级行政区土地督察级别总体上呈现出东高西低和北高南低的特点，这与青海省各地类及违法违规现象等的分布特点是相符的。

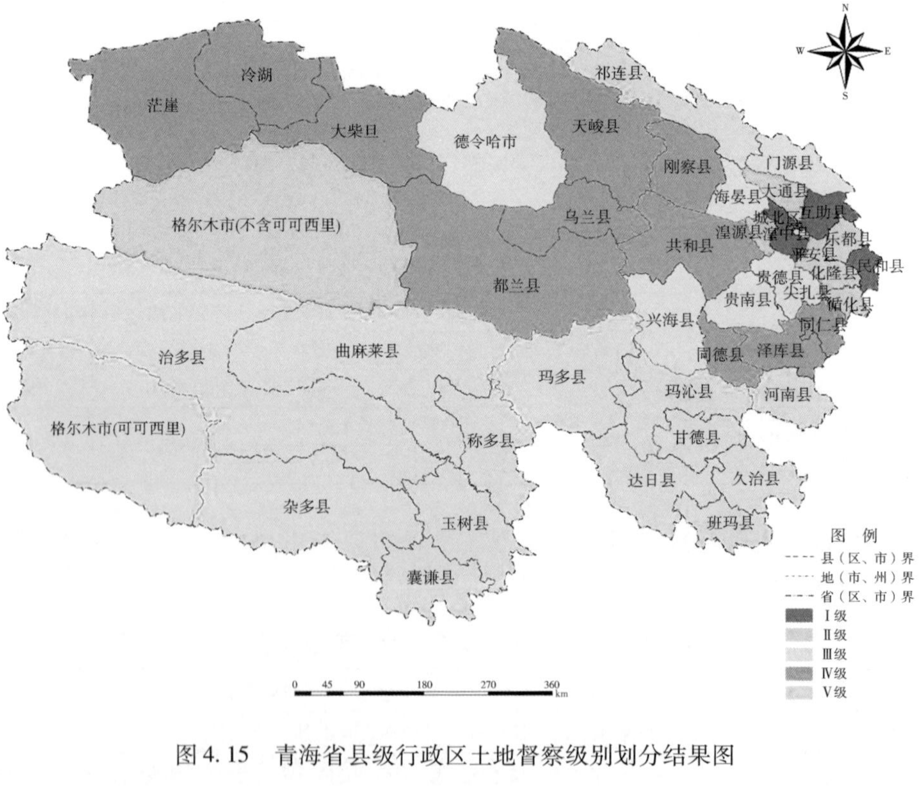

图4.15 青海省县级行政区土地督察级别划分结果图

4.3.3 分级结果合理性分析

根据土地督察类型区划分和县级督察级别的评定结果，得出各类型区的土地督察分级结果见表4.30。

表4.30 各类型区的土地督察分级结果

级别	耕地保护监管区	城市发展监管区	矿业发展监管区	生态保护监管区
Ⅰ级	湟中县 民和县 互助县	城北区	—	—
Ⅱ级	化隆县 大通县 平安县 乐都县 湟源县 循化县	城西区 城东区 城中区	格尔木市（不含可可西里）	—
Ⅲ级	门源县	德令哈市	—	贵德县 海晏县 兴海县 尖扎县 贵南县
Ⅳ级	—	—	乌兰县 都兰县 大柴旦 茫崖 冷湖	刚察县 天峻县 泽库县 同仁县 共和县 同德县
Ⅴ级	—	—	—	玛沁县 班玛县 玉树县 河南县 治多县 祁连县 称多县 杂多县 囊谦县 甘德县 达日县 曲麻莱县 久治县 玛多县 格尔木市（可可西里）

由表4.30可知，耕地保护监管区的督察级别普遍较高，其次是城市发展监管区，再次是矿业发展监管区，生态保护监管区的督察级别最低。将各督察级别进行量化（Ⅰ级到Ⅴ级每个县级行政区依次赋予11分、7分、4分、2分、1分），然后再按每个类型区对应级别县级行政区个数进行加权平均，则得出各类型区督察级别综合分值比较图见图4.16。

由图4.16可知，耕地保护监管区级别综合分值最高，其次是城市发展监管区，该两个类型区主要分布于青海中东部地区，耕地资源丰富，城市发展较快，因此是土地督察工作的重点地区；矿业发展监管区主要分布于青海省西北部地区，采矿占用的土地基本为未利用地，同时该区耕地资源稀少，以致其督察级别较低，是青海省督察的次重点区域；生态保护监管区由于城市发展较慢，耕地资源稀少，同时采矿用地规模很小，以致其督察级别最低。通过以上分析可知，各区的督察级别平均值与青海省的实际情况基本吻合，分级结果比较合理。

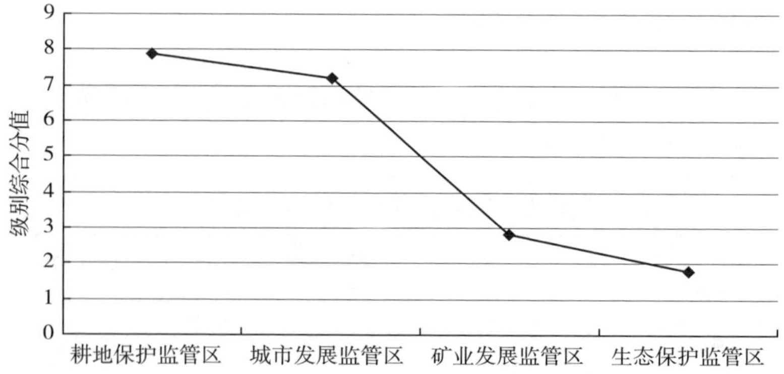

图 4.16　各类型区督察级别综合分值

4.4　土地督察级别特征对比分析

4.4.1　Ⅰ级督察区

Ⅰ级区包含 4 个县（区），是青海省耕地保护和城市发展的核心区域，占青海省国土总面积的 1.16%。Ⅰ级区 2008 年国内生产总值达 210.62 亿元，占青海省国内生产总值的 21.24%；总人口为 144.4 万人，占青海省总人数的 26.77%。

Ⅰ级区的耕地区面积占到青海省总耕地区面积的比例为 33.57%，此区域的城乡建设用地相对较少，草地、林地分布比较广泛，其他类型用地分布很少。土地利用结构如图 4.17 所示。

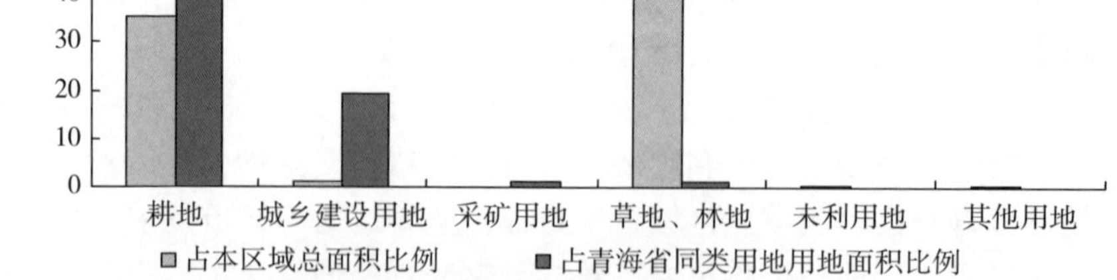

图 4.17　Ⅰ级区土地利用结构图

Ⅰ级区内2008年违法用地次数为63次，占青海省全年总违法用地次数的44.37%。全年违法用地面积为25.64 hm^2，占青海省违法用地总面积的48.51%，违法占用的土地利用类型以耕地为主，全年违法占用耕地面积为19.10 hm^2，占青海省总违法占用耕地面积的76.45%，其次是违法占用城乡建设用地（6.53 hm^2）。违法占地耕地面积大表明此处土地违法违规行为猖獗，是土地违法违规的频发区域，且突出反映在耕地上（图4.18）。

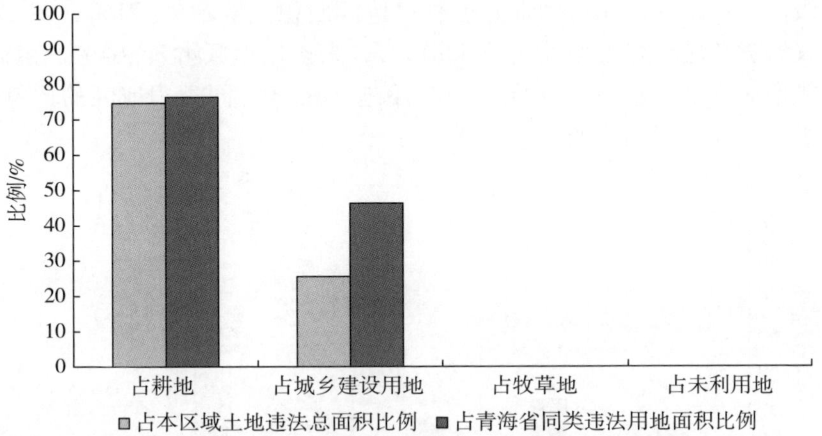

图4.18 Ⅰ级区违法用地结构图

该级区违法案件主要发生在城北区，其次是民和县、互助县和湟中县。

该级所属的类型区有耕地保护监管区和城市发展监管区。

4.4.1.1 耕地保护监管区

耕地保护监管区包含湟中县、民和县和互助县。湟中县位于西宁市西部，湟水流域中上游，是青海省的农业大县，现有耕地占全省总耕地面积的七分之一；民和县位于青海省东部，东部和南部，与甘肃省毗连，是全省瓜果蔬菜主要产地之一；互助县位于青海省东部、海东地区北部，是青海省主要粮油、生猪、禽蛋生产基地。

土地总面积为青海省土地面积的1.14%，耕地总面积占青海省的32.87%，2008年国内生产总值占青海省的11.40%。土地违法频次高达46次，占青海省总违法次数的32.39%。违法用地总面积7.00 hm^2，占青海省违法用地总面积的13.24%，违法占用耕地面积高达5.69 hm^2，占青海省的22.78%。

4.4.1.2 城市发展监管区

城市发展监管区仅包含城北区一个，位于西宁市西北部，是西宁市最大的工业聚集区。

该区土地总面积仅为青海省土地面积的0.02%，2008年国内生产总值却占了青海省的9.84%。土地违法频次高达17次，违法用地总面积18.64 hm^2，占青海省违法用地总面积的35.27%，违法占用耕地面积高达13.41 hm^2，占青海省的53.67%。

4.4.2 Ⅱ级督察区

Ⅱ级别区包含10个县（市、区），是青海省耕地保护、城市发展和矿业发展的重点区域，占青海省总面积的12.88%。Ⅱ级别区2008年国内生产总值达481.14亿元，占青海省国内生产总值的48.52%；总人口为224.9万人，占青海省总人数的41.69%。

Ⅱ级区的耕地区面积占到青海省总耕地区面积比例的32.71%，城乡建设用地区占青海省总城乡建设用地区的42.19%，采矿用地区占36.64%。由此可见，该级区耕地区、城乡建设用地区和采矿用地区占全省同类用地区的比例均比较高，Ⅱ级区土地利用结构如图4.19所示。

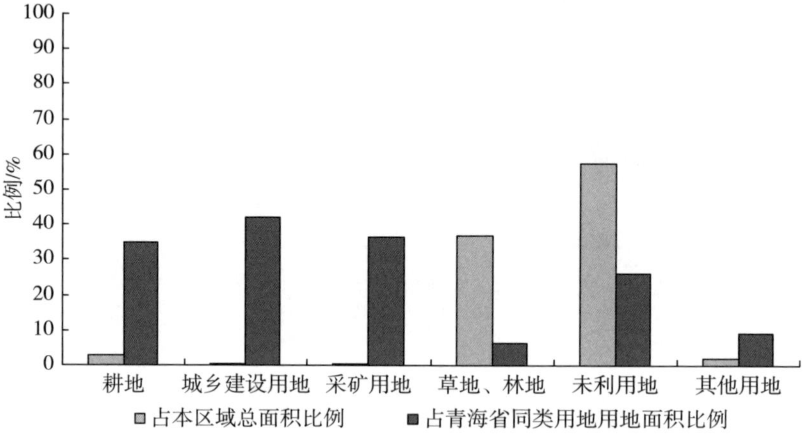

图4.19 Ⅱ级区土地利用结构图

Ⅱ级区内2008年违法用地次数为61次，占青海省全年总违法用地次数的42.96%。全年违法用地面积为12.47 hm^2，占青海省违法用地总面积的23.59%，违法占用的土地利用类型以建设用地为主，全年违法占用建设用地面积为7.55 hm^2，其次是违法占用耕地（4.87 hm^2），占青海省全年总违法占用耕地的19.48%（图4.20）。

该级区违法案件主要发生在城东区、城西区、城中区、乐都县、平安县和循化县。其次是格尔木市（不含可可西里）、化隆县和湟源县。大通县2008年无违法案件发生。

该级所属的类型区有耕地保护监管区、城市发展监管区和矿业发展监管区。

4.4.2.1 耕地保护监管区

耕地保护监管区包含化隆县、大通县、平安县、乐都县、湟源县和循化县。化隆回族自治县位于青海省东部，海东地区南部，已形成粮油、畜牧业、果品蔬

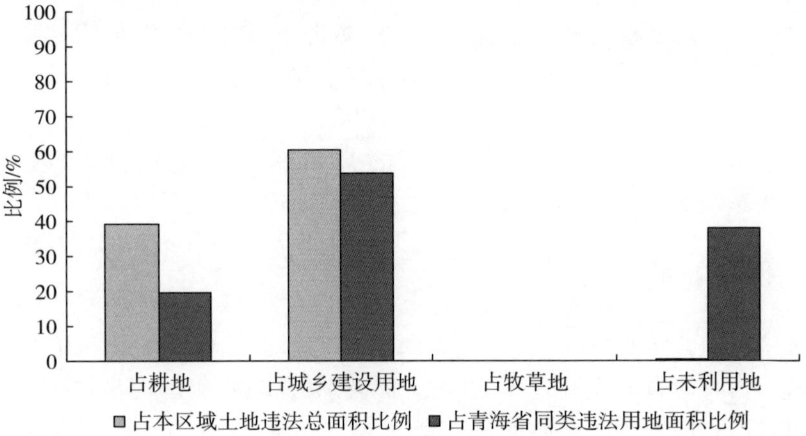

图 4.20 Ⅱ级区违法用地结构图

菜生产基地；大通县地处青海省东部农业区北部，属省会西宁市辖县，交通便利，是青海省重点农业区；平安县位于青海省东都，海东地区中心腹地，地处湟水河中游，土地肥沃，水源充沛，盛产春小麦、马铃薯、油料、蔬菜等；乐都县是青海省海东地区辖县，全省主要粮食和蔬菜生产基地县；湟源县是青海省东部农业区与西部牧业区的结合部，盛产小麦、青稞、洋芋、蚕豆、油籽及蔬菜等农副产品；循化县位于青海省东部，属青海省海东地区管辖，农植物生产周期长、种植快。

土地总面积为青海省土地面积的 1.96%，耕地总面积占青海省的 31.86%，2008 年国内生产总值占青海省的 15.35%。土地违法频次高达 37 次，占青海省总违法次数的 26.06%。违法用地总面积 8.87 hm^2，占青海省违法用地总面积的 16.79%，违法占用耕地面积占青海省的 19.48%。

4.4.2.2 城市发展监管区

城市发展监管区包含城西区、城东区和城中区。城西区地处西宁市中西部，辖区有着科教领先、商贸发达、基础完善、环境优美、人文氛围浓厚和行政事业单位集中等区位比较优势；城东区是西宁市的东大门，区位优势比较明显，是西宁市重要的工业聚集区；城中区是西宁市的中心区，是以第三产业为主要特色的城区。

土地总面积为青海省土地面积的 0.03%，耕地总面积占青海省的 0.21%，2008 年国内生产总值占青海省的 19.35%。土地违法频次为 14 次，占青海省总违法次数的 9.86%。违法用地总面积 3.42 hm^2，占青海省违法用地总面积的 6.47%。

4.4.2.3 矿业发展监管区

矿业发展监管区仅包含格尔木市（不含可可西里）。位于海西蒙古族藏族自治州境南部，西接新疆维吾尔自治区，南与西藏自治区毗邻，是青海省西部的新兴工业城市。格尔木地处柴达木盆地，矿产资源得天独厚，已探明储量的矿藏有50余种，有30多种位居全国前10位，其中钾、钠、镁、锂总储量占全国第一位。

土地总面积为青海省土地面积的10.90%，采矿用地总面积占青海省的35.39%，2008年国内生产总值占青海省的13.82%。土地违法频次达10次，占青海省总违法次数的7.04%，违法用地总面积0.174 hm^2。

4.4.3 Ⅲ级督察区

Ⅲ级别区包含7个县（市），是青海省耕地保护、城市发展和矿业发展的次重点区域，占青海省总面积的9.58%。Ⅲ级别区2008年国内生产总值达89.78亿元，占青海省国内生产总值的9.05%；总人口为55.5万人，占青海省总人数的10.29%。

Ⅲ级区的耕地区面积占到青海省总耕地区面积比例的18.32%，城乡建设用地区占青海省总城乡建设用地区的14.93%，采矿用地仅为0.8%。该级区用地类型以草地、林地为主，耕地区、城乡建设用地区和采矿用地区占全省同类用地区的比例均比较低，Ⅲ级区土地利用结构如图4.21所示。

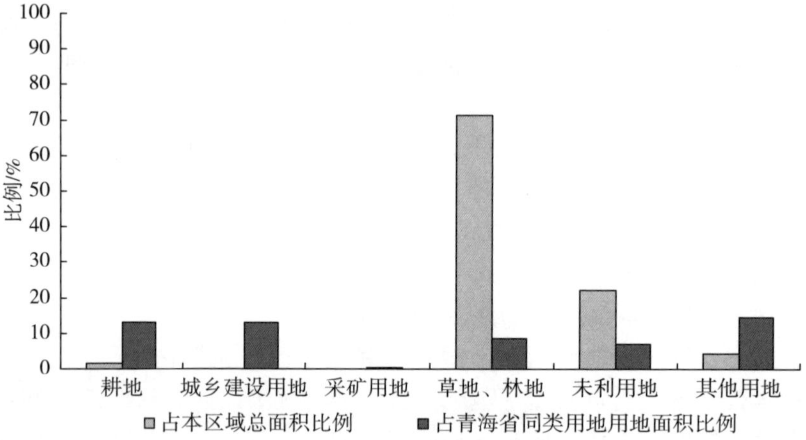

图4.21　Ⅲ级别区土地利用结构图

Ⅲ级区内2008年违法用地次数为15次，占青海省全年总违法用地次数的10.56%。全年违法用地面积为13.886 hm^2，占青海省违法用地总面积的26.28%，违法占用的土地利用类型以草地、林地为主，全年违法占用草地、林地面积为13.63 hm^2（图4.22）。

该级区违法案件主要发生在贵德县、贵南县、海晏县和尖扎县。德令哈市、门源县和兴海县2008年无违法案件发生。

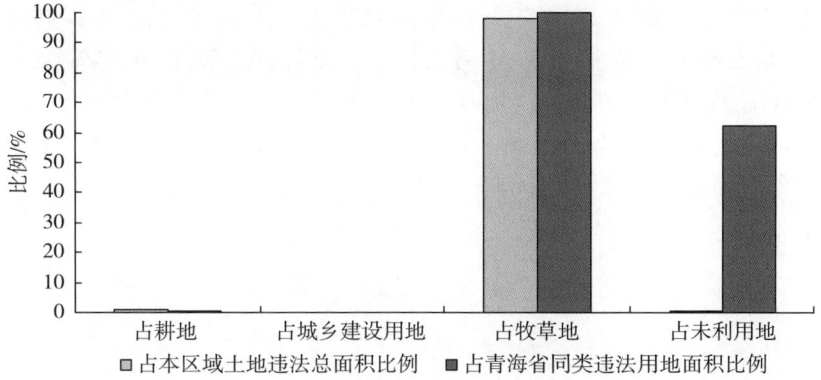

图 4.22 Ⅲ级别区违法用地结构图

该级所属的类型区有耕地保护监管区、城市发展监管区和生态发展监管区。

4.4.3.1 耕地保护监管区

耕地保护监管区仅含一个门源县。该县位于中国青海省东北部，属海北藏族自治州管辖，是该州主要的农业县。农业开发历史较短，土壤肥沃，工业污染水平低，农业生态环境始终保持原始的优良状态，是国家确定的绿色农业示范基地。

土地总面积为青海省土地面积的 1.09%，耕地总面积占青海省的 7.25%，2008 年国内生产总值占青海省的 1.24%。2008 年无土地违法案件发生。

4.4.3.2 城市发展监管区

城市发展监管区仅含德令哈市。该市作为青海省海西蒙古族藏族自治州首府所在地，是全州政治、经济、文化的中心，也是青海西部重要的交通枢纽和商品集散地。

土地总面积为青海省土地面积的 4.15%，耕地总面积占青海省的 1.82%，2008 年国内生产总值占青海省的 2.20%。该市城乡建设用地占本市总面积的比例很低，仅为 0.12%，但是其城乡建设用地占全省比例确很高，达到 7.88%，仅次于格尔木市和城东区。

4.4.3.3 生态保护监管区

生态保护监管区包含贵德县、海晏县、兴海县、尖扎县和贵南县。该区域主要分布在城市发展监管区和耕地保护监管区周边地区，土地总面积为青海省土地面积的 4.34%，2008 年国内生产总值占青海省的 5.61%。土地违法频次为 15 次，占青海省总违法次数的 10.56%。违法用地总面积 13.886 hm^2，占青海省违法用地总面积的 26.28%，违法占用耕地面积 0.164 hm^2，占青海省的 0.66%。

4.4.4 Ⅳ级督察区

Ⅳ级别区包含 11 个县（区），是青海省土地督察比较安全区域，占青海省总面积的22.75%。Ⅳ级区2008年国内生产总值达163.61亿元，占青海省国内生产总值的16.50%；总人口为57.1万人，占青海省总人数的10.59%。

Ⅳ级区的采矿用地区面积占到青海省总采矿用地区面积比例的59.33%，耕地和城乡建设用地占的比例很小。该级区用地类型以草地、林地和未利用地为主，土地利用结构如图4.23所示。

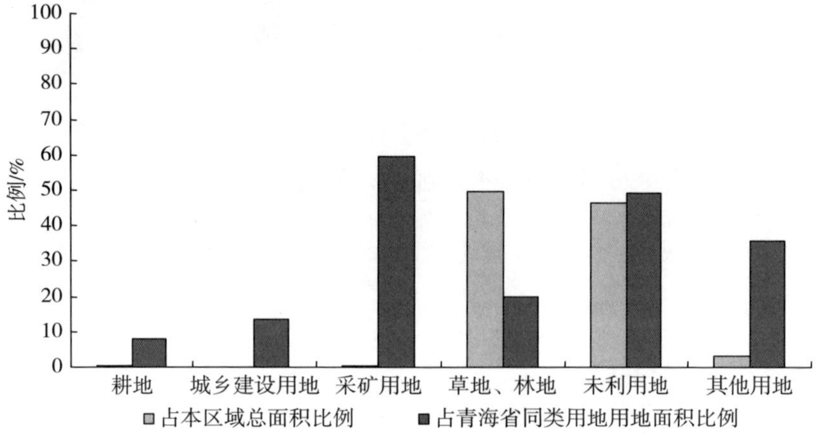

图4.23　Ⅳ级别区土地利用结构图

Ⅳ级别区内2008年违法用地次数为3次，占青海省全年总违法用地次数的2.11%。全年违法用地面积为0.854 hm^2，占青海省违法用地总面积的1.62%，违法占用的土地利用类型全部为耕地（图4.24）。

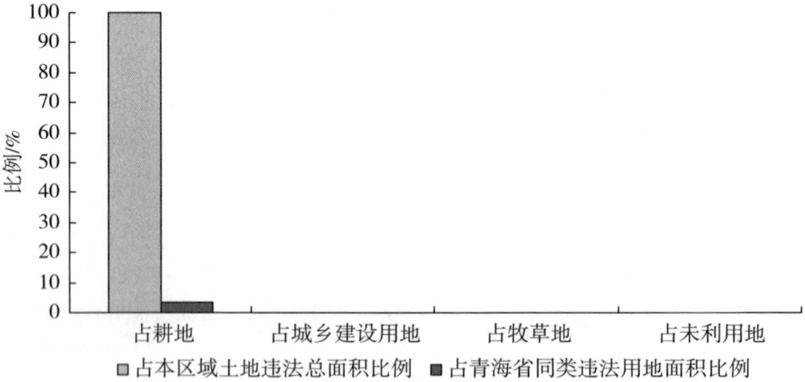

图4.24　Ⅳ级别区违法用地结构图

该级区违法案件发生在天峻县和同仁县。大柴旦、都兰县、刚察县、共和县、冷湖、茫崖、同德县、乌兰县和泽库县2008年无违法案件发生。

该级所属的类型区有矿业发展监管区和生态发展监管区。

4.4.4.1 矿业发展监管区

矿业发展监管区包含都兰县、乌兰县、大柴旦、茫崖和冷湖。土地总面积为青海省土地面积的12.79%，采矿用地总面积占青海省的57.74%，2008年国内生产总值占青海省的10.34%，2008年无土地违法案件发生。

4.4.4.2 生态保护监管区

生态保护监管区包含刚察县、天峻县、同仁县、泽库县、共和县和同德县。土地总面积为青海省土地面积的9.96%，2008年国内生产总值占青海省的6.16%，土地违法频次为3次，占青海省总违法次数的2.11%。

4.4.5 Ⅴ级督察区

Ⅴ级别区是青海省土地督察安全区，占青海省总面积的53.62%。该区仅处于生态保护监管区内，包含玛沁县、班玛县、玉树县、河南县、治多县、祁连县、称多县、杂多县、囊谦县、甘德县、达日县、曲麻莱县、久治县、玛多县和格尔木市（可可西里）15个县级行政区。2008年国内生产总值占青海省的4.68%，2008年无土地违法案件发生。

Ⅴ级区的用地类型以草地、林地和未利用地为主，耕地、城乡建设用地和采矿用地占的比例均很小。该级区土地利用结构如图4.25所示。

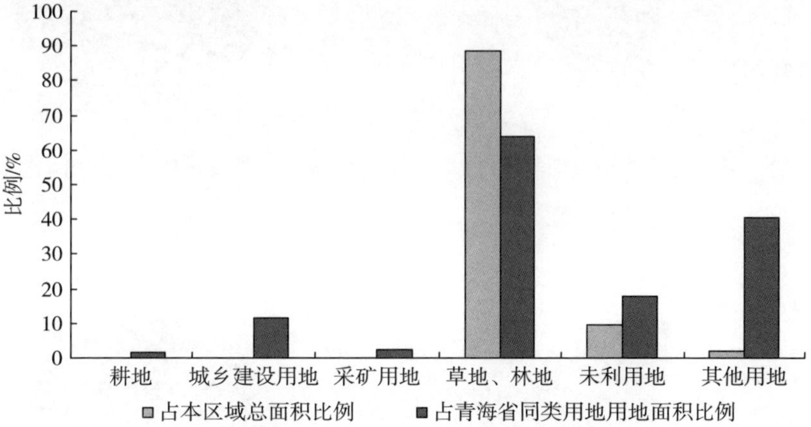

图4.25 Ⅴ级别区土地利用结构图

4.4.6 各级督察区特征比较

Ⅰ级和Ⅱ级所辖面积仅为14.0%，但却督察了青海省68.5%的人口、69.8%的地区生产总值、66.3%的耕地、87.3%的违法频次、95.9%的违法占用耕地面积及59.6%的新增建设用地面积，是土地督察的重点区域，特别是Ⅰ级区是土地督察的重中之重（图4.26～图4.35、表4.31）。

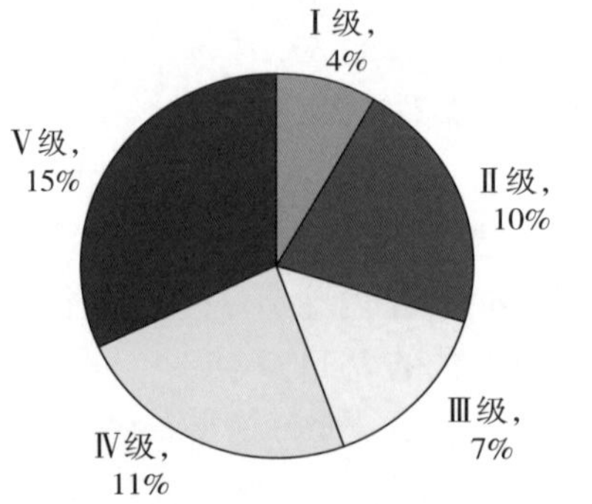

图 4.26　各级别县级行政区个数比例

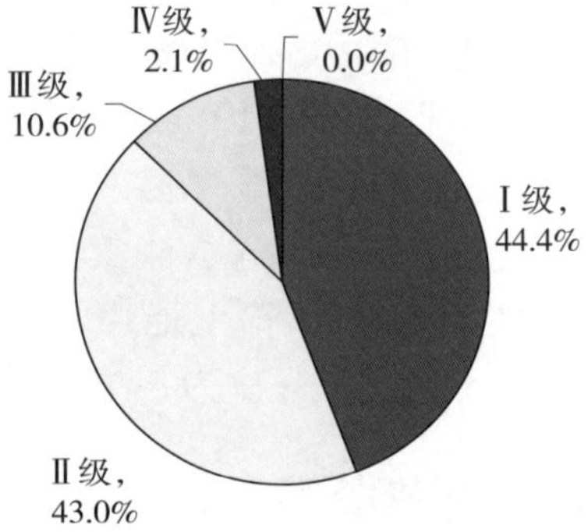

图 4.27　各级别违法用地频次比例

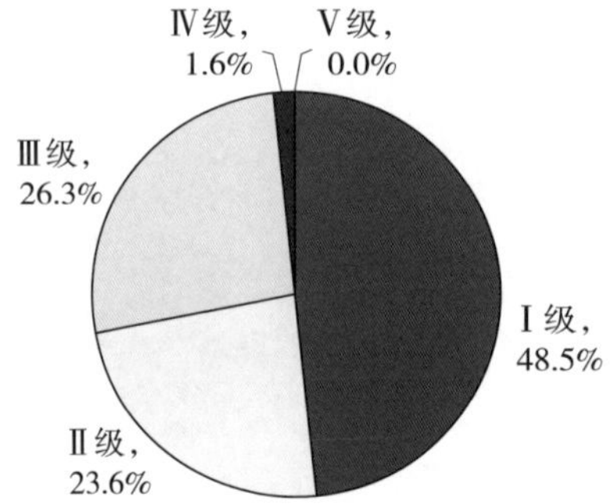

图 4.28　各级别违法用地面积比例

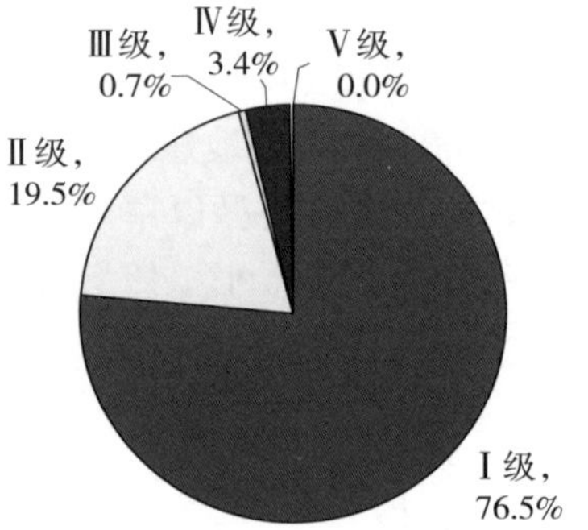

图 4.29　各级别违法占用耕地面积比例

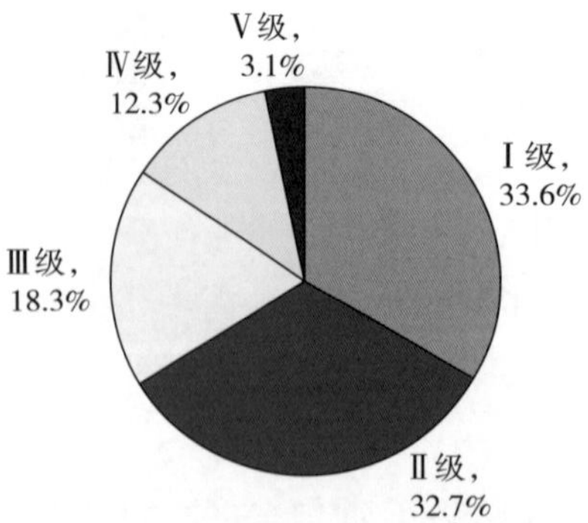

图 4.30　各级别控制耕地面积比例

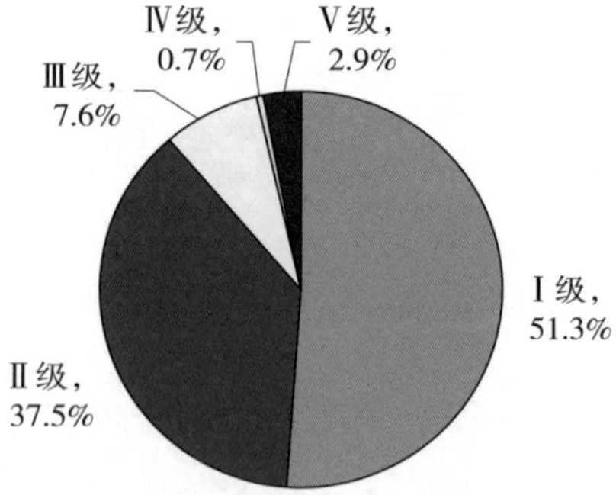

图 4.31　各级别上年耕地减少面积比例

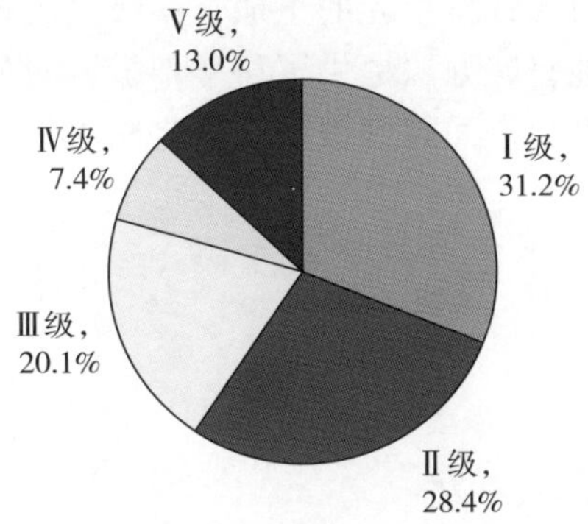

图 4.32　各级别新增建设用地面积比例

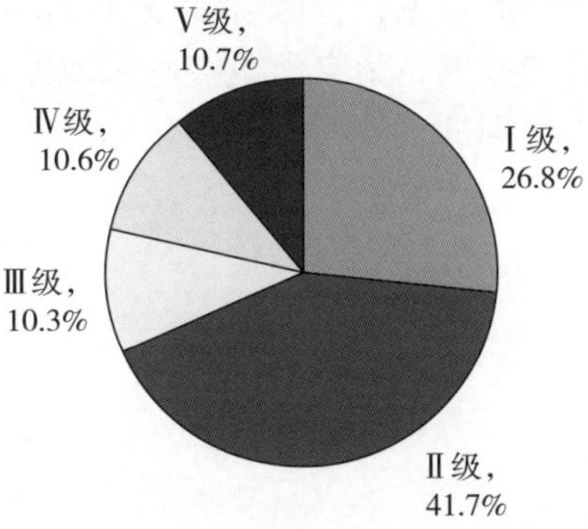

图 4.33　各级别控制总人口数比例

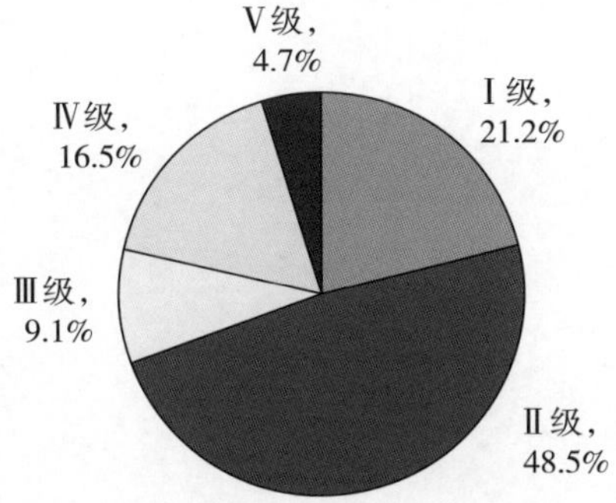

图 4.34　各级别地区生产总值比例

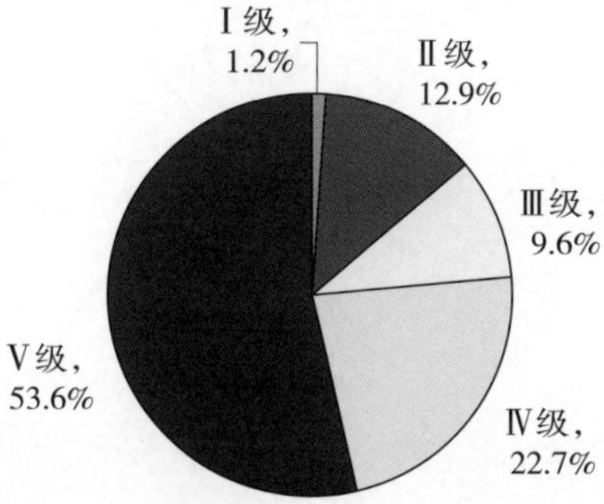

图 4.35　各级别所辖区县面积比例

表 4.31　各督察级别累计控制指标比例

指标名称	Ⅰ级	Ⅰ级 + Ⅱ级	Ⅰ级 + Ⅱ级 + Ⅲ级
所含县（市、区）个数/个	4	14	21
违法用地频次/%	44.4	87.3	97.9
违法用地总面积/%	48.5	72.1	98.4
违法占用耕地面积/%	76.5	95.9	96.6
年末耕地总面积/%	33.6	66.3	84.6
上年耕地减少面积/%	51.3	88.7	96.3
新增建设用地面积/%	31.2	59.6	79.6
年末总人口/%	26.8	68.5	78.8
地区生产总值/%	21.2	69.8	78.8
行政区域土地面积/%	1.2	14.0	23.6

由此可见，青海省区域分异的特征，使得各评价单元的土地督察级别表现出明显的差别，为突出重点、采取差别化的土地督察办法提供了科学依据，对处于不同级别的区域实行差别化的督察业务和强度，进而能够提高土地督察工作的效率、效益和效果。

5 土地划区分级督察办法制定

对青海省土地督察进行划区分级的目的主要是针对不同督察类型区域和督察级别实施差别化的土地督察办法，以提高土地督察的效率、效益和效果。因此，土地划区分级督察办法的制定是土地划区分级督察研究的一个核心环节。本章在详细分析介绍现有督察业务和督察方式方法的基础上，与土地督察划区分级研究相协调，以县级行政区为基本单元，针对不同县级行政区所属土地督察类型和土地督察级别的主要相关特征的差异，制定不同的土地督察方式方法及其组合，为实施有针对性的、差别化的土地督察办法提供科学、现实、可行的依据。

5.1 指导思想与原则

5.1.1 指导思想

土地划区分级督察是以科学发展观为统领，以进一步加强土地执法监督检查为任务，以完善我国的土地管理、利用与土地执法监管体系为目标的指导思想，具体体现在以下几个方面。

（1）强化科学发展观，坚守土地管理法律法规秩序稳定。必须以科学发展观为统领，统筹安排和节约利用土地。依法开发、利用土地资源，严肃处理各类土地违法违规行为，促进各区域依法用地、依法管地、依法治地，保障土地管理法律法规秩序稳定。

（2）坚守耕地保护红线，保证区域耕地安全和粮食安全。耕地资源是人类赖以生存和发展的生命线，是保证区域各类建设的根本基础。体现耕地资源对区域长远发展的重要性，提高政府部门责任人与公众对保护耕地资源的意识，促进、引导地方政府将经济发展与切实保护耕地的基本国策有机结合。

（3）贯彻可持续发展战略，创新土地管理理念、管理机制和方式方法。可持续发展战略是土地管理和利用工作的灵魂，要不断发现问题、解决问题，不断自我创新、自我突破。在实际工作中不断总结、不断完善，创新思想理念、管理机制和方式方法，实现土地管理工作的不断进步和发展。

（4）坚持全面督察，分类开展，逐步推进差别化督察。从不同层面、不同角度进行全面的土地督察工作，分类型、分级别地开展各类督察业务。立足实际情况，有针对性地、有区别地开展差别化督察，创新土地督察方式，以提高督察效率、增强督察效果和提升督察效益。

5.1.2 指导原则

土地划区分级督察办法制定的目的是在综合考虑区域自然、经济、社会和土地利用等综合因素的基础上，制定出适合不同土地督察类型区域和督察级别的土地督察办法，为提高土地督察工作的效率、效益和效果服务。主要应遵循的指导原则如下。

（1）综合性原则。土地划区分级督察办法的制定要综合比较和充分考虑全省范围内的经济、社会和自然条件的差异，以及土地利用特点和土地违法违规行为情况，要全盘考虑，重点分析，主次分明，从全局性的宏观层面上把握土地划区分级督察办法的制定思路。

（2）因地制宜原则。土地划区分级督察办法的制定要符合各类型区和各督察级别区的客观实际情况，既要掌控区域内的全部土地违法违规行为，又要把握住各区、各级互不相同的主要矛盾，执行有针对性的土地督察办法。

（3）差异性原则。青海省的经济、社会和自然条件的显著差异，客观上要求土地划区分级督察办法的制定要有差异性。在满足土地督察质量要求的前提下，充分考虑土地督察办法的选择差异性、执行力度差异性以及优化组合差异性等，分区域、分级别地制定不同的土地划区分级督察办法。

（4）三效性原则。青海省土地划区分级督察办法制定的目的在于提高土地督察工作的效率、效果和效益。在满足土地督察质量要求的前提下，在最短的时间内，以最低的人力成本、财力成本和物质成本，提交高质量的土地督察工作成果，实现国家设立土地督察制度的根本目标。

5.2 现有土地督察业务

5.2.1 土地督察业务分析

2009年2月26日，在成都召开的国家土地督察工作务虚会议上，甘藏春副总督察总结指出，目前土地督察机构已形成以下核心业务：例行督察、土地管理形势分析报告、建设用地审批事项督察、专项督察、耕地保护目标责任制督察、问责制督察、耕地保护政府负责人离任审计制度和土地巡察制度等8项土地督察核心业务。此外，结合土地督察工作的实际操作过程以及分工细化，督察工作中还初步形成并试行了预警督察、信访督察和遥感督察等督察业务。

5.2.1.1　例行督察

根据国家土地总督察办公室《关于印发〈土地例行督察工作规范（试行）〉的通知》（国土督办发〔2009〕22 号），例行督察是指国家土地督察机构依据法律法规和政策，针对某一地区、行业的在一定时段内土地利用和管理情况进行全面或者专项的常规性监督检查和评估。

5.2.1.1.1　督察客体

（1）国家土地总督察、副总督察批示要求的地区内全部土地。

（2）经济发展较快、用地量较大地区内的全部土地。

（3）土地信访举报或媒体披露土地违法违规行为较多的地区内全部土地。

（4）卫星遥感监测成果相对完整的地区内全部土地。

5.2.1.1.2　督察特点

督察特点有："全面开展、突出重点、宏观控制、评估整改"。

例行督察的开展涉及督察区域内全部的土地利用和管理行为，重点以建设用地违法违规占用耕地、重大土地违法违规行为为重点督察内容。一方面，监督检查督察区域内的土地违法违规行为；一方面，监督检查违法违规占用土地行为的评估整改情况，从而从全局层面上，宏观控制督察区域内的各类土地违法违规行为。

5.2.1.1.3　督察内容

（1）土地管理法律法规、国家产业政策和土地调控政策执行情况。

（2）实际新增建设用地情况。

（3）耕地保护责任目标落实情况。

（4）土地利用总体规划、年度计划实施情况。

（5）建设用地审批、供应及利用情况。

（6）耕地占补平衡落实情况。

（7）土地执法监管情况。

（8）其他事项。

5.2.1.1.4　督察方式

例行督察主要通过内业审核、外业核查、走访调查及其他适当的督察办法开展。

（1）内业审核：是指根据土地管理法律法规和政策有关规定，对被督察地区一定时段内（通常为 1 ~ 2 年）涉及督察内容的档案卷宗的真实性、合法性进行室内审核。

（2）外业核查：是指结合内业审核情况，对被督察地区一定时段内（通常为 1 ~ 2 年）卫星遥感监测变化图斑，以及其他土地利用和管理行为涉及的现场进行勘测、对照核实。

（3）走访调查：是指为了解、补充被督察地区相关情况或采集相关证据，进行实际的现场调查或走访有关单位和人员，走访调查可以是随机的抽样性调查，也可以是目的明确的现场调查等。

（4）其他方式。

5.2.1.1.5　督察作用

促使土地督察过程中发现的问题准确化、全面化、具体化和系统化，提出的整改建议具有针对性、可操作性和可借鉴性，督察效果具有警示性。

5.2.1.1.6　适用情形

适用于国家土地督察要求、基础数据较完备、经济发展较快、用地量大、土地违法违规行为较多的重点地区。

5.2.1.2　土地管理形势分析报告

《国家土地督察机构工作规范（修订）》第五章第二十条规定“每一季度末向国家土地总督察报送督察区域内季度或半年、全年土地管理形势分析报告”。土地管理形势分析报告是国家土地督察机构结合经济社会发展形势的变化，针对某一地区的一定时段内土地利用和管理情况，进行全面总结、归纳、判断、预见和建议。开展土地管理形势分析需要被督察地区人民政府及相关部门及时、准确、全面、真实地向国家土地督察机构报送相关数据，建立专项统计观测分析制度。

5.2.1.2.1　业务特点

业务特点是：“全面分析、聚焦重点、审时度势、准确判断”。

土地管理形势分析报告是对督察区域内各类土地利用和管理行为的宏观把握和深入剖析，聚焦不同区域背景下的土地利用情况。根据区域土地利用规律和实际发展需要，准确判断和分析督察期内的各类土地违法违规行为，既要全面，又要突出重点。

5.2.1.2.2　报告内容

土地利用与管理的基本情况，含总量、结构、时序（同比、环比）、区域分布等；主要特点和对形势的基本判断；存在的倾向性、苗头性问题及当前热点敏感问题；下一阶段趋势预测；相关工作建议等。

5.2.1.2.3　分析方法

（1）采取定量与定性相结合的方法，注重反映被督察地区土地管理制度改革的新进展和新问题。

（2）创建具有代表意义的观测点，通过土地管理形势分析观测点的建设，督察机构能及时快速掌握各监测地区的土地利用与管理情况，准确判断土地利用与管理形势，积极引导依法合理用地。

（3）充分利用调研和日常监管工作中掌握的情况，结合国家宏观调控政策、区域经济发展战略，深入研判被督察地区土地利用和管理形势，紧密把握宏观经济形势，增强分析的敏感性和前瞻性，探究观测指标与主要宏观经济运行指标之间的相互作用和动态规律。

（4）充实土地利用与管理对经济发展影响程度的相关内容，加强对可能出现的问题的风险管控和预测预警。

5.2.1.2.4 业务作用

为及时掌握各地土地利用与管理情况，准确判断土地利用与管理形势，积极引导依法合理用地，提出有针对性的工作部署安排及重要举措。

5.2.1.2.5 适用情形

适用于对督察区内全部土地或局部地区土地利用与管理形势进行阶段性或年度性的分析、总结和汇报。

5.2.1.3 建设用地审批事项督察

根据《国务院办公厅关于建立国家土地督察制度有关问题的通知》（国办发〔2006〕50号），国家土地总督察《关于印发〈农用地转用和土地征收审批事项督察办法〉的函》（国土督察函〔2008〕1号），以及有关督察局牵头编写的《建设项目用地审批事项督察办法（试行）》，明确将建设用地审批事项督察作为土地督察的一项核心业务。建设用地审批事项督察是指国家土地督察机构依照规定的权限和程序，对应报国务院审批和由省、自治区、直辖市人民政府审批的新增建设用地的供应和使用等情况进行督察。

5.2.1.3.1 督察客体

上报国务院审批的新增建设用地以及由省政府批准的新增建设用地。

5.2.1.3.2 督察特点

督察特点是：“分类统计、重点核对、多级审核、严把关卡”。

建设用地审批事项督察重点将建设用地违法违规行为从全部土地违法违规行为中剥离出来，进行专项统计和专项管理，对重大违法违规项目要进行重点核对，各级政府部门要积极配合，做到层层审核，严格督察建设用地违法违规行为，特别是占用耕地行为。

5.2.1.3.3 督察内容

督察内容主要包括审批权限和程序是否符合法律法规规定，新增建设用地是否符合产业政策，是否符合土地利用总体规划，是否纳入年度用地计划安排，是否足额缴纳新增建设用地有偿使用费，征地安置补偿是否达标、被征地农牧民社会保障措施和“先补后占、占补平衡”是否落实等方面。

5.2.1.3.4 督察方式

采用以内业审核为主、外业核查为辅的督察办法。建设用地审批事项督察的工作程序一般为前期先对相关用地的报批资料进行内业审核，然后结合土地执法遥感影像资料等，对有疑问的地方进行外业核查。

5.2.1.3.5　督察作用

全面规范和推进督察区域的建设用地审批事项。

5.2.1.3.6　适用情形

适用于对一个省或经济较发达、产业项目集中、人口集聚、城镇化发展迅速、建设用地审批量大、违法违规案件相对集中的城市一定时期（通常为一个季度或半年）的即时督察，适用的空间范围较灵活宽泛，同时也较适合与其他督察业务结合开展组合督察或延伸督察。

5.2.1.4　专项督察

专项督察是指国家土地督察机构针对土地利用和管理中的专门事项或某一方面的工作而开展的督察活动。

5.2.1.4.1　督察客体

督察范围内某一地区的专门事项或某一方面的工作涉及的土地问题。

5.2.1.4.2　督察特点

督察特点是："科学筛选、准确定位、'专'字当头、高效督察"。

专项督察可以有效补充例行督察和建设用地审批事项督察所涉及不到或涉及不全的土地违法违规行为，以及某一地区的专门事项或某一方面的土地问题。此项督察业务是在对区域内的各类土地利用和管理问题按照一定规则分类筛选的基础上进行的，强调的是准确性和专门性，短时间内督促专项的或成片出现的突出土地问题的评估与整改。

5.2.1.4.3　督察内容

（1）针对被督察地区土地利用和管理中的突出问题进行的专项督察。

（2）针对土地违法违规行为严重地区进行的专项督察。

（3）针对供地政策是否符合国家产业政策和宏观调控政策进行的专项督察。

（4）针对耕地保有量和基本农田保护进行的专项督察。

（5）针对土地利用规划和年度计划执行情况进行的专项督察。

（6）针对国土资源部及国家土地总督察、副总督察交办的其他事项而进行的专项督察。

5.2.1.4.4　督察方法

通过实地走访、内业审核、外业核查等专项调研方式，对土地利用和管理中的专门事项或某一方面的工作进行专项监督检查。

5.2.1.4.5　督察作用

有针对性地、重点解决土地督察工作中的分类问题，专项整顿和推进区域土地利用和管理的规范化，填补土地督察工作的空白点。

5.2.1.4.6　适用情形

土地督察工作中的重点、热点、难点、普遍性的问题及个别性问题均属于专项督察的适用情形。

5.2.1.5 耕地保护目标责任制督察

根据《国务院办公厅关于建立国家土地督察制度有关问题的通知》（国办发〔2006〕50号），耕地保护目标责任制督察是指国家土地督察机构依照规定的权限和程序，对省级以及计划单列市人民政府耕地保护责任目标的落实情况的督察活动。

当前，该项土地督察业务尚未独立开展过，但作为土地督察工作的一项重要目标任务，在例行督察等业务中，都已将其作为一项重要目标内容开展。在国土资源部、农业部、国家统计局等部门相关工作当中，国家土地督察机构积极参与配合，发挥自身应有作用。因此，耕地保护目标责任制督察的行政区域范围已从省级及计划单列市人民政府延伸到县（区、市）人民政府。同时，也由于该项督察业务尚未独立开展过，其规范建设有待进一步探索完善。

5.2.1.5.1 督察客体

督察范围内各级人民政府耕地保护责任目标及其落实情况。

5.2.1.5.2 督察特点

督察特点是："重中之重、多源审核、明确责任、严保'红线'"。

耕地保护目标责任制督察是土地督察任务的重中之重——督察违法违规占用耕地行为作为工作重点，通过多种督察方式进行多来源审核，明确各级人民政府相关责任人的责任，从领导问责体制上严保耕地"红线"。

5.2.1.5.3 督察内容

（1）通过日常巡察、与地方共同探索试点，督促各级人民政府及部门逐级签订耕地保护目标责任书、参与耕地保护目标责任制考核等方式，对耕地保护目标责任制落实情况进行监督检查。

（2）对督察区域内各级人民政府耕地保护目标责任制履行情况进行抽查。

（3）开展土地利用年度计划执行情况督察，采取召开督察区域座谈会、建立土地利用计划季报制度、实地检查评估等多种形式跟踪、督促各地做好土地利用计划分解下达和使用工作，掌握各地土地利用计划指标使用进度及结构。

（4）国土资源部及国家土地总督察、副总督察交办的其他相关事项。

5.2.1.5.4 督察方法

通过日常巡察、专项抽查、年度考核和专项调研等方式，对各级人民政府的耕地保护目标责任制落实情况进行监督检查。

5.2.1.5.5 督察作用

严格耕地保护目标责任制督察，将提高各级人民政府领导干部的耕地保护责任意识，保证耕地保护目标责任制落实，促进地方耕地保护目标实现。

5.2.1.5.6 适用情形

适用于督察范围内的各级人民政府，重点是未进行例行督察、专项督察、卫片执法等包含该督察内容的相关督察的新增建设用地量大、土地供需矛盾突出、耕地后备资源不足、耕地保护和违法违规形势严峻的经济较发达的城镇及其周边地区以及耕地和基本农田重点保护区。

5.2.1.6　问责制督察

2006年，国务院下发《关于加强土地调控有关问题的通知》，明确规定了针对各级人民政府主要负责人的问责制，国家监察部、人保部和国土资源部联合修订的《违反土地管理规定行为处分办法》（第15号部令）进一步凸显了土地违法问责制度。问责制是指各级人民政府主要负责人对本行政区域内耕地保有量和基本农田保护面积、土地利用总体规划和年度计划执行情况负总责。

当前，该项土地督察业务在全国尚未独立深入开展，但作为土地督察工作的一项重要目标任务，在例行督察、卫片执法检查等业务中，都已将其作为一项重要目标内容开展。在纪检监察特别是审计部门的相关工作当中，国家土地督察机构积极参与配合，充分发挥自身应有作用。同时，该项督察业务包括对政府主要负责人的问责及违反土地管理规定行为问责，二者的关系与定位尚难明确界定，因而其业务规范建设尚有待进一步探索完善。

5.2.1.6.1　督察客体

各行政区域内耕地保有量和基本农田保护面积、土地利用总体规划和年度计划执行情况。

5.2.1.6.2　督察特点

督察特点是："明确目标、落实到人、追究责任、严格整改"。

问责制督察是依据督察区内各类土地违法违规行为的性质和影响，明确问责督察目标，追究各级人民政府相关责任人的责任，并监督检查对土地违法违规行为的整改情况。

5.2.1.6.3　督察内容

（1）对各行政区域内耕地保有量和基本农田保护面积进行监督检查。

（2）对土地利用总体规划和年度计划实施情况进行监督检查。

5.2.1.6.4　督察方法

通过日常巡察、外业核查、专项调研和年度考核等方式，对各级人民政府的耕地保有量和基本农田保护面积、土地利用总体规划和年度计划执行情况进行监督检查。

5.2.1.6.5　督察作用

严格实行问责制，将土地管理和耕地保护的责任明确落实到人。落实到了地方人民政府的有关负责人，能够强化各级地方政府保护耕地的责任，有效遏制土地违法行为的发生，进一步强化执法监察工作。

5.2.1.6.6　适用情形

适用于督察范围内的各级人民政府，重点是未进行例行督察、专项督察、卫片执法等包含该督察内容的相关督察的新增建设用地量大、供需矛盾突出、耕地保护和违法违规形势严峻的经济较发达的城镇及其周边地区。

5.2.1.7 耕地保护政府负责人离任审计制度

2005年，国务院发布的《省级政府耕地保护责任目标考核办法》明确规定："各省（区、市）人民政府应对《全国土地利用总体规划纲要》确定的本行政区域内的耕地保有量和基本农田保护面积负责，省长、主席、市长为第一责任人。"2009年"中央1号"文件《关于2009年促进农业稳定发展农民持续增收的若干意见》明确规定"实行耕地和基本农田保护领导干部离任审计制度"。耕地保护政府负责人离任审计制度是指把耕地保护考核情况纳入政府第一责任人离任审计的内容中的制度。

当前，该项土地督察业务在全国尚未独立深入开展，但在审计部门离任审计工作当中，国家土地督察机构已有参与配合，发挥了自身应有的作用，因而其业务规范建设尚有待进一步探索完善。

5.2.1.7.1 督察客体

督察范围内各级行政辖区的耕地和基本农田保有量的保护情况。

5.2.1.7.2 督察特点

督察特点有："明确目标、严格审计、落实到人、追究责任"。

耕地保护政府负责人离任审计制度于各级人民政府第一责任人在离任前执行，明确此项督察工作是严格监督检查各级人民政府第一责任人在任期间的耕地和基本农田保护情况，并将两者关系直接对等。若违法违规占用耕地比率达到相关法律法规规定界线，则要追究相关责任人的责任。

5.2.1.7.3 督察内容

（1）各级行政辖区的耕地和基本农田保有量的数量保护情况。

（2）各级行政辖区的耕地和基本农田保有量的质量保护情况。

（3）各级行政辖区的耕地和基本农田保有量目标的落实情况。

（4）各级行政辖区的耕地和基本农田保有量保护制度建设与执行情况。

5.2.1.7.4 督察方法

通过专项审计等方式，对各级人民政府的耕地保有量和基本农田保护面积情况进行监督检查。

5.2.1.7.5 督察作用

严格耕地保护政府负责人离任审计制度，将明确地方政府的土地管理责任，强化各级人民政府主要负责人的耕地保护特别是基本农田保护责任，为进一步完善和全面落实土地管理和耕地保护责任制提供强有力的制度保障。

5.2.1.7.6 适用情形

适用于督察范围内的各级人民政府行政主要负责人和主管负责人的离任审计，重点是任期内未开展过例行督察等包含该督察内容的相关督察或虽开展过相关督察但已过去较长时间的地区。

5.2.1.8 土地巡察制度

国家土地督察机构作为国家土地管理与利用的一个监督机构，巡察制度是其履行职权的一种重要方式，国家土地督察机构可以巡察督察区域内各级地方人民政府及土地管理部门的有关会议，查阅有关文件、资料，召开座谈会，与有关人员谈话，宣传土地法律法规和政策，了解和研究群众来信来访中反映的有关领导干部在土地管理和利用方面的重要情况和问题，督察各级地方人民政府、部门、单位和个人依法合理管理和利用有限的土地资源。

当前，该项土地督察业务在全国尚处于起步阶段，国家土地督察机构独立开展不多，其业务规范建设尚有待进一步深入探索完善。

5.2.1.8.1 巡察客体

（1）地方政府有关土地管理方面的会议。

（2）查阅有关文件、资料。

（3）多种渠道反映的有关领导干部土地管理和利用方面的重要问题。

（4）访问、谈话和座谈等方式。

5.2.1.8.2 业务特点

业务特点是："广泛开展、多源巡察、聚焦问题、归类处理"。

土地巡察制度在督察区内全面开展，通过会议、资料、座谈、访问等多种形式监督检查督察区内全部土地利用和管理情况。通过全盘巡察，重点捕捉督察区内的焦点问题，并按照性质类别进行归类处理。

5.2.1.8.3 巡察内容

国家土地督察机构按照一定的巡察频次和路线对被督察区域的土地管理与利用工作进行巡察，掌握辖区土地管理现状、趋势，并验收地方政府履行督察局建议和意见情况，并按照意见进行纠正、整改的情况。对于地方政府落实情况不理想或者不落实的情况，按《国家土地督察条例》做出处理。巡察完毕，将巡察成果成文归档，作为地方政府绩效考核的参考依据。

5.2.1.8.4 巡察方式

（1）全区巡察方式。

（2）对国土资源违法行为多发时段和高发区域实行有针对性的重点巡察方式。

5.2.1.8.5 巡察作用

严格土地巡察制度，将提高土地督察机构全面了解各级人民政府的土地管理与利用工作，掌握全辖区土地管理与利用现状、问题、难点、重点以及趋势，为进一步完善和全面落实土地管理与利用的政策法规提供依据。

5.2.1.8.6 适用情形

适用于各类土地违法违规行为的督察情况。

5.2.1.9 预警督察

2009年,《国家土地督察公告(第3号)》指出,要探索多种形式的土地督察预警机制。预警督察是指国家土地督察机构针对督察区域内部分地区可能存在的土地管理与利用问题,为防止问题的恶化或争取在相关问责督察工作启动前对存在的问题进行调查了解,预先发布土地督察警告,督促有关政府及部门提前解决,是防止地方有关人民政府因各种原因出现严重的土地违法违规行为而被问责的一种督察业务安排。

5.2.1.9.1 督察客体

(1)卫星遥感监测成果相对完整的城市。

(2)国家土地总督察、副总督察批示要求的重点监管地区。

(3)可能存在的被问责的情形。

5.2.1.9.2 督察特点

督察特点是:“明确区域、提前介入、落实整改、预防问责”。

预警督察根据特定年限内的土地利用和管理情况开展,其开展目的性强,最终目的是预防各级人民政府相关责任人被问责,因此,预警督察须在问责督察开展前提前介入,并在问责前监督检查落实整改情况,防止被问责。

5.2.1.9.3 督察内容

(1)新增建设用地情况及占用耕地情况。

(2)违法占用耕地情况。

(3)违法用地类型及特点的倾向性和苗头性问题。

5.2.1.9.4 督察方式

对督察区域卫片执法形势进行分析,提出整改意见和建议,督促地方政府在问责期限前完成整改。

5.2.1.9.5 督察作用

为了预防地方政府不被问责,督察机构根据日常及专项督察等督察活动了解的情形,在被问责的自然年度前对某一区域或者行业用地进行督察,以督促地方政府对发现的问题提前进行整改,减少违法用地总量及占用耕地总量,从而达到防止地方政府不被问责、保护地方干部的作用。

5.2.1.9.6 适用情形

(1)适用于经济较发达、产业项目集中、人口集聚、城镇化发展迅速、建设用地违法违规相对集中、土地管理过程中的重点、热点、难点的情况。

(2)适用于土地执法前的卫片预警情况。

(3)适用于对政府责任人在进行问责制督察前的情况判断。

5.2.1.10 信访督察

群众信访提供了很多土地违法违规问题重要线索。信访督察作为多渠道获取客观的土地违法违规问题的一种方式,已经在土地督察工作中起到重要作用,它是指国家土地督察机构对群众来访信件所反映的土地违法违规问题进行督察的活动。

5.2.1.10.1 督察客体

群众来访信件所反映的有关重大土地违法违规问题或线索。

5.2.1.10.2 督察特点

督察特点是："分类筛选、重点关注、实地走访、深入核查"。

信访督察是最广泛征集群众反映土地利用和管理问题的重要渠道，涉及各类土地违法违规行为，因此，需要根据其性质，分类筛选和管理，对于集中反映的重大问题，要给予重点关注，并进行实地走访调查，结合其他方式深入核查。

5.2.1.10.3 督察内容

（1）土地管理法律法规、国家产业政策和土地调控政策执行情况。

（2）实际新增建设用地情况。

（3）耕地保护责任目标落实情况。

（4）土地利用总体规划、年度计划实施情况。

（5）建设用地审批、供应及利用情况。

（6）耕地占补平衡落实情况。

（7）土地执法监管情况。

（8）群众信访中的其他重大相关事项。

5.2.1.10.4 督察方式

通过专项调查、实地核查、走访座谈、业务互动等方式，开展对群众来访来信所反映的各种土地违法违规问题进行分类专项督察。

5.2.1.10.5 督察作用

信访督察可以更客观地、真实地、全面地反映督察区内的各类土地问题，是督察工作中获取信息的重要来源和渠道，是各类督察业务的辅助和补充，可推进区域土地利用和管理的全面化和高效化，有效消除土地督察工作的盲点。

5.2.1.10.6 适用情形

适用于土地秩序混乱、违法违规较多、土地信访较多以及位置偏远、不宜开展其他督察办法的地区。

5.2.1.11 遥感督察

5.2.1.11.1 督察客体

（1）国家土地总督察、副总督察批示要求的地区内的土地。

（2）经济发展较快、用地量较大的地区内的土地。

（3）卫星遥感监测成果相对完整的地区内的土地。

5.2.1.11.2 督察特点

督察特点是："动态把握、实时监控、准确定位、客观反映"。

遥感督察是根据区域实际需要，借助计算机先进技术对督察区内土地利用变化进行督察前后对比分析，动态把握土地利用和管理情况。由于此项督察业务主要以计算机终端反映为主，其可准确地、客观地反映区内土地利用和管理情况，可将督察工作的重点锁定特定区域。

5.2.1.11.3 督察内容

（1）实际新增建设用地情况。

（2）违法占用耕地情况。

（3）其他违法用地情况。

5.2.1.11.4 督察方式

通过遥感图像处理、实地核查对比、挂牌督办、约谈问责人、通报、逐级验收等方式，督促违法用地查处整改、落实督察措施。

5.2.1.11.5 督察作用

遥感督察可以动态地、客观地、准确地反映督察区内的重点土地违法问题，是督察工作中利用现代技术获取信息的重要来源和渠道，是重点督察业务的辅助和补充。通过利用遥感现代技术手段，发现、查处违法用地，掌握违法用地情况，实施问责，并督促查处违法用地落实整改要求，分析原因，提出完善制度、改进管理的建议。

5.2.1.11.6 适用情形

适用于遥感数据来源有保障、领导批办和重点关注的地区，重点是土地利用和管理活动频繁发生的地区。

5.2.2 督察业务分类

根据督察客体、督察内容和适用情形的不同分别对督察业务进行分类，有利于宏观把握、微观调控，针对不同督察类型区、不同督察级别，科学合理地安排有差别的土地督察工作，切实提高土地督察工作效率、效益和效果。

5.2.2.1 按督察客体分类

不同督察业务所涵盖的督察任务不同，包括进行各类土地监督检查工作的督察业务，也包括进行其中一类或几类相近土地监督检查工作的督察业务，以实现不同区域土地利用和管理背景下的土地督察业务选择和优化组合，防止督察区域出现督察盲点和空白点，避免以偏盖全，重点不突出。因此，依据督察客体的覆盖范围的差异，将土地督察分为全面督察和分类督察（表5.1）。

表5.1 以督察客体为依据的督察业务分类

类型	业务类型
全面督察	例行督察、土地管理形势分析报告、土地巡察制度、信访督察、预警督察、遥感督察
分类督察	建设用地审批事项督察、专项督察、耕地保护目标责任制督察、问责制督察、耕地保护政府负责人离任审计制度

5.2.2.2　按督察内容分类

不同督察业务的属性和性质直接决定了其督察目标的实现。为明确督察目标，体现督察业务的层次差异，从土地督察的实际督察内容进行分类，将土地督察分为综合管理目标督察、宏观调控目标督察和耕地保护目标督察，分别体现了各类督察业务的工作广度、高度、深度和重点（表5.2）。

表5.2　以督察内容为依据的督察业务分类

类型	业务类型
综合管理目标督察	例行督察、问责制督察、土地巡察制度、信访督察
宏观调控目标督察	土地管理形势分析报告、专项督察、建设用地审批事项督察、遥感督察
耕地保护目标督察	耕地保护目标责任制督察、耕地保护政府负责人离任审计制度、预警督察

5.2.2.3　按适用情形分类

土地违法违规的利用与管理情况是土地督察工作开展方式和力度的主要依据，由此引发的督察适用情形从实物形态上来分，主要包括监督检查“土地”和监督检查“人”，因此，将土地督察分为以“地”问责督察（以“地”反映“地”问题）、以“人”问责督察（以“地”反映“人”问题）和其他督察（以“相关资料”反映“地”问题），以明确和凸显土地督察过程中的工作对象。这3类督察都直接或间接反映区域的土地利用和管理问题（表5.3）。

表5.3　以适用情形为依据的督察业务分类

类型	业务类型
以“地”问责督察	例行督察、土地管理形势分析报告、预警督察、建设用地审批事项督察、专项督察、遥感督察
以“人”问责督察	耕地保护目标责任制督察、问责制督察、耕地保护政府负责人离任审计制度
其他督察	土地巡察制度、信访督察

5.3　差别化分区督察办法

差别化分区督察办法是依据不同土地督察类型区特征的差异，结合现有土地督察业务分析介绍，制定适合不同土地督察类型区的土地督察办法，提高土地督察办法的针对性，进而提高土地督察的效率、效益和效果。

“土地督察类型区的划分研究”项目组将青海省土地督察类型区划分为耕地保护监管区、城市发展监管区、矿业发展监管区和生态保护监管区。这4个类型区既有通常都使用的常规督察办法，也有必要针对自身特征的差异，选用不同的辅助督察办法等。为便于分析制定差别化的土地督察办法，结合土地督察业务分析介绍，进一步将现有土地督察业务划分为常规办法、问责办法和辅助办法，据此分析提出差别化分区督察办法。其中，常规办法是指针对各土地督察类型区内普遍或集中发生的土地违法违规行为而采用的效力性督察办法；问责办法直接通过对土地违法违规行为的督察将目标锁定主要责任人的责问性督察办法；辅助办法是对土地督察常规办法和问责办法的有效补充方法，以弥补在常规办法和问责办法中没有涉及或涉及不足的相关土地违法违规行为。

5.3.1 耕地保护监管区

青海省耕地保护监管区主要集中在西宁地区的周边区域，其地势相对较为平坦，耕作条件相对较好，人口密度相对较大，且此区域的建设用地比例较矿业发展监管区和生态保护监管区较大，主要以小城镇建设和重点项目发展为主。因此，根据耕地保护监管区的耕地分布广、土地违法违规行为频发等特点，需要开展全面控制和重点把握的土地督察工作。该区应采用常规办法、问责办法和辅助办法三管齐下的结合办法。

5.3.1.1 常规办法

耕地保护监管区是青海省土地督察工作的重中之重，建设用地非法占用耕地行为严重，因此选择此区采用的常规办法也是土地督察系统中采用的强度最大、效力最优、监管面最广的督察办法，包括例行督察、土地管理形势分析报告、建设用地审批事项督察和专项督察。其中，例行督察和土地管理形式分析报告宏观把握耕地保护监管区内的各类土地违法违规行为，重点以违法违规占用耕地为主；建设用地审批事项督察侧重于督察区域内与建设用地审批有关的各类土地违法违规行为，重点以农用地非法转用为主；本区的专项督察根据督察区内土地违法违规的类型、范围、程度以及影响而重点以督察违法违规占用耕地为主。

5.3.1.2 问责办法

耕地保护监管区是青海省耕地资源分布的主要区域，区域经济、社会和自然条件相对较好。根据前述分析，耕地监管区是青海省土地违法违规行为的频发区。本区的土地督察问责工作的重点是严查违法违规占用耕地的行为，将耕地保护责任落实到政府主要负责人，因此，本区的问责办法包括督察业务中的全部有关问责的督察办法，包括耕地保护目标责任制督察、问责制督察、耕地保护政府负责人离任审计制度，既要全盘问责，又要重点问责。其中，耕地保护政府负责人离任审计制度主要于政府相关责任人离任前开展。

5.3.1.3 辅助办法

耕地保护监管区存在多类型的土地违法违规行为，且在发生时点上与常规督察办法的实施可能存在不一致性，需要辅以其他督察办法进行督察盲点的补充和完善。本区所采用的辅助办法包括土地巡察、预警督察、信访督察、遥感督察。土地巡察和信访督察可阶段性或全年开展，是多渠道提供关于土地违法违规行为信息的重要途径，重点督察区内违法违规占用耕地行为。预警督察和遥感督察采用的督察技术手段类似，但目的不同。预警督察以预防政府主要负责人被问责而开展的督察活动，重点预警耕地违法违规行为，根据实际需要进行开展；遥感督察以反映违法违规占用耕地行为的频发情况，根据实际需要进行开展。

5.3.2 城市发展监管区

青海省城市发展监管区包括西宁市城北区、城东区、城西区、城中区和大通县，城市发展及其扩张区域主要集中在此区域，其人口密度最大，人均耕地最少，可发展空间有限，地势相对较平坦，适合开发各类建设用地。因此，城市发展监管区是城市用地和工业用地集中、建设用地快速增加、土地违法违规行为高发的区域。从土地违法违规行为层面上来看，城市发展监管区与耕地保护监管区是统一整体的两个方面，土地违法违规行为的类型、分布、范围以及影响也主要集中在城市发展的周边区域，以非法占用耕地为主。因此，该区域采用常规办法、问责办法和辅助办法三管齐下的结合办法。

5.3.2.1 常规办法

城市发展监管区是青海省土地违法违规行为最为集中和普遍的区域，以新增建设用地占用耕地为主，同时与建设用地相关的各种违法违规行为普遍存在。因此，此区所采用的常规办法主要包括例行督察、土地管理形势分析报告、建设用地审批事项督察和专项督察。这 4 项土地督察业务涵盖该区域内的全部土地违法违规行为，包括土地违法违规行为的类型、范围、程度以及影响等，其中一个重要方面仍是督察违法违规占用耕地的行为。

5.3.2.2 问责办法

与耕地保护监管区相比，城市发展监管区的督察任务量更大、面更广、力度更强。青海省的新增城乡建设用地在该区域分布较多，土地督察问责工作的重点也由严查违法违规占用耕地的行为转向严查与建设用地有关的各类违法违规行为。因此，本区采用的问责办法包括督察业务中的全部有关问责的督察办法，开展以耕地保护目标责任制督察和问责制督察为主的问责办法，耕地保护政府负责人离任审计制度主要于政府相关责任人离任前开展。

5.3.2.3 辅助办法

城市发展监管区仍采用辅助的督察办法对区域内的各类土地违法违规行为进行监督和检查。本区所采用的辅助办法包括土地巡察、预警督察、信访督察、遥感督察，其中以遥感督察和预警督察为重要手段，采用分辨率相对较高的遥感图像根据需要阶段性地对区域内的土地利用变化情况进行对比监测，为及时发现和纠正土地违法违规行为服务。土地巡察和信访督察可阶段性或全年开展，是多渠道提供关于土地违法违规行为信息的重要途径，重点督察区内有关建设用地违法违规行为。

5.3.3 矿业发展监管区

青海省矿产资源集中分布在格尔木市（不含可可西里）、乌兰县、都兰县、大柴旦、茫崖和冷湖等县（市、州、区）。矿业发展监管区内耕地数量分布极少，项目用地分布零散，主要以工矿用地项目单独选址为主。因此，区内发生的土地违法违规行为主要以工矿用地违法违规为主，所采用的督察办法相对单一，力度相对较弱，但仍包括常规办法、问责办法和辅助办法。

5.3.3.1 常规办法

矿业发展监管区分布范围广、土地违法违规行为相对较为集中，且土地违法违规行为类型相对单一。因此，本区的督察任务无论在督察面上还是督察度上，都弱于耕地保护监管区和城市发展监管区。因此，此区选用的常规督察办法具有一定的针对性，主要包括土地管理形势分析报告、建设用地审批事项督察和专项督察，例行督察在本区不再开展。这3项土地督察业务侧重监督检查区内关于工矿用地的违法违规行为，其中，土地管理形势分析报告用于宏观把握督察区内的土地利用情况，其他两项督察业务根据区内需要有针对性地开展。

5.3.3.2 问责办法

矿业发展监管区耕地分布极少，且违法违规占用耕地行为已经不是区内的主要类型，因此，耕地保护目标责任制督察已无需作为此区的问责办法，主要通过问责制督察对区内各种违法违规行为进行监督检查，而耕地保护政府负责人离任审计制度主要于政府相关责任人离任前开展。

5.3.3.3 辅助办法

由于矿业发展监管区分布范围广，完全靠人力进行实地督察的可行性较低、效益成本较高，因此，本区的辅助办法主要以土地巡察、信访督察和遥感督察为主，其中，土地巡察的开展已不同于耕地保护监管区和城市发展监管区的阶段性开展，而是要全年适时开展。遥感督察在图像分辨率和监测周期方面均弱于耕地保护监管区和城市发展监管区，主要是通过遥感图像的对比分析，督察区内的违法违规行为。

5.3.4 生态保护监管区

生态保护监管区是青海省土地划区分级督察中分布面积最广的区域，主要以草地和未利用地为主，整体地势较高，自然环境较差，不适合农业和其他人类活动的开展。该区土地违法违规行为的数量、程度、影响在4区中最弱，项目用地分布零散，也主要以工矿用地项目、基础设施项目单独选址为主。因此，该区所采用的常规办法、问责办法和辅助办法与前述3区均有较大的差别。

5.3.4.1 常规办法

生态保护监管区分布范围广、土地违法违规行为少，且类型单一。因此，对此区土地违法违规行为的督察主要通过针对性强的督察方式和多渠道的督察方式开展，包括建设用地审批事项督察、土地巡察和信访督察。根据生态保护监管区的实际情况，主要的土地违法违规行为表现为建设项目非法占用土地，因此，建设用地审批事项督察作为此区的主要常规办法之一；不同于其他3区，土地巡察和信访督察在此区由辅助办法转变为常规办法，以多渠道反映区内土地违法违规行为，以减少土地督察人力、物力和财力的投入。

5.3.4.2 问责办法

生态保护监管区所采用的问责办法以问责制督察和耕地保护政府负责人离任审计制度为主。此区通过问责制督察对区内各类土地违法违规行为进行监督检查，耕地保护政府负责人离任审计制度主要于政府相关责任人离任前开展。

5.3.4.3 辅助办法

生态保护监管区的土地督察任务已经通过该区的常规办法基本完成，只需通过监察周期相对较长的遥感督察进行开展，以核查和弥补常规办法所无法涉及的土地违法违规行为。

5.3.5 差别化分区督察办法比较

差别化分区督察办法的选择基调均是按照常规办法、问责办法和辅助办法的分类。3种类型的督察办法各司其职，在各区内发挥不同的作用。常规办法主要以覆盖区内大部分土地违法违规行为为目的；问责办法主要针对区内有关土地违法违规行为问责情况；辅助办法主要以辅助常规办法全面覆盖区内土地违法违规行为为目的。根据各分区的土地利用特点和土地违法违规行为的情况，以完成各类型督察办法的目标为基础，确定差别化分区督察办法（表5.4）。

耕地保护监管区和城市发展区的土地违法违规行为类型复杂，且发生频率、发生范围和影响程度具有一致性，因此，两区选择相同的常规办法、问责办法和辅助办法。但是，由于城市发展监管区作为新增城乡建设用地的主要分布区域，土地违法违规行为频繁，除违法违规占用耕地外，还有诸多与建设用地违法违规行为相关的其他行为，因此，城市发展监管区内土地督察办法的执行力度和重要程度要比耕地保护监管区更大（表5.4）。

矿业发展监管区和生态保护监管区的差别化分区督察办法显著区别于耕地保护监管区和城市发展监管区，无论在督察办法的数量上还是力度上都有所降低。这两区已经无需开展例行督察，主要以建设用地审批事项督察为主。矿业发展监管区由于仍以建设用地违法违规占用土地为主，且矿产资源作为区域经济增长的主要动力之一，因此，仍需土地管理形势分析报告对整个区域内的土地利用情况进行全盘宏观把握。生态保护监管区人少地多的区域特点决定了土地巡察和信访督察作为其主要常规督察办法之一，多渠道地获取信息，督察区内土地违法违规行为（表5.4）。

表5.4 差别化分区督察办法比较

业务类型	耕地保护监管区	城市发展监管区	矿业发展监管区	生态保护监管区
例行督察	☆☆☆	☆☆☆	—	—
土地管理形势分析报告	☆☆	☆☆☆	☆	—
建设用地审批事项督察	☆☆	☆☆☆	☆☆	☆
专项督察	☆	☆	☆	—
耕地保护目标责任制督察	○○○	○○○	—	—
问责制督察	○○	○○○	○○	○
耕地保护政府负责人离任审计制度	○	○	○	○
土地巡察	△	△	△	☆
预警督察	△	△△	—	—
信访督察	△	△	△	☆
遥感督察	△△	△△△	△	△

注：①☆ 代表常规办法；○ 代表问责办法；△ 代表辅助办法；— 代表方法不适用。
②符号的数目代表该类型督察业务在所属类型区的重要程度。

由于青海省境内的部分县（市、区）处于两种不同类型区的过渡区域或兼顾两种类型区的共同特点。如城北区虽处于城市发展监管区，但其境内耕地资源分布相对较多，采用差别化督察办法时还应将耕地保护监管区的督察办法纳入参考；而大通县处于耕地保护监管区，但其作为西宁市区未来的发展规划区域，新增建设用地的扩张速度和规模将不断加大，因此，采用差别化督察办法时还应将城市发展监管区的督察办法纳入参考；德令哈市虽处于城市发展监管区，但其境内分布大面积的草地和未利用地，因此，采用差别化督察办法时还应参考生态保护监管区的督察办法；循化县处于耕地保护监管区，但同时又具有生态保护监管区的特征，采用差别化督察办法时应兼顾耕地保护监管区和生态保护监管区的土地利用和土地违法违规特点，突显两区的二重性。

5.4 差别化分级督察办法

差别化分级督察办法是根据以自然、社会、经济和土地利用状况等因素为评价基础的土地督察级别的差异，制定针对土地督察级别需要对土地违法违规行为进行监督检查的督察办法。差别化分级督察办法体现了土地督察办法的实施力度。根据前文所述分级结果，青海省土地督察级别共分为5个等级，即Ⅰ级、Ⅱ级、Ⅲ级、Ⅳ级和Ⅴ级，各土地督察级别根据级别情况，选择相应的土地督察办法，确定督察办法的实施力度。根据土地督察业务开展时间的不同，可分为周期性督察办法和适时性督察办法，以合理安排土地督察业务的选择和实施力度。周期性督察办法是指国家土地督察机构根据督察区域内的土地利用特点和土地违法违规行为的发生情况，以一定时间段为周期，对督察区域内的土地利用和管理的情况进行监督检查时所采用的办法。适时性督察办法是指国家土地督察机构在一定时间内，依据当年区域内土地利用和管理的实际情况，进行的非定期的或一次性的监督检查办法。

5.4.1 Ⅰ级督察区

Ⅰ级督察区在青海省覆盖县（市、区）最少，仅涵盖湟中县、民和县、互助县和城北区。该区主要分布在耕地保护监管区和城市发展监管区，耕地分布广，人口密度大，土地利用强度高，土地违法违规行为的频率、范围、影响程度最高，以建设用地违法违规行为和违法违规占用耕地行为为主。在该区内，各项土地督察业务均需开展，且以例行督察、审核督察和专项督察3项核心督察业务特别是例行督察为督察业务组合的核心，督察频度和督察力度在5个督察级别中最高。

5.4.1.1 周期性督察办法

Ⅰ级督察区的周期性督察办法包括例行督察、土地管理形势分析报告、建设用地审批事项督察、土地巡察和遥感督察。

例行督察主要监督检查区域内全部的土地违法违规行为，重点督察违法违规占用耕地行为。根据土地督察任务量的布置，合理安排督察工作的重点，做到有的放矢。由于该级别区内主要以建设用地和耕地之间的转换为主，因此，该级别区的督察工作应体现“短、高、快”（周期短、频度高、速度快），以2~3年为一个督察周期。由于受自然条件的限制，每年4~10月是青海省建设工期的时候，土地违法违规行为主要集中在这个时期，故本级别区的土地例行督察应安排在这段时期，有利于及时掌握土地利用与管理的最新动向及违法违规情况。

根据该级别区的土地利用特点，土地管理形势分析报告应作为此级别区的重点土地督察业务，主要用于宏观把握和分析区内的土地利用情况；同时青海省的监测点也应主要布置在这些区域。因此，Ⅰ级督察区土地管理形势分析报告以1次/季度为一个督察周期。每年4~10月是青海省土地利用最为活跃的时候，土地违法违规行为主要集中在这个时期，因此，本级别区的土地管理形势分析报告应以土地违法违规行为的高发时段为划分依据。

建设用地审批事项督察主要监督检查区内各类与建设用地相关的违法违规行为，与例行督察构成统一整体，起到互补的作用，即在未安排例行督察的年份应进行建设用地审批事项督察业务，保证至少2次/年。由于青海省的建设工期主要为4~10月，所以建设用地审批事项主要在这段时间内进行。

土地巡察是区内主要辅助督察办法之一，主要针对数据文件、会议资料等进行阶段性监督检查。此级别区以1次/季度为一个督察周期。受青海省建设工期的限制，本级别区土地巡察主要在每年4~10月内进行。

遥感督察在此区主要以高分辨率的遥感图像为基础数据，重点督察城市周边地区建设用地和耕地的变化。本级别区以1次/年为一个督察周期。由于青海省的建设工期主要为4~10月，因此，遥感督察应在建设工期的中后期进行。

5.4.1.2 适时性督察办法

Ⅰ级督察区的适时性督察办法包括专项督察、耕地保护目标责任制督察、问责制督察、预警督察、信访督察和耕地保护政府负责人离任审计制度。这6项土地督察业务的开展无特定要求，根据区内的实际情况进行适时开展。

专项督察是根据宏观土地政策的要求及突出问题进行有针对性地开展。其主要目的是监督检查各级别督察区内土地利用和管理中存在的突出性问题，及无需开展例行督察和建设用地事项督察区域的专项性问题。本级别区重点督察区内的违法违规占用耕地的行为，对于重大（及其以上）的土地违法违规行为要采用专项督察。根据区内实际情况，专项督察的任务艰巨，不定期开展的频度高，因此，具体开展时间应与周期性督察办法错开，根据具体需要开展。

耕地保护目标责任制督察和问责制督察的实施应与年度土地变更数据汇总相一致，于年度末期开展，对于重大土地违法违规行为，可进行实时实施。本级别区对政府相关责任人的问责，主要重点关注区内建设用地违法违规占用耕地的行为和耕地保护目标责任制的落实情况。

预警督察主要用于防止政府相关责任人被问责，在进行耕地保护目标责任制督察和问责制督察、遥感督察启动之前而开展的督察业务。本级别区土地违法违规行为发生频繁，影响范围大，影响程度深，因此，本级别区对预警督察的开展频度和力度要求相对较高，根据需要有针对性地开展，以问责督察业务开展前的一定时段进行，为预留土地违法违规行为整改时间。

信访督察贯穿全年督察工作始末，设立专人专管、分类统计，督察群众反映的共性问题及难点、重点问题。本级别区应对反映违法违规占用耕地行为的群众信件进行专项管理和统计，结合实际情况，重点处理此类土地违法违规行为。

耕地保护政府负责人离任审计制度以政府主要责任人离任时间为依据，无年度限制，适时开展。

5.4.2 Ⅱ级督察区

Ⅱ级督察区跨耕地保护监管区、城市发展监管区和矿业发展监管区。此级别区的土地违法违规行为的频率、范围、影响程度低于Ⅰ级督察区但高于Ⅲ级督察区，也主要以建设用地违法违规行为和违法违规占用耕地行为为主，但工矿用地违法违规行为也成为此区的一个重要督察任务。在该区内，各项土地督察业务均需开展，且以例行督察、审核督察和专项督察3项核心督察业务特别是例行督察为督察业务组合的核心，督察频度和督察力度在5个督察级别中总体居于第二位。

5.4.2.1 周期性督察办法

Ⅱ级督察区的周期性督察办法包括例行督察、土地管理形势分析报告、建设用地审批事项督察、土地巡察和遥感督察。

该级别区的例行督察周期应根据实际情况需要，以Ⅰ级督察区的例行督察周期年限为下限，以一个“五年计划”规划周期年限为上限，设定Ⅱ级督察区例行督察以3～5年为一个督察周期。本级别区的例行督察也应同步于建设工期，即每年4～10月开展。

Ⅱ级督察区的土地利用活动也相对较为活跃，因此，土地管理形势分析报告对于督察区内土地利用与管理工作有积极作用。因此，本级别区土地管理形势分析报告以1次/半年为一个督察周期。根据青海省每年4～10月的建设工程期，本级别区土地管理形势分析报告的实施应在每年的年初、年中执行。

Ⅱ级督察区的周期性督察办法以例行督察为主，但其周期相对较长，因此，本级别区建设用地审批事项督察亦即补充例行督察未涉及的年份，即在未安排例行督察的年份应重点进行建设用地审批事项督察业务，保证至少1～2次/年。考虑青海省每年4～10月的建设工期，该级别区该项业务的开展也应在此阶段进行。

土地巡察仍是本级别区内主要辅助督察办法之一，但其执行周期长于Ⅰ级督察区的土地巡察，以1次/半年为一个督察周期。由于青海省的建设工期主要为4～10月，因此，一年两次的土地巡察工作应合理安排，避开周期性督察办法的开展时间，以周期性督察办法的间隔期为开展依据。

遥感督察在此区主要以高分辨率的遥感图像为基础数据，重点督察城市周边地区城乡建设用地、耕地以及工矿用地的变化。此级别区土地管理形势分析报告以1次/1～2年为一个督察周期。由于青海省的建设工期主要为4～10月，因此，遥感督察应在项目集中的建设工期的中后期进行。

5.4.2.2 适时性督察办法

Ⅱ级督察区的适时性督察办法包括专项督察、耕地保护目标责任制督察、问责制督察、预警督察、信访督察和耕地保护政府负责人离任审计制度。这6项土地督察业务的开展无特定要求，根据区内的实际情况进行适时开展。

Ⅱ级督察区重点除了督察区内的违法违规占用耕地的行为，还将重点督察工矿用地的违法违规行为，对于重大（及其以上）的土地违法违规行为要采用专项督察。本级别区的土地违法违规行为的发生频率和影响程度总体低于Ⅰ级督察区，但工矿用地的违法违规行为成为该区的另一个工作重点。由于该区的周期性督察办法在周期上和力度上总体弱于Ⅰ级督察区，因此，专项督察的任务仍然艰巨，不定期开展的频度高，开展时间也应与周期性督察办法错开，根据具体需要开展。

耕地保护目标责任制督察和问责制督察的实施应与年度土地变更数据汇总相一致，于年度末期开展，对于重大土地违法违规行为，可进行实时实施。本级别区对政府相关责任人的问责，主要重点关注区内建设用地违法违规占用耕地行为以及工矿用地违法违规性行为。

Ⅱ级督察区预警督察主要在耕地保护监管区和城市发展监管区开展。由于矿业发展监管区内的项目选址零散，不以大批量形式出现，且区内耕地分布极少，因此，本级别区属于矿业发展监管区的县级行政区，无需开展预警督察。预警督察的开展在问责督察业务开展前的一定时段内进行。

Ⅱ级督察区信访督察贯穿全年督察工作始末，仍需设立专人专管、分类统计督察群众反映的共性问题及难点、重点问题。根据土地违法违规行为的督察客体差异（如城乡建设用地、耕地、工矿用地等），对群众来访信件进行分类管理和统计，有选择性地处理土地违法违规行为。

耕地保护政府负责人离任审计制度以政府主要责任人离任时间为依据，无年度限制，适时开展。

5.4.3 Ⅲ级督察区

Ⅲ级督察区主要分布于耕地保护监管区、城市发展监管区和生态保护监管区。此级别区的土地违法违规行为发生的频率、范围、影响程度在耕地保护监管区和城市发展监管区较高，这是由于此二区是建设用地违法违规占用耕地的集中区域；而此级别区在生态保护监管区处于最高督察级别的区域，这与生态保护监管区的土地利用特点和土地违法违规特点紧密相关。由于该级别区主要以建设用地违法违规占用耕地为主，因此，在该区内，各项土地督察业务均需开展，主要区别表现在督察周期和督察力度的差异。

5.4.3.1 周期性督察办法

Ⅲ级督察区的周期性督察办法包括例行督察、土地管理形势分析报告、建设用地审批事项督察、土地巡察和遥感督察。

Ⅲ级督察区的例行督察是必须但非重点的督察办法，因此，Ⅲ级督察区的例行督察周期与一个“五年计划”规划周期相一致，以5年为一个督察周期。本级别区的例行督察也应同步于建设工期，即每年4～10月开展。

Ⅲ级督察区除了建设用地违法违规占用耕地行为外，还突出表现为违法违规占用生态用地行为。因此，土地管理形势分析报告可以从宏观上把握全区的土地利用和土地违法违规行为，以1次/1～2年为一个督察周期，应于青海省每年4～10月的建设工程期为参考进行开展。

Ⅲ级督察区的例行督察以5年为一个周期，其周期时间较长，虽可全面监督检查区内的各类土地违法违规行为，但对于不开展例行督察年份则延迟土地违法违规行为的纠正和整改，因此，在未安排例行督察的年份应进行建设用地审批事项督察业务，保证1次/年。考虑青海省每年4～10月的建设工期，该区该项业务的开展也应在此阶段进行。

Ⅲ级督察区的土地违法违规行为无论在发生频率还是影响程度方面，均表现出减弱趋势，因此，该级别区土地巡察以1次/年为一个督察周期。由于青海省的建设工期主要为4～10月，因此，土地巡察工作应避开周期性督察办法的开展时间，在建设工期的中后期开展。

Ⅲ级督察区的督察工作重点逐渐由违法违规占用耕地向违法违规占用生态用地转变，因此，该区主要以高分辨率或低分辨率的遥感图像为基础数据，根据督察任务需要确定遥感图像的分辨率，督察周期为1次/2～3年。由于青海省的建设工期主要为4～10月，因此，遥感督察应在建设工期的中后期进行。

5.4.3.2 适时性督察办法

Ⅲ级督察区的适时性督察办法也包括专项督察、耕地保护目标责任制督察、问责制督察、预警督察、信访督察和耕地保护政府负责人离任审计制度。这6项土地督察业务的开展无特定要求，根据区内的实际情况进行适时开展。

Ⅲ级督察区的专项督察工作主要根据区内的实际土地利用特点和土地违法违规特点而开展。对于耕地保护监管区和城市发展监管区内的重大（及其以上）的土地违法违规行为应采用专项督察；由于生态保护监管区内的土地违法违规行为几乎不呈现连片发生情况，因此，在生态保护监管区的本级别区内无需开展专项督察工作。本级别区内需要开展专项督察工作的县（市、州、区）应根据区内需要，适时开展专项督察，开展时间应与周期性督察办法错开。

根据Ⅲ级督察区的土地利用特点和土地督察客体的差异，耕地保护目标责任制督察在耕地保护监管区和城市发展监管区开展，而在生态保护监管区无需开展。问责制督察开展时间应与年度土地变更数据汇总相一致，于年度末期开展，对于重大土地违法违规行为，可进行适时实施。

预警督察在本级别区内的作用已经不明显，仍主要用于耕地保护监管区和城市发展监管区的土地违法违规行为，于问责督察业务开展前的一定时段进行。对于生态保护监管区而言，本级别区内的土地违法违规行为很少达到问责界线，因此，预警督察在生态保护监管区无需开展。

Ⅲ级督察区的信访督察贯穿全年督察工作始末，仍需设立专人专管、分类统计，督察群众反映的共性问题及难点、重点问题。根据本级别区土地违法违规行为类别的差异，对群众来访信件进行分类管理和统计，有选择性地处理土地违法违规行为。

耕地保护政府负责人离任审计制度以政府主要责任人离任时间为依据，无年度限制，适时开展。

5.4.4 Ⅳ级督察区

Ⅳ级督察区内的土地违法违规行为的频率、范围、影响程度相对较低，与Ⅰ级、Ⅱ级和Ⅲ级督察区的土地违法违规情况有较大的差异，主要分布在矿业发展监管区和生态保护监管区。根据土地督察业务开展时间的不同，仍包括周期性督察办法和适时性督察办法。

5.4.4.1 周期性督察办法

Ⅳ级周期性督察办法仅包括土地管理形势分析报告和遥感督察。

土地管理形势分析报告作为宏观把握和分析区内的土地利用情况的主要督察业务，应根据实际情况进行周期性开展。与Ⅰ级、Ⅱ级和Ⅲ级督察区相比，由于此区内土地违法违规行为的发生频率和发生范围均较低，因此，土地管理形势分析报告的开展周期加长，Ⅳ级督察区以1次/2～3年为一个督察周期。此级别区的土地利用活动开展较少，并非集中在特定年份的特定时间段内，因此，此区的土地管理形势分析报告应该在周期性时段内根据实际情况开展。

Ⅳ级督察区主要分布在矿业发展监管区和生态保护监管区，人少地袤是该区的自然特点，土地违法违规行为较少，因此，该区无需开展全面的或大规模的督察业务，遥感督察通过先进的技术手段，可从遥感图像处理，反映各分级别区内的土地利用变化情况，监督检查土地违法违规行为。Ⅳ级督察区采用低分辨率、低成本的遥感数据即可满足督察需要，以1次/3～5年为一个督察周期。由于青海省的建设工期主要为4～10月，因此，遥感督察应在土地利用活动相对活跃年份的建设工期的中后期进行。

5.4.4.2 适时性督察办法

Ⅳ级督察区的适时性督察办法包括建设用地审批事项督察、专项督察、问责制督察、土地巡察和信访督察。

建设用地审批事项督察的开展主要集中在土地利用活动和土地违法违规行为相对集中年份的4～10月，根据需要适时开展，主要督察区内各类与建设用地相关的违法违规行为，适时开展。

在Ⅳ级督察区进行专项督察的必要性已经相对较弱，主要监督检查此级内土地利用和管理中存在的突出性问题，具体开展时间根据具体需要开展。

Ⅳ级督察区内违法违规占用耕地的行为已不是重点，且量少度轻，因此，根据区内的实际情况，适时实施问责制督察即可满足区域土地违法违规行为问责的需要。问责制督察的开展时间以区内的土地违法违规行为的发生频率、范围和程度而定。

土地巡察和信访督察在Ⅳ级督察区内作为主要的督察办法，通过多渠道获取土地违法违规信息进行监督检查，贯穿全年督察工作始末，根据工作需要集中地或阶段性地对土地违法违规行为进行处理。

5.4.5 Ⅴ级督察区

Ⅴ级督察区内的土地违法违规行为的频率、范围、影响程度最低，与前4级督察区的土地违法违规情况差异较大，集中分布于生态保护监管区。根据土地督察业务开展时间的不同，此级别区包括周期性督察办法和适时性督察办法。

5.4.5.1 周期性督察办法

Ⅴ级督察区的周期性督察办法主要包括土地管理形势分析报告和遥感督察。

土地管理形势分析报告作为宏观把握和分析区内的土地利用情况的主要督察业务，在Ⅴ级督察区内仍需开展，仅是督察周期变长，以1次/3～5年为一个督察周期，与一个“五年计划”规划周期对接。Ⅴ级督察区的土地利用活动开展极少，并非集中在特定年份的特定时间段内，因此，此区的土地管理形势分析报告应该在周期性时段内根据实际情况开展。

Ⅴ级督察区的各类土地违法违规行为很少，因此，该区无需开展全面的或大规模的督察业务，遥感督察通过先进的技术手段，可借助遥感图像处理监督检查土地违法违规行为。Ⅴ级督察区采用低分辨率、低成本的遥感数据即可满足督察需要，以1次/5～10年为一个督察周期，与《土地调查条例》（国务院令第518号）要求中的10年进行一次全面调查的最低要求对接。由于青海省的建设工期主要为4～10月，因此，遥感督察应在土地利用活动相对活跃年份的建设工期的中后期进行。

5.4.5.2 适时性督察办法

Ⅴ级督察区的适时性督察办法仅包括问责制督察、土地巡察和信访督察。

Ⅴ级督察区内土地利用主要以生态用地为主，土地违法违规行为量少度轻，因此，适时开展问责制督察即可满足区域土地违法违规行为问责的需要。问责制督察的开展时间以分级别区内的土地违法违规行为的发生频率、范围和程度而定，全面问责与区内各类土地违法违规行为相关的政府责任人。

土地巡察和信访督察是Ⅴ级督察区内的主要督察办法。青海省人少地袤的区域特点决定该级别区无需开展诸如例行督察这样的需调用大量人力、物力和财力的督察业务，因此，土地巡察和信访督察可多渠道获取有关土地违法违规行为的信息。此二项督察业务应贯穿全年督察工作始末，根据工作需要集中地或阶段性地对土地违法违规行为进行处理。

5.4.6　差别化分级督察办法比较

差别化分级督察办法的选择基调均是按照周期性督察办法和适时性督察办法的分类。两种类型的督察办法在各级别区内的开展时间和督察任务不同，发挥的作用也不同。周期性督察办法主要依据各级别区内土地违法违规行为的特点，而设定督察办法实施的周期。适时性督察办法主要依据各级别区内的土地违法违规行为集中发生的时段而开展，主要辅以监督检查周期性督察办法中所未完成或未涉及的土地违法违规行为。

例行督察由于其覆盖面广，涉及级别区内的各类土地违法违规行为的督察任务，因此，对于土地活动相对不活跃的Ⅳ级和Ⅴ级督察区，例行督察无需开展。在Ⅰ级、Ⅱ级和Ⅲ级督察区内依据区域土地利用特点和实际需要分别进行以2~3年、3~5年、5年为一个督察周期的开展。土地管理形势分析报告能够宏观把握全区土地利用情况，反映区域内潜在和可能的土地违法违规行为，因此，在各级别区内均需编制土地管理形势分析报告，周期以每季度至每3~5年开展一次不等。建设用地审批事项督察和土地巡察在Ⅰ级、Ⅱ级和Ⅲ级督察区内是例行督察的有效补充，定期开展，在Ⅳ级督察区依据建设用地违法违规行为的情况适时开展，在Ⅴ级督察区无需开展。遥感督察在各级别区内均需开展，以高分辨率和低分辨率两种遥感图像为主，以每1年至每5~10年开展一次的不等周期进行开展。

专项督察、耕地保护目标责任制督察、问责制督察和预警督察的开展均以各分级别区内的土地利用特点和土地违法违规行为情况而定。由于土地违法违规行为在Ⅳ级和Ⅴ级督察区的发生频率和影响程度均较低，因此，耕地保护目标责任制督察和预警督察无需开展，而在Ⅴ级督察区也无需进行专项督察工作。耕地保护政府负责人离任审计制度的督察客体是耕地，问责对象是政府相关负责人。而在Ⅳ级和Ⅴ级督察区内的耕地资源分布极少，违法违规占用耕地的行为极少，即使违法违规行为存在，其违法违规面积也极少，因此，在此两区内无需开展耕地保护政府负责人离任审计制度，可在问责制督察有所体现。信访督察由于其特殊的工作流程性质，在各分级别区内均需全年开展，但可分阶段和分存在问题性质集中处理土地违法违规行为。差别化分级督察办法比较如表5.5所示，此办法不体现类型区的特点，若在各类型区内制定分级督察办法，可对表中督察办法进行适当调整。

表 5.5 差别化分级督察办法比较

业务类型	Ⅰ级	Ⅱ级	Ⅲ级	Ⅳ级	Ⅴ级
例行督察	2~3 年	3~5 年	5 年	—	—
土地管理形势分析报告	1 次/季度	1 次/半年	1 次/1~2 年	1 次/2~3 年	1 次/3~5 年
建设用地审批事项督察	未安排例行督察的年份，保证至少 2 次/年	未安排例行督察的年份，保证至少 1~2 次/年	未安排例行督察的年份，保证 1 次/年	适时开展	—
专项督察	适时开展	适时开展	适时开展	适时开展	—
耕地保护目标责任制督察	适时开展	适时开展	适时开展	—	—
问责制督察	适时开展	适时开展	适时开展	适时开展	适时开展
耕地保护政府负责人离任审计制度	离任前	离任前	离任前	—	—
土地巡察	1 次/季度	1 次/半年	1 次/年	全年开展	全年开展
预警督察	适时开展	适时开展	适时开展	—	—
信访督察	全年开展	全年开展	全年开展	全年开展	全年开展
遥感督察	1 次/年，高分辨率	1 次/1~2 年，高分辨率	1 次/2~3 年，高（低）分辨率	1 次/3~5 年，低分辨率	1 次/5~10 年，低分辨率

5.5 差别化综合土地督察办法

差别化综合土地督察办法是在土地划区、分级的基础上，结合现有土地督察业务分析，针对不同土地督察类型区和不同土地督察级别在经济、社会、自然地域背景及土地管理与利用等方面特征的不同，分别研究提出不同的土地督察办法，然后根据土地督察类型区和土地督察级别，进一步分析制定适合不同类型区和不同督察级的差别化综合土地督察办法。根据前述划区分级结果、前述的各监管区的土地利用和违法违规特点以及土地督察方法的特点，差别化土地督察办法选择主要体现了土地督察划区结果，差别化土地督察办法实施力度主要体现了土地督察分级结果。

5.5.1 耕地保护监管区

根据前述分析，耕地保护监管区是青海省土地违法违规行为的频发区。而且

《国务院办公厅关于建立国家土地督察制度有关问题的通知》（国办发〔2006〕50号）指出，国家土地督察的主要任务是督察违法违规占用耕地和基本农田的行为。因此，耕地保护监管区是青海省整个土地督察工作的重点。

常规办法中以例行督察最为重要，其次是土地管理形势分析报告和建设用地审批事项督察，专项督察是其他常规办法的补充办法；问责办法中以耕地保护目标责任制督察最为重要，其次是问责制督察，耕地保护政府负责人离任审计制度主要依据政府相关责任人的离任情况而定；辅助办法以遥感督察最为重要，土地巡察、预警督察和信访督察作为全面督察区内土地违法违规行为的有效补充。耕地保护监管区内监督级别主要涵盖Ⅰ级、Ⅱ级和Ⅲ级督察。此区内的差别化综合督察办法见表5.6。

表5.6 青海省耕地保护监管区分级督察办法

<table>
<tr><th rowspan="2">级别</th><th rowspan="2" colspan="2">办法选择</th><th colspan="2">办法实施</th></tr>
<tr><th>差别办法</th><th>共性办法</th></tr>
<tr><td rowspan="3">Ⅰ级</td><td>常规办法</td><td>例行督察、土地管理形势分析报告、建设用地审批事项督察、专项督察</td><td rowspan="3">①例行督察每2~3年全面覆盖1次；
②土地管理形势分析报告1次/季度；
③遥感督察采用高分辨率遥感图像，1次/年；
④土地巡察1次/季度</td><td rowspan="9">①未安排例行督察的年份，要保证建设用地审批事项督察（至少）1次/年；
②突出性问题安排专项督察；
③适时开展耕地保护目标责任制督察、问责制督察；
④政府相关责任人离任前开展耕地保护政府负责人离任审计制度；
⑤根据需要开展预警督察；
⑥全年开展信访督察</td></tr>
<tr><td>问责办法</td><td>耕地保护目标责任制督察、问责制督察、耕地保护政府负责人离任审计制度</td></tr>
<tr><td>辅助办法</td><td>预警督察、信访督察、遥感督察</td></tr>
<tr><td rowspan="3">Ⅱ级</td><td>常规办法</td><td>例行督察、土地管理形势分析报告、建设用地审批事项督察、专项督察</td><td rowspan="3">①例行督察每3~5年全面覆盖1次；
②土地管理形势分析报告1次/半年；
③遥感督察采用高分辨率遥感图像，1次/1~2年；
④土地巡察1次/半年</td></tr>
<tr><td>问责办法</td><td>耕地保护目标责任制督察、问责制督察、耕地保护政府负责人离任审计制度</td></tr>
<tr><td>辅助办法</td><td>预警督察、信访督察、遥感督察</td></tr>
<tr><td rowspan="3">Ⅲ级</td><td>常规办法</td><td>例行督察、土地管理形势分析报告、建设用地审批事项督察、专项督察</td><td rowspan="3">①例行督察每5年全面覆盖1次；
②土地管理形势分析报告1次/1~2年；
③遥感督察采用高或低分辨率遥感图像，1次/2~3年；
④土地巡察1次/年</td></tr>
<tr><td>问责办法</td><td>耕地保护目标责任制督察、问责制督察、耕地保护政府负责人离任审计制度</td></tr>
<tr><td>辅助办法</td><td>预警督察、信访督察、遥感督察</td></tr>
</table>

5.5.2 城市发展监管区

根据前述分析，城市发展监管区是青海省土地违法违规行为的高发区。随着城镇化和工业化进程的推进，人口的膨胀和迁入迁出，此区域作为青海省未来经济发展的核心区域，各类用地对土地的需求将增大。因此，城市发展监管区是青海省整个土地督察工作的核心部分。

由于城市发展监管区比耕地保护监管区的更容易发生土地违法违规行为，因此，城市发展监管区的督察办法实施力度整体比耕地保护监管区要大。常规办法中以例行督察、土地管理形势分析报告和建设用地审批事项督察并重，三管齐下督察区内土地违法违规行为，专项督察是其他常规办法的补充办法；问责办法中耕地保护目标责任制督察和问责制督察双管齐下，侧重点不同，全盘问责，而耕地保护政府负责人离任审计制度主要依据政府相关责任人的离任情况而定；辅助办法仍以遥感督察最为重要，但预警督察作为的作用更为明显，土地巡察和信访督察作为全面督察区内土地违法违规行为的有效补充。城市发展监管区内与耕地保护监管区的主要督察任务大致相同，但督察任务范围更广，其监督级别主要涵盖Ⅰ级、Ⅱ级和Ⅲ级督察。此区内的差别化综合督察办法见表5.7。

表5.7　青海省城市发展监管区分级督察办法

<table>
<tr><th rowspan="2">级别</th><th rowspan="2" colspan="2">办法选择</th><th colspan="2">办法实施</th></tr>
<tr><th>差别办法</th><th>共性办法</th></tr>
<tr><td rowspan="3">Ⅰ级</td><td>常规办法</td><td>例行督察、土地管理形势分析报告、建设用地审批事项督察、专项督察</td><td rowspan="3">①例行督察每2～3年全面覆盖1次；
②土地管理形势分析报告1次/季度；
③遥感督察采用高分辨率遥感图像，1次/年；
④土地巡察1次/季度</td><td rowspan="9">①未安排例行督察的年份，要保证建设用地审批事项督察（至少）1次/年；
②突出性问题安排专项督察；
③适时开展耕地保护目标责任制督察、问责制督察；
④政府相关责任人离任前开展耕地保护政府负责人离任审计制度；
⑤根据需要开展预警督察；
⑥全年开展信访督察</td></tr>
<tr><td>问责办法</td><td>耕地保护目标责任制督察、问责制督察、耕地保护政府负责人离任审计制度</td></tr>
<tr><td>辅助办法</td><td>预警督察、信访督察、遥感督察</td></tr>
<tr><td rowspan="3">Ⅱ级</td><td>常规办法</td><td>例行督察、土地管理形势分析报告、建设用地审批事项督察、专项督察</td><td rowspan="3">①例行督察每3～5年全面覆盖1次；
②土地管理形势分析报告1次/半年；
③遥感督察采用高分辨率遥感图像，1次/1～2年；
④土地巡察1次/半年</td></tr>
<tr><td>问责办法</td><td>耕地保护目标责任制督察、问责制督察、耕地保护政府负责人离任审计制度</td></tr>
<tr><td>辅助办法</td><td>预警督察、信访督察、遥感督察</td></tr>
<tr><td rowspan="3">Ⅲ级</td><td>常规办法</td><td>例行督察、土地管理形势分析报告、建设用地审批事项督察、专项督察</td><td rowspan="3">①例行督察每5年全面覆盖1次；
②土地管理形势分析报告1次/1～2年；
③遥感督察采用高或低分辨率遥感图像，1次/2～3年；
④土地巡察1次/年</td></tr>
<tr><td>问责办法</td><td>耕地保护目标责任制督察、问责制督察、耕地保护政府负责人离任审计制度</td></tr>
<tr><td>辅助办法</td><td>预警督察、信访督察、遥感督察</td></tr>
</table>

5.5.3 矿业发展监管区

根据前述分析，矿业发展监管区是青海省资源和能源生产和供应的区域。由于该区面积较大，但矿产资源开采相对集中，有针对性的差别化土地督察办法作用明显。矿业发展监管区的土地违法违规行为单一，且违法违规频率和影响范围均较弱，因此，所采用的督察办法均弱于耕地保护监管区和城市发展监管区。

在4个监管区内，其土地违法违规行为相对较少，因此，在此区无需安排例行督察，以建设用地审批事项督察、土地管理形势分析报告和专项督察互补的结合方式为主要手段，以解决土地利用、管理中存在的违法违规和突出问题；其次，此区域几乎没有违法违规占用耕地的行为，且该区域的耕地分布极少，故不安排耕地保护目标责任制督察，仅安排问责制督察为主、耕地保护政府负责人离任审计制度为辅的问责办法来全面反映问责情况。青海省矿业发展监管区内监督级别主要涵盖Ⅱ级和Ⅳ级督察，为方便日后级别的更新，本书将Ⅲ级督察一并分析。此区内的差别化综合督察办法见表5.8。

表5.8 青海省矿业发展监管区分级督察办法

<table>
<tr><th rowspan="2">级别</th><th rowspan="2" colspan="2">办法选择</th><th colspan="2">办法实施</th></tr>
<tr><th>差别办法</th><th>共性办法</th></tr>
<tr><td rowspan="3">Ⅱ级</td><td>常规办法</td><td>土地管理形势分析报告、建设用地审批事项督察、专项督察</td><td rowspan="3">①建设用地审批事项督察1次/年；
②土地管理形势分析报告1次/年；
③遥感督察采用低分辨率遥感图像，1次/1~2年</td><td rowspan="9">①突出性问题安排专项督察；
②适时开展问责制督察；
③政府相关责任人离任前开展耕地保护政府负责人离任审计制度；
④根据需要开展预警督察；
⑤全年开展土地巡察
⑥全年开展信访督察</td></tr>
<tr><td>问责办法</td><td>问责制督察、耕地保护政府负责人离任审计制度</td></tr>
<tr><td>辅助办法</td><td>预警督察、信访督察、遥感督察</td></tr>
<tr><td rowspan="3">Ⅲ级</td><td>常规办法</td><td>土地管理形势分析报告、建设用地审批事项督察、专项督察</td><td rowspan="3">①土地管理形势分析报告1次/1~2年；
②根据实际情况开展建设用地审批事项督察；
③遥感督察采用低分辨率遥感图像，1次/2~3年</td></tr>
<tr><td>问责办法</td><td>问责制督察、耕地保护政府负责人离任审计制度</td></tr>
<tr><td>辅助办法</td><td>预警督察、信访督察、遥感督察</td></tr>
<tr><td rowspan="3">Ⅳ级</td><td>常规办法</td><td>土地管理形势分析报告、建设用地审批事项督察、专项督察</td><td rowspan="3">①土地管理形势分析报告1次/2~3年；
②根据实际情况开展建设用地审批事项督察；
③遥感督察采用低分辨率遥感图像，1次/3~5年</td></tr>
<tr><td>问责办法</td><td>问责制督察、耕地保护政府负责人离任审计制度</td></tr>
<tr><td>辅助办法</td><td>预警督察、信访督察、遥感督察</td></tr>
</table>

5.5.4 生态保护监管区

生态保护监管区的面积最为广阔，主要由草地、林地组成，是青海省生态功能保护的主要区域。由于该区面积较大，土地利用类型相对单一，且违法的次数和面积处于相对较低水平，因此，生态保护监管区的差别化土地督察办法类型相对单一，所采用的督察办法在4区中最弱。

生态保护监管区的土地违法违规行为最少，且发生频率低、范围小，影响程度轻，因此，本区的常规办法只需安排建设用地审批事项督察、土地管理形式分析报告、土地巡察和信访督察，多渠道地相互补充，全面督察检查区域内各类土地违法违规行为；问责办法以问责制督察为主、耕地保护政府负责人离任审计制度为辅，全面问责与各类土地违法违规行为相关的政府负责人；辅助办法以遥感督察为主。生态保护监管区内监督级别主要涵盖Ⅲ级、Ⅳ级和Ⅴ级督察。此区内的差别化综合督察办法见表5.9。

表5.9 青海省生态保护监管区分级督察办法

<table>
<tr><th rowspan="2">级别</th><th rowspan="2" colspan="2">办法选择</th><th colspan="2">办法实施</th></tr>
<tr><th>差别办法</th><th>共性办法</th></tr>
<tr><td rowspan="3">Ⅲ级</td><td>常规办法</td><td>建设用地审批事项督察、土地管理形势分析报告、土地巡察、信访督察</td><td rowspan="3">①建设用地审批事项督察1次/年；
②土地管理形势分析报告1次/1～2年；
③遥感督察采用低分辨率遥感图像，1次/2～3年</td><td rowspan="9">①全年开展土地巡察；
②全年开展信访督察；
③适时开展问责制督察；
④政府相关责任人离任前开展耕地保护政府负责人离任审计制度</td></tr>
<tr><td>问责办法</td><td>问责制督察、耕地保护政府负责人离任审计制度</td></tr>
<tr><td>辅助办法</td><td>遥感督察</td></tr>
<tr><td rowspan="3">Ⅳ级</td><td>常规办法</td><td>土地管理形势分析报告、土地巡察、信访督察</td><td rowspan="3">①土地管理形势分析报告1次/2～3年；
②遥感督察采用低分辨率遥感图像，1次/3～5年</td></tr>
<tr><td>问责办法</td><td>问责制督察、耕地保护政府负责人离任审计制度</td></tr>
<tr><td>辅助办法</td><td>遥感督察</td></tr>
<tr><td rowspan="3">Ⅴ级</td><td>常规办法</td><td>土地管理形势分析报告、土地巡察、信访督察</td><td rowspan="3">①土地管理形势分析报告1次/3～5年；
②遥感督察采用低分辨率遥感图像，1次/5～10年</td></tr>
<tr><td>问责办法</td><td>问责制督察、耕地保护政府负责人离任审计制度</td></tr>
<tr><td>辅助办法</td><td>遥感督察</td></tr>
</table>

5.6 差别化土地督察办法实施效果展望

通过对青海省土地划区分级督察试点研究，根据研究结果和对结果的分析可以看出在青海省实施土地划区分级督察具有现实可行性。针对各类型区、级别区自然经济地理和经济社会的发展、土地管理与利用的不同特点，通过差异化督察办法的制定，为各类型区内不同级别区的土地督察一一安排了相应的督察业务，为整个青海省的土地督察工作的开展提供了高效、可行的指导意见。

5.6.1 宏观效果

（1）指导思想——重在“土地利用合法化”。随着青海省经济发展、城市化和工业化推进、人口膨胀，土地违法违规行为主要发生在城镇周边区域、耕地区域，因此，土地督察的重点是督察区内可控的新增建设用地、耕地、违法用地的总量。通过差别化土地督察办法的制定和实施，有针对性地督察土地违法违规行为，推进土地利用的合法化。

（2）制定目标——重在“土地督察高效化”。青海省面积广袤，但人口稀少，且集中分布，若全区采用相同的土地督察方式，必然消耗人力、物力和财力而造成浪费，因此，差异化督察办法的发展目标是实现区域的分级和分区督察，有目的地开展土地督察工作，提高土地督察效率。

（3）实施方法——重在“土地督察方式分区划”。青海省实际的自然环境和社会经济特点，决定了不同区域应采用不同的督察方法以及不同的组合方式。各种督察业务应合理配合、相互协调，形成一套系统性的业务流程，体现土地督察方式分区划。

5.6.2 微观效果

5.6.2.1 督察业务实施范围

根据研究成果，在青海省实行划区分级督察后，其工作业务量将会大幅度地减少。由表5.10中数据显示，青海省的督察工作重点主要集中于耕地保护监管区和城市发展监管区，精减到15个县（市、州、区）；在矿业发展监管区和生态保护监管区的督察业务也大幅减少，无需开展例行督察、预警督察和耕地保护目标责任制督察等业务；主要开展建设用地审批事项督察、土地巡察、信访督察等督察业务为主的督察方式。同时，各分区内的各类督察业务也依据不同级别，对其执行频率、力度和主要目的作了原则性和方向性的规定。

5.6.2.2 督察业务实施投入

督察办法的差别化一方面体现在督察办法的选择层面上，一方面体现在所选督察办法的实施力度层面上。

表 5.10　青海省差别化土地督察办法制定效果比较表

督察业务	耕地保护监管区			城市发展监管区			矿业发展监管区			生态保护监管区			开展的县（市、州、区）	
	Ⅰ级	Ⅱ级	Ⅲ级	Ⅰ级	Ⅱ级	Ⅲ级	Ⅱ级	Ⅲ级	Ⅳ级	Ⅲ级	Ⅳ级	Ⅴ级	数目/个	比例/%
例行督察	√	√	√	√	√	√	×	—	×	×	×	×	15	31.91
土地管理形势分析报告	√	√	√	√	√	√	√	—	√	√	√	√	47	100
建设用地审批事项督察	√	√	√	√	√	√	√	—	√	√	×	×	26	55.32
专项督察	√	√	√	√	√	√	√	—	√	×	×	×	21	44.68
耕地保护目标责任制督察	√	√	√	√	√	√	×	—	×	×	×	×	15	31.91
问责制督察	√	√	√	√	√	√	√	—	√	√	√	√	47	100
耕地保护政府负责人离任审计制度	√	√	√	√	√	√	√	—	√	√	√	√	47	100
土地巡察	√	√	√	√	√	√	√	—	√	√	√	√	47	100
预警督察	√	√	√	√	√	√	×	—	×	×	×	×	15	31.91
信访督察	√	√	√	√	√	√	√	—	√	√	√	√	47	100
遥感督察	√	√	√	√	√	√	√	—	√	√	√	√	47	100

注：√表示需要开展此项督察业务；×表示无需开展此项督察业务；—表示青海省无区域属于此级别。

针对不同类型区不同督察级别的土地利用特点和土地违法违规行为情况，以督察客体为依据可选用全面督察办法或分类督察办法，以督察内容为依据可选用综合管理目标督察办法、宏观调控目标督察办法或耕地保护目标督察办法，以适用情形为依据可选用以“地”问责督察办法或以“人”问责督察办法。以不同依据选择督察办法，针对性更强，督察目标更为明确，达到事半功倍的效果，从而有效降低了督察业务的实施投入，包括人力、物力和财力的投入。如信访督察在耕地保护监管区、城市发展监管区和生态保护监管区作为辅助督察办法，而在生态保护监管区却作为常规办法。究其原因，是因为各类型区的区域特点差异，使得督察办法在督察体系中角色发生变化，向更优化、更经济、更实用的方向转变。可见，督察办法的差别化选择有效降低了非重点督察区域对督察业务的需求，强化了督察工作的针对性和各督察业务的目标性，将督察业务实施投入压至最优值。

即使是全省均需开展的土地督察业务，如建设用地审批督察、土地巡察、信访督察、问责制督察、耕地保护政府负责人离任审计制度和遥感督察等，也在办法的实施重要性、主次地位以及执行力度方面有显著差异。如建设用地审批事项督察办法在Ⅰ级、Ⅱ级督察级别区满足至少1次/年，在Ⅲ级督察级别区满足1次/年，在Ⅳ级督察级别区根据实际需要适时开展，而在Ⅴ级督察级别区则无需开展。同种督察办法的执行力度一定程度上反映了区域特点，使其在不同类型区和督察级别区内开展得恰当好处，既完成了督察工作规定的任务，又节约了督察工作成本，将督察业务实施投入压至最低值。

5.6.2.3 督察业务实施产出

督察业务实施产出主要以督察范围和督察目标进行表示，其主要体现在“全、异、准、优”4个字。“全”体现差别化督察办法的实施涵盖区域内的全部土地利用和管理工作，通过常规办法、问责办法和辅助办法的搭配将区域内督察盲点扫除；“异”体现差别化督察办法的实施在不同类型区和不同督察级别区有所差异，客观反映不同督察办法的主次地位，并差别化开展督察工作；“准”是体现差别化土地督察办法实施产出的核心内容，通过准确捕获土地违法违规信息，有针对性和效力性地监督检查土地违法违规行为；“优”是体现差别化土地督察办法实施产出的另一项核心内容，强调督察办法的优化配置，通过对不同督察业务特点和作用效果的分析，主次分明、优劣搭配，采用切实可行的督察办法组合，概括之，督察业务实施产出既全面解决督察区内各类土地利用和管理问题，又避免不必要的人力、物力和财力的损失。

5.6.3 实施效果综合比较

针对4类监管区的土地利用特点和土地违法违规特点，对其督察方法的实施做一个简要的概括，具体结果如表5.11所示。

表 5.11　青海省差别化土地督察办法

分区	区域特点	督察办法		
		差别办法	共性办法	执行力度
耕地保护监管区	此区共包含10个县（市、区），主要分布在海东盆地地区，为青海省的耕地集中分布地区和新增建设用地主要分布区。土地督察级别整体较高，包括Ⅰ级、Ⅱ级和Ⅲ级3个级别。2008年违法用地面积占青海省总违法用地面积的30.03%，违法用地频次为83次。青海省主要的违法占用耕地集中在此区，是青海省的重点督察区	①例行督察每3~5年全面覆盖1次； ②土地管理形势分析报告每1季度至2年开展1次； ③遥感督察采用以高分辨率遥感图像为主，低分辨率遥感图像为辅，每1~3年开展1次； ④土地巡察每季度至1年开展1次	①未安排例行督察的年份，要保证建设用地审批事项督察（至少）1次/年； ②突出性问题安排专项督察； ③适时开展耕地保护目标责任制督察、问责制督察； ④政府相关责任人离任前开展耕地保护政府负责人离任审计制度； ⑤根据需要开展预警督察； ⑥全年开展信访督察	☆☆☆☆
城市发展监管区	此区共包含5个县（市、区），主要分布在海东盆地地区，为青海省的主要社会经济活动中心且经济发展迅速。土地督察级别整体最高，包括Ⅰ级、Ⅱ级和Ⅲ级3个级别。2008年违法用地面积占青海省总违法用地面积的41.75%，违法用地频次为31次。青海省主要的违法占用建设用地和耕地集中在此区，是青海省的重点督察区	①例行督察每3~5年全面覆盖1次； ②土地管理形势分析报告每1季度至2年开展1次； ③遥感督察采用以高分辨率遥感图像为主，低分辨率遥感图像为辅，每1~3年开展1次； ④土地巡察每季度至1年开展1次	①未安排例行督察的年份，要保证建设用地审批事项督察（至少）1次/年； ②突出性问题安排专项督察； ③适时开展耕地保护目标责任制督察、问责制督察； ④政府相关责任人离任前开展耕地保护政府负责人离任审计制度； ⑤根据需要开展预警督察； ⑥全年开展信访督察	☆☆☆☆☆
矿业发展监管区	此区共包含6个县（市、区），为青海省的矿产资源开采集中地区。土地督察级别整体较低，包括Ⅱ级和Ⅳ级两个级别。2008年违法用地面积占青海省总违法用地面积的0.33%，违法用地频次为10次。此区是发生土地违法违规最少区域	①级别较高区域建设用地审批事项督察1次/1年，级别较低区域根据需要适时开展； ②土地管理形势分析报告每1~3年开展1次； ③遥感督察采用以低分辨率遥感图像为主，每2~5年开展1次	①全年开展土地巡察； ②全年开展信访督察； ③适时开展问责制督察； ④政府相关责任人离任前开展耕地保护政府负责人离任审计制度	☆☆
生态保护监管区	此区共包含26个县（市、区），主要土地利用类型为未利用地、草地和林地，耕地资源很少。土地督察级别整体最低，包括Ⅲ级、Ⅳ级和Ⅴ级3个级别。2008年违法用地面积占青海省总违法用地面积的27.89%，违法用地频次为18次，但土地违法违规行为集中发生在少数县（市、区）	①级别较高区域建设用地审批事项督察1次/年，级别较低区域无需开展； ②土地管理形势分析报告每1~5年开展1次； ③遥感督察采用以低分辨率遥感图像为主，每2~10年开展1次	①全年开展土地巡察； ②全年开展信访督察； ③适时开展问责制督察； ④政府相关责任人离任前开展耕地保护政府负责人离任审计制度	☆

注：“☆”越多表示该区差别化土地督察办法的整体执行力度越强。

6 土地划区分级督察绩效考核

土地划区分级督察绩效是指国家土地督察局及其工作人员采用划区分级的土地督察方法从事土地督察活动而取得的土地督察活动效率和效益的提高。主要包括以下 3 个方面：一是土地督察工作效果的提高，即督察区的地方人民政府及土地行政主管部门土地管理与利用工作的改善；二是土地督察工作效率的提高，即土地督察工作的针对性增强，完成既定土地督察工作、实现既定土地督察目标的速度加快；三是土地督察本身所投入的单位人力、物力及财力的节约，即实施划区分级督察带来的土地督察效益的提高。从本质上讲，督察绩效是一种特殊的投入与产出的比率关系，是由土地督察所产生的社会效益和经济效益的综合反映。因此，土地划区分级督察绩效即为因采用划区分级督察带来的土地督察效果、效率和效益的提升。

6.1 考核的必要性与研究意义

行政效率是现代行政管理实践的核心问题，它既是行政管理的出发点，又是行政管理的归宿，贯穿于行政管理活动的全过程。不断提高行政效率，改善行政效能是行政管理实践的一个重要目标。土地督察是国家行政管理体系的一个分支，土地督察绩效的评估对于检验土地督察的效果，及时检查地方人民政府和土地行政主管部门的工作成果，促进土地督察工作的开展，改进和完善土地管理工作的方式和方法具有重要的意义。土地划区分级督察作为土地督察工作的一个新的尝试，理论上和技术上都有很强的现实可行性，预期会较大幅度地提高土地督察工作的效果、效率和效益。实践是检验真理的唯一标准，因此，对土地划区分级督察的绩效进行评估，建立一套切实可行的督察绩效评估指标体系和评价方法对土地划区分级督察的工作效果进行检验具有十分重要的意义。同时，划区分级督察绩效评估的结果是土地划区分级督察工作在西北乃至全国推广的重要依据。

严格保护耕地、提高土地节约集约利用水平是土地管理工作的基本任务，也是土地督察工作的基本方向和基本要求。严格控制建设用地占用耕地，努力提高建设用地节约集约利用水平，严守 18 亿亩耕地红线，保证群众的基本生活、粮食安全和社会稳定，对内关系到长治久安，对外关系到能否与其他国家和谐相处，是必须完成、没有退路的目标任务。国家土地督察机构在这个环节中肩负着非常重要的历史使命，在实现土地有效合理利用、保护耕地这个目标中起着一个承上启下的作用。国家土地管理和督察政策执行效果的好坏直接关系到我国18亿亩耕地红线能否保得住。而土地督察工作方式方法的创新与探索，提高土地督察的工作效率和工作成效是实现国家土地督察工作目标的根本保证。土地划区分级督察对于提高土地督察的效率和效益具有十分重要的现实意义，而土地划区分级督察绩效评价是检验土地划区分级督察工作效果和改进完善土地划区分级督察工作的有效措施，具有十分重要的意义。

土地划区分级督察可以提高督察的成效、效率和效益，主要表现在以下几个方面。

（1）因地制宜、科学督察，提高督察成效。目前，我国的经济格局主要以行政主导方式进行区分。以行政区经济为主导的体制，使各级政府按照行政辖区进行空间开发和产业布局，形成自成一体、相对独立的产业和经济体系。加之各地自然条件、资源禀赋、社会经济发展阶段和区域发展战略定位的差异，为提升土地管理的针对性，必须形成与之相对应的土地管理方式和政策。因此，需要因地制宜、分类督察，才能监管好耕地，落实国家调控政策，促进区域协调发展。土地划区分级督察为差别化的土地督察方式，为强化督察的针对性提供了可行性基础。

（2）细化工作目标、实行目标管理，提高督察工作的可执行性。开展土地督察分区，实行按级管理细化了督察工作目标。土地督察的划区分级过程也就是一个总工作目标细化的过程，而目标分解和目标细化是现代行政管理的一个重点。通过对土地督察机构工作目标的细化到各督察区与各督察级、实行目标管理，提高督察工作的可执行性，是督察目标实现的有力保障。

（3）突出督察重点，提高督察效率。考虑到目前国家土地督察机构的督察人员有限、督察范围广、督察任务重的客观现实，督察工作必须突出重点，主要是突出督察的重点区域和督察的重点工作目标。土地督察的划区分级工作有效地提炼了督察的重点区域，同时通过土地督察绩效评价，根据评价结果的反馈可以合理地安排督察工作的重点。

（4）提高土地督察的针对性，节约督察成本。通过土地督察划区分级、土地督察预警、土地督察绩效评价等工作合理有效地确定土地督察的重点区域，在开展例行督察、卫片督察、建设用地审批事项督察和其他专项督察时，就可根据督察级别的高低、督察绩效分值的高低合理地安排督察的空间布局和开展督察工作的时间频率，提高督察工作的针对性。如在开展卫片督察时，就可根据划区分级、督察预警和绩效评价的结果合理地安排卫片督察的范围和督察的频率，缩减卫片督察覆盖的范围而有效节约卫片督察的成本。

（5）通过督察绩效评价及时反馈督察工作效果。土地划区分级督察绩效评价是对国家土地督察机构的督察工作和地方人民政府、土地行政主管部门土地管理工作成果的及时反馈。通过开展督察绩效考核工作，根据各区各级督察绩效考核的分值可以很直观地反映被督察地方政府和土地行政主管部门的土地管理工作的绩效，从而决定是否应该加大土地督察的力度。在进行督察绩效评估的同时，也可通过对各督察指标的考核，及时发现督察工作中存在的问题和各地方政府土地利用和管理工作中存在的苗头性、倾向性问题和薄弱环节。

6.2 考核基本要求

6.2.1 评价单元的确定

以县级行政单元作为划区分级督察绩效评价的最小单元，主要基于以下 3 个方面的考虑。

（1）保持行政单元的整体性。土地划区分级督察绩效评价属于监督绩效评价的一个部分，因此，最小评价单元的确定应该满足行政区划的完整性。

（2）保证评价的可操作性。目前，县级国土资源局是我国最末一级完整的土地行政主管部门，因此，反映土地督察效果的各项数据都应以县级行政单元作为基础来收集的。为了保证土地划区分级督察绩效评价的可操作性，评价单元的确定最小不能突破县级行政单元。

（3）保证绩效评价结果的针对性和可应用性。划区分级督察绩效评价的最终目的在于验证实行差异化土地督察的优越性、及时检验地方政府和土地行政主管部门的土地管理成果，并根据绩效评价的结果不断总结完善土地划区分级的督察方法。因此，评价单元过大（如以地级市作为评价的最小单元）不利于发现土地管理中和土地划区分级督察过程中存在的具体问题。同时，土地划区分级督察绩效评价的结果也可以作为考核地方政府和土地行政主管部门土地管理绩效的一个参考，所以评价单元过大不利于成果的应用。

6.2.2 评价周期的确定

以一年期作为划区分级督察绩效评价的最小周期。

6.3 考核主要内容

现代行政绩效考核指标的选取方法有范围法、目标法、任务法、部门法、问题法、因果法和复合法等。根据各方法的特点，经综合分析后，划区分级督察绩效评估指标体系的选取采用任务法，即根据土地划区分级督察的主要工作任务，在每项任务下选取若干指标。在分析土地划区分级督察的主要工作任务之前，首先来分析土地督察的主要工作任务，结合土地督察的主要工作目标，为保护耕地、提高建设用地节约集约利用水平和落实中央土地调控政策和国家产业政策，根据《国家土地督察条例》（征求意见稿）、《国务院办公厅关于建立国家土地督察制度有关问题的通知》（国办发〔2006〕50号）、《国家土地督察机构工作规范（修订）》、《农用地转用和土地征收审批事项督察办法》等有关规定，土地督察主要有如下工作任务。

（1）监督检查省、自治区、直辖市和计划单列市人民政府主要负责人对耕地保有量、基本农田保护面积、土地利用规划和年度计划执行等负总责和耕地保护责任目标落实情况。

（2）监督检查省、自治区、直辖市和计划单列市人民政府执行土地管理法律法规和落实宏观调控政策的情况。

（3）监督检查地方人民政府土地执法问责制落实情况。

（4）监督检查省、自治区、直辖市和计划单列市的土地利用方向、布局、强度、效率等情况。

土地划区分级督察作为土地督察工作方式方法的一种创新，两者存在明显的被包含与包含的关系，因此，土地督察的主要工作任务同样是土地划区分级督察的主要工作任务。然而，土地划区分级督察作为一种新的督察理念，它注重差异化的督察方式方法，强调督察的针对性，最终目的在于更好、更快地完成土地督察的主要工作任务。可见，除普遍意义上的督察任务之外，土地划区分级督察的目的还包括提高土地督察工作的效率，降低土地督察的成本，更好地完成土地督察的工作任务，完善土地管理工作现有的方式方法等。

土地督察绩效考核指标体系的基本内容与主要工作任务相对应，主要包括3个部分。

（1）监督检查省级及计划单列市人民政府耕地保护责任目标的落实情况，主要是监督检查耕地保护责任目标的分解下达、执行、考核及相关制度建设情况，特别是监督地方各级人民政府主要负责人对本行政区域内耕地保有量和基本农田保护面积、土地利用总体规划和年度计划执行情况负总责制度的落实情况。

（2）监督检查省级及计划单列市人民政府贯彻中央关于运用土地政策参与宏观调控要求情况，主要是督促地方人民政府严格执行国家产业政策、土地供应政策等。

（3）推进土地政策的完善，通过调查研究土地管理中带苗头性的问题，总结各地典型经验，向省级和计划单列市人民政府提出合理意见、建议。

6.4 考核指标体系构成与量化

6.4.1 选取原则

土地划区分级督察绩效考核指标选取所遵循的原则如下。

（1）客观全面原则。评估指标的制定，既要真实反映地方政府土地管理工作绩效的改善和被督察地区经济效益的提高，又要反映土地划区分级督察所带来的投入产出效益的提高。

（2）一致性原则。包括两方面内容：①土地划区分级督察绩效评估指标要与土地管理报备考核指标相衔接。主要是绩效评估指标与各种土地管理报备考核指标的数量、范围和口径方面要相互协调，以此为基础，合理确定划区分级督察绩效评估指标。这样绩效评估指标的基础数据容易取得，同时有利于增强土地管理体系的相关度。②部分督察绩效的核心评估指标值或权重值要与现行的土地政策规定一致，特别是与有关的量化政策规定一致。如被督察地区的耕地、基本农田的实际保有量不得低于上级政府下达的最低指标值；违法用地占新增建设用地的比例不得超过15%。这是实施政府土地管理问责制的核心指标。

（3）针对性原则。根据土地督察的职责，土地督察的主要任务包括耕地保护、土地执法监管、监管建设用地“批、供、用”及监督土地管理法律法规、产业政策和土地调控政策的执行落实等多个土地管理方面的工作。因此，土地督察工作具有任务量大、涉及面广等特点。在进行土地划区分级督察绩效评价指标选取时，难以覆盖土地督察工作任务的各个方面，否则只会导致评价工作的不可操作性或是影响评价结果的准确性。因此，在划区分级督察绩效评价指标的选取时要突出土地划区分级督察的重点工作目标和差异化土地督察方式的优越性。

6.4.2 指标构成

土地划区分级督察绩效评估指标体系必须要根据国家土地督察机构的职责、职权，是否体现差异化督察的优越性，绩效评估的可行性、准确性等来确定。

考虑到划区分级督察工作的参与主体有两方，一是国家土地督察局，二是省、自治区、直辖市和计划单列市人民政府和土地主管部门。两个主体在督察工作中处于督察和被督察的地位，两方属于一个矛盾体的两个具体方面。因此，在进行土地划区分级督察绩效评价时，不但要评价被督察主体的绩效，也有必要针对督察主体建立一套绩效评价指标。在此基础上，针对督察机构和被督察人民政府土地行政主管部门分别建立了督察权行使绩效评价指标和划区分级督察绩效评价指标。

在计算土地划区分级督察绩效考核分值时，本书采取的办法是在考核实行土地划区分级督察前后督察效率、效益和效果的提高，而且设置了一套督察权行使绩效考核指标用来考核在实行土地划区分级督察的基础上，督察机构对督察区域一定时期内的土地“批、供、用、补、查”等情况中存在的土地违法情况掌握程度的提高状况。

两套指标分别在确定之后分别计算它们的分值，最终得到的考核分值有两个，一是督察权行使绩效分值，二是划区分级督察绩效考核分值。既获得划区分级督察绩效的评估分值，也获得实行土地划区分级督察以后督察权行使绩效的一个分值，两者综合反映了实现土地划区分级督察的效果，然后在既定的目标下，进行一个督察工作任务的合理安排。

6.4.2.1　督察权行使绩效考核指标

本书所选用的督察权行使绩效考核指标主要依据国家土地督察机构发现的土地违法违规行为发生的类别和数量确定，包括发现地方违法用地面积的增加比例，发现地方重大土地违法案件的增加数，发现地方政府制定的违反上位法律法规的规章制度数目的增加数，发现地方补充耕地数（含耕地开垦费）和补划基本农田数尚未到位数的增加比例，以及发现地方年度实际新增建设用地数超过年度供地计划数目的增加比例。对督察权行使绩效考核指标分值的确定以 0 分为基准分，等级间隔分值主要以 1 分为主，亦即考核指标每变化一个等级单位，总分增加 1 分。其中，对于发现地方重大土地违法案件，无论在督察力度上，还是督察难度上，国家土地督察机构均需投入更多的人力、物力和财力；同时，为便于时间纵轴的差异性比较，对于该项指标，等级间隔分值取 2 分。各项指标累加分值越大越好，各项指标具体赋予分值办法如下。

（1）国家土地督察机构发现地方违法用地面积的增加比例。具体计算方式为以未实行土地划区分级督察前发现的违法用地面积作分母（假定分母不为 0），以实行土地划区分级督察以后发现的违法用地面积作分子，两者进行相除，比值每比 100% 高出一个百分点，即得 1 分（R_1）。

（2）国家土地督察机构发现地方重大土地违法案件的增加数。重大违法案件是指违法用地面积较大或其他土地违法案件造成严重后果的。具体计算方式为以未实行土地划区分级督察前发现的重大土地违法案件数作为比较的基数，实行土地划区分级督察以后发现的重大违法案件数每增加一起，即得 2 分（R_2）。

（3）国家土地督察机构发现地方政府制定的违反上位法律法规的规章制度数目的增加数。具体的计算方式为以未实行土地划区分级督察前发现的违法规章制度数目作为比较的基数，实行土地划区分级督察以后发现的违法规章制度数目每增加一起，即得 1 分（R_3）。

（4）国家土地督察机构发现地方补充耕地数（含耕地开垦费）和补划基本农田数尚未到位数的增加比例。具体计算方式为以未实行土地划区分级督察前发现的尚未到位数作分母（假定分母不为0），以实行土地划区分级督察以后发现的尚未到位数作分子，两者进行相除，比值每比100%高出一个百分点，即得1分（R_4）。

（5）国家土地督察机构发现地方年度实际新增建设用地数超过年度供地计划数目的增加比例。具体计算方式为以未实行土地划区分级督察前发现的超标数作分母（假定分母不为0），以实行土地划区分级督察以后发现的超标数作分子，两者进行相除，比值每比100%高出一个百分点，即得1分（R_5）。

6.4.2.2 划区分级督察绩效评价指标

考虑到督察力量有限且督察指标过多不利于实际操作，因此，在进行划区分级督察绩效评估时，指标的选取不宜过多。基于本章前述研究，根据指标的重要程度和数据获取的难易程度，具体指标选取及解释见表6.1。

表6.1 划区分级督察绩效评价指标体系

准则	指标	指标解释
督察效果	违法占用耕地面积占新增建设用地占用耕地面积比例变化	主要反映被督察地区土地执法监察力度和耕地保护管理水平的重要指标，是实行土地管理问责制的核心指标，对实行土地划区分级督察前后的违法占用耕地面积占新增建设用地占用耕地面积的比例进行对比，对于土地划区分级督察实施评价具有重要的意义。当违法占用耕地面积占新增建设用地占用耕地总面积的比例达到15%以上，要实行问责
	补充耕地和基本农田的实际到位比例变化	它是实行耕地占补平衡制度的标志性指标，对实行土地划区分级督察前后的补充耕地数和基本农田的实际到位数比例进行对比，对于土地划区分级督察实施评价具有重要的意义。其主要内容是指核查涉及占用耕地和基本农田项目的补充耕地（含缴纳耕地开垦费）和补划基本农田实际到位数、尚未补充到位数在实行土地划区分级督察前后的变化情况
	对土地违法违规案件的群众信访接收与处理次数变化	主要反映的是对群众举报的土地违法违规案件的接收和处理次数。对实行土地划区分级督察前后的土地违法执法情况和群众信访的次数、处理情况进行对比，对于土地划区分级督察的实施评价具有重要的意义，是体现土地划区分级督察效果提高的指标
	督察权行使反馈改善	主要包括被督察地方人民政府土地执法问责制落实情况，被督察地方人民政府和土地行政主管部门对国家土地督察局发出的《国家土地督察建议》、《国家土地督察纠正意见》和《国家土地督察整改意见》等的落实情况，这个指标主要用来说明被督察区域对督察局发出的督察意见和建议的落实情况。对实行土地划区分级督察前后的地方人民政府和土地行政主管部门对督察局发出的督察意见和建议的实际落实情况进行对比，对于土地划区分级督察实施评价具有重要的意义，体现了土地划区分级督察效果的提高
	年度督察土地违法违规立案率变化	是指对土地违法违规案件立案的数量相对于土地违法违规总次数的百分比，反映的是对土地违法违规现象的查处情况，立案率越高，说明督察力度越大，督察效果越高
	年度督察土地违法违规案件结案率变化	是指对土地违法违规案件结案的数量相对于土地违法违规案件总数量的百分比，反映的是对土地违法违规案件的处理情况，结案率越高，说明督察力度越大，督察效果越高

续表

准则	指标	指标解释
督察效率	督察土地违法违规案件的平均响应时间变化	是指土地违法违规案件的发生到督察发现平均经历的时间。主要反映督察对土地违法违规案件发现的速度，速度越快，说明督察效率越高
	督察土地违法违规案件平均整改时间变化	是指土地违法违规案件的发现到整改平均经历的时间。主要反映督察对土地违法违规案件处理的速度。速度越快，说明督察力度越大，效率越高
督察效益	年度督察资金投入变化	这里所指的督察资金是广义上的，不但包括督察的货币投入，也包括督察的物资投入。最终的计算方法，是把各种督察的物资投入折算为货币投入。督察局实行土地划区分级督察前后年度督察资金投入情况的对比是反映督察效益提高的重要指标，对于土地划区分级督察的实施评价具有重要的意义
	年度督察人力投入变化	是指年度督察人员去督察区域开展土地督察工作的总人次，是反映督察效益的重要指标。对实行土地划区分级督察前后的年度督察人力投入情况进行对比，对于土地划区分级督察的实施评价具有重要的意义

6.4.3 督察权行使绩效考核分值计算

督察权行使绩效考核分值的计算方式采用累积相加的方法，即对各督察权行使绩效考核指标分值累计相加（表6.2）。设指标 R_x 相对应的分值为 V_x，督察权行使绩效考核指标的总分值为 V_0，则督察权行使绩效考核指标的总分值即为：

$$V_0 = V_1 + V_2 + V_3 + V_4 + V_5 \qquad \text{（式6.1）}$$

表6.2 土地督察权行使绩效评价

目标层	指标层（R_x）	分数（V_x）
土地督察权行使绩效考核	R_1	V_1
	R_2	V_2
	R_3	V_3
	R_4	V_4
	R_5	V_5

注：R_1 为国家土地督察局发现地方违法用地面积的增加比例；
R_2 为国家土地督察局发现地方重大土地违法案件的增加数；
R_3 为国家土地督察局发现地方政府制定的违反上层法律法规的规章制度数目的增加数；
R_4 为国家土地督察局发现地方补充耕地数（含耕地开垦费）和补划基本农田数尚未到位数的增加比例；
R_5 为国家土地督察局发现地方年度实际新增建设用地数超过年度供地计划数目的增加比例。

6.4.4 划区分级督察绩效考核分值计算

6.4.4.1 考核指标权重的计算

权重的确定采用的是因素成对比较法和层次分析法相结合的办法，即在用层次分析法之前，先用因素成对比较法初步确定各绩效考核指标的权重，然后再用层次分析法测定各绩效考核指标的权重，最后结合两种方法的测定结果确定绩效考核指标的权重。权重测定结果如表 6.3 所示。

表 6.3 划区分级督察绩效评价指标体系权重

目标层	准则层	权重/%	指标层	权重/%
督察绩效（A）	督察效果（B_1）	69.36	违法占用耕地面积占新增建设用地占用耕地面积比例（C_1）	12.17
			补充耕地和基本农田的实际到位比例（C_2）	13.60
			对土地违法违规案件的群众信访有效接收次数与处理率（C_3）	11.20
			督察权行使反馈（C_4）	10.35
			年度督察土地违法违规立案率（C_5）	10.37
			年度督察土地违法违规案件结案率（C_6）	11.67
	督察效率（B_2）	15.32	督察土地违法违规案件的平均响应时间（C_7）	10.21
			督察土地违法违规案件平均整改时间（C_8）	5.11
	督察效益（B_3）	15.32	年度督察资金投入（C_9）	7.66
			年度督察人力投入（C_{10}）	7.66

6.4.4.2 考核指标的量化

（1）指标 C_1 的量化方式采用的是加分与扣分相结合的规则，即设在实行土地划区分级督察前后违法占用耕地面积占新增建设用地占用耕地面积的比例没有变化，C_1 的得分为 60 分。如果在实行土地划区分级督察以后，违法占用耕地面积占新增建设用地占用耕地面积的比例每降低一个百分点，C_1 即在原有得分基础上加 2 分。如果在实行土地划区分级督察以后，违法占用耕地面积占新增建设用地占用耕地面积的比例有增无减，违法占用耕地面积占新增建设用地占用耕地面积的比例每多增加一个百分点，C_1 即在原有得分基础上扣 2 分。分值最高不能超过 100 分，最低不能为负。具体计算公式：

$$G_1 = 60 + \frac{\Delta O}{O_0} \times 100\% \times 2 = 60 + \frac{O_0 - O_1}{O_0} \times 100\% \times 2 \qquad (式 6.2)$$

式中：G_1 为指标 C_1 的最后得分；O_0 为实行土地划区分级督察前违法占用耕地面积占新增建设用地占用耕地面积的比例；O_1 为实行土地划区分级督察后违法占用耕地面积占新增建设用地占用耕地面积的比例。

（2）指标 C_2 的量化方式采用的是加分与扣分相结合的规则，即设在实行土地划区分级督察前后补充耕地和基本农田的实际到位比例没有变化，C_2 的得分为 60 分。如果在实行土地划区分级督察以后，补充耕地和基本农田的实际到位比例每上升一个百分点，C_2 即在原有得分基础上加 2 分。如果在实行土地划区分级督察以后，补充耕地和基本农田的实际到位比例有减无增，补充耕地和基本农田的实际到位比例每降低一个百分点，C_2 即在原有得分基础上扣 2 分。分值最高不能超过 100 分，最低不能为负。具体计算公式：

$$G_2 = 60 + \left(\frac{P'_1}{P_1} - \frac{P'_0}{P_0}\right) \times 2 \qquad （式 6.3）$$

式中：G_2 为指标 C_2 的最后得分；P_0 为实行土地划区分级督察前年度所需补充耕地数（含缴纳耕地开垦费）和补划基本农田数之和；P'_0 为实行土地划区分级督察前年度实际补充耕地数（含缴纳耕地开垦费）和补划基本农田数之和；P_1 为实行土地划区分级督察后年度所需补充耕地数（含缴纳耕地开垦费）和补划基本农田数之和；P'_1 为实行土地划区分级督察后年度实际补充耕地数（含缴纳耕地开垦费）和补划基本农田数之和。

（3）指标 C_3 的量化方式采用的是加分与扣分相结合的规则，即设在实行土地划区分级督察前后群众信访接受次数和处理次数没有变化，C_3 的得分为 60 分。如果在实行土地划区分级督察以后，群众信访有效接受次数每减少一次，C_3 即在原有得分基础上加 2 分；群众越级上访有效接受次数每减少一次，C_3 即在原有得分基础上加 2.5 分。群众信访的有效处理率每提高一个百分点，C_3 即在原有得分基础上加 2 分。如果在实行土地划区分级督察以后，群众信访有效接受次数每增加一次，C_3 即在原有得分基础上扣 2 分；群众越级上访有效接受次数每增加一次，C_3 即在原有得分基础上扣 2.5 分；群众信访的有效处理率每降低一个百分比，C_3 即在原有得分基础上扣 2 分。分值最高不能超过 100 分，最低不能为负。

（4）指标 C_4 的量化方式采用的是加分与扣分相结合的规则，即设在实行土地划区分级督察前后督察权行使反馈没有变化，C_4 的得分为 60 分。如果在实行土地划区分级督察以后，督察权行使反馈每增加一次正面的反馈，C_4 即在原有得分基础上加 2 分。如果在实行土地划区分级督察以后，督察权行使反馈每增加一次负面的反馈，C_4 即在原有得分基础上扣 2 分。

（5）指标 C_5 的量化方式采用的是加分与扣分相结合的规则，即设在实行土地划区分级督察前后年度督察土地违法违规立案率没有变化，C_5 的得分为 60 分。如果在实行土地划区分级督察以后，年度督察土地违法违规立案率每提高一个百分比，C_5 即在原有得分基础上加 2 分。如果在实行土地划区分级督察以后，年度督察土地违法违规立案率每降低一个百分比，C_5 即在原有得分基础上扣 2 分。

（6）指标 C_6 的量化方式采用的是加分与扣分相结合的规则，即设在实行土地划区分级督察前后年度督察土地违法违规案件结案率没有变化，C_6 的得分为 60 分。如果在实行土地划区分级督察以后，年度督察土地违法违规案件结案率每提高一个百分点，C_6 即在原有得分基础上加 2 分。如果在实行土地划区分级督察以后，年度督察土地违法违规案件结案率每降低一个百分点，C_6 即在原有得分基础上扣 2 分。

（7）指标 C_7 的量化方式采用的是加分与扣分相结合的规则，即设在实行土地划区分级督察前后督察土地违法违规案件的平均响应时间没有变化，C_7 的得分为 60 分。如果在实行土地划区分级督察以后，督察土地违法违规案件的平均响应时间每降低一个百分点，C_7 即在原有得分基础上加 2 分。如果在实行土地划区分级督察以后，督察土地违法违规案件的平均响应时间每提高一个百分点，C_7 即在原有得分基础上扣 2 分。

$$G_7 = 60 + \frac{\Delta R}{R_0} \times 2 = 60 + \frac{R_0 - R_1}{R_0} \times 2 \qquad \text{（式 6.4）}$$

式中：G_7 为指标 C_7 的最后得分；R_0 为实行土地划区分级督察前督察土地违法违规案件的平均响应时间；R_1 为实行土地划区分级督察后督察土地违法违规案件的平均响应时间。

（8）指标 C_8 的量化方式采用的是加分与扣分相结合的规则，即设在实行土地划区分级督察前后督察土地违法违规案件平均整改时间没有变化，C_8 的得分为 60 分。如果在实行土地划区分级督察以后，督察土地违法违规案件平均整改时间每降低一个百分点，C_8 即在原有得分基础上加 2 分。如果在实行土地划区分级督察以后，督察土地违法违规案件平均整改时间每提高一个百分点，C_8 即在原有得分基础上扣 2 分。

$$G_8 = 60 + \frac{\Delta R'}{R'_0} \times 2 = 60 + \frac{R'_0 - R'_1}{R'_0} \times 2 \qquad \text{（式 6.5）}$$

式中：G_8 为指标 C_8 的最后得分；R'_0 为实行土地划区分级督察前督察土地违法违规案件平均整改时间；R'_1 为实行土地划区分级督察后督察土地违法违规案件平均整改时间。

（9）指标 C_9 的量化方式采用的是加分与扣分相结合的规则，即设在实行土地划区分级督察前后督察资金的使用量没有变化，C_9 的得分为 60 分。如果在实行土地划区分级督察以后，督察资金的节省比例每上升一个百分点，C_9 即在原有得分基础上加 2 分。如果在实行土地划区分级督察以后，督察资金使用量有增无减，督察资金的使用量每多增加一个百分点，C_9 即在原有得分基础上扣 2 分。分值最高不能超过 100 分，最低不能为负。具体计算公式：

$$G_9 = 60 + \frac{\Delta M}{M_0} \times 2 = 60 + \frac{M_0 - M_1}{M_0} \times 2 \qquad \text{（式 6.6）}$$

式中：G_9 为指标 C_9 的最后得分；M_0 为实行土地划区分级督察前的资金投入量；M_1 为实行土地划区分级督察后的资金投入量。

（10）指标 C_{10} 的量化方式采用的是加分与扣分相结合的规则，即设在实行土地划区分级督察前后督察人力资源的使用量没有变化，C_{10} 的得分为 60 分。如果在实行土地划区分级督察以后，督察人力资源的节省比例每上升一个百分点，C_{10} 即在原有得分基础上加 2 分。如果在实行土地划区分级督察以后，督察人力资源使用量有增无减，督察人力资源的使用量每多增加一个百分点，C_{10}即在原有得分基础上扣 2 分。分值最高不能超过 100 分，最低不能为负。具体计算公式：

$$G_{10} = 60 + \frac{\Delta L}{L_0} \times 2 = 60 + \frac{L_0 - L_1}{L_0} \times 2 \qquad （式 6.7）$$

式中：G_{10}为指标 C_{10}最后得分；L_0 为实行土地划区分级督察前的劳动投入量；L_1 为实行土地划区分级督察后的劳动投入量。

6.4.4.3　绩效考核分值的计算

划区分级督察绩效考核分值的计算方式：

$$Q = \sum_{i=1}^{n} W_i G_i \qquad （式 6.8）$$

式中：Q 为划区分级督察绩效考核分值；W_i 为指标 C_i 的权重；G_i 为指标 C_i 的得分。

结果分析：如果 Q 大于 60 分，说明土地划区分级督察可以提高土地督察的效率和效益，土地划区分级督察值得推广；如果 Q 等于 60 分，说明土地划区分级督察对提高土地督察的效率和效益没有帮助；如果 Q 小于 60 分，说明土地划区分级督察会降低土地督察的效率和效益，土地划区分级督察这种新的督察方法不具有可行性或是在改进完善之前不具有可行性。

6.5　考核方式与路径

前文已经具体设计了一套划区分级督察绩效评估指标体系，也给出了划区分级督察绩效评估指标的权重和绩效分值的计算方法。然而，其评估结果仅仅只是对各单独县进行的评价，还需要运用一些方法来对各县、各地级市（自治州）、各省（自治区），甚至各土地督察局之间进行一个横向和纵向的比较分析。通过横向和纵向的比较合理安排土地划区分级督察的工作任务，突出督察的重点，最后达到合理分配督察资源，提高土地督察的效率和督察效果，保证土地划区分级督察的高效性。

6.5.1　横向考核

横向考核是指通过采纳与考核对象于处于同一时期的、并具有相同性质的其他对象来与考核对象进行比较，并以此为基础来确定考核目标目前所处的状态。

用横向考核办法来考核国家土地督察局的划区分级督察绩效时，设计了 5 个子方法：一是同一类型区同一督察级别的不同县级行政单元之间的比较；二是同一类型区不同督察级别的不同县级行政区之间的比较；三是同一督察级别不同类型区的不同县级行政单元之间的比较；四是不同督察级别不同类型区的不同县级行政单元之间的比较；五是不同督察局之间条件相似地区的督察绩效比较。

设计子方法一的理论依据如下：同一个督察级别的不同县级行政单元之间的各种因素高度相似，所以比较它们之间土地划区分级督察的效果可以对同一级别的不同县级行政单元之间的划区分级督察效果进行一个比较准确的划区分级督察绩效排序。设计子方法一的目的是适时评价同级县级行政单元之间的划区分级督察绩效，总结好的督察经验与方法，及时发现督察薄弱的地方与薄弱环节，并有针对性地找出督察问题的所在。

子方法二的具体比较方法是先求各个督察级别内部所有县级行政单元的划区分级督察绩效，然后再求各督察级别内部划区分级督察绩效的平均水平，最后再对各级之间的划区分级督察效果进行比较。设计子方法二的理论依据是边际效益理论。边际效益理论与土地划区分级督察绩效评估的结合体可以反映单位督察资源的投入取得的督察效果。虽然不同督察级别之间的可比性较小，彼此之间的各因素具有一定的差别，但是通过比较各级别督察效果的好坏，可以根据督察效果进行一个督察资源的合理分配，合理安排土地划区分级督察的工作任务，进一步显化划区分级督察。由于不同督察级别之间单位督察资源的投入所取得督察效果不同，因此，对于督察级别高的地区，单位督察资源的投入取得的督察效果应高于督察级别低的地区。可见，设计子方法二的目的是保证单位督察资源的投入都取得最大的督察效果。

不同督察局之间条件相似地区的督察绩效的横向比较具有十分重要的意义。虽然各省的情况不尽一致，但是有些省份同属于一个地区，经济发达程度相似，可比性很强。例如江苏、浙江、广东同属于东部沿海省份、属于我国经济较发达的省份；湖南、江西、四川都属于中部地区，经济发展程度也很相似；云南、广西、贵州同属于西南地区，经济发展程度也相差不大。通过不同督察局之间条件相似省份督察效果的横向比较可以直观地看出各地督察效果的好坏。通过不同督察局之间横向比较，可以起到以下几个方面的作用。

（1）对比分析各不同区域的督察绩效，为评估各督察局的工作绩效和各地区土地行政主管部门的工作成果提供了一个比较直观的评价指标。

（2）便于总结切实可行的督察方式方法和工作经验，并在全国推广。

（3）便于总结各地土地行政主管部门成功的土地管理工作方式方法，在各地推广。

（4）由于9个国家土地督察局所督察的地区其经济发展水平、地形地貌和人口密度等各种条件都不尽一致，所以各局的督察工作重点也各有偏重，督察的难度不同，采取的督察办法和工作机制也有所区别。因此，在对各督察局的督察绩效进行横向比较时要结合各地的实际情况进行深入分析，分析现有办法和工作机制的利弊，逐步形成一套符合实际情况的督察办法。

6.5.2 纵向考核

纵向考核主要是指考核同一对象不同时期所处的状态，对同一对象进行一个时间序列上的评价。

与划区分级督察相对应，纵向考核在4个层面上执行，分别是督察单元的纵向考核、各督察级的纵向考核、督察省域的纵向考核和督察局范围内的纵向考核。纵向考核的办法主要是在各评价尺度上进行绩效考核分值和时间的一个序列分析。

纵向考核在各层面上的应用又可以分为两个方面：第一是划区分级督察绩效的整体评价，从整体上来评价各时期督察工作的效果；第二是各评价指标的纵向考核，把纵向考核落实到每个绩效评价指标上，以便于把问题落实到具体的环节上，发现问题的所在。

纵向考核的目的主要有以下3个方面。

（1）通过纵向考核可以直观地反映出各考核时间单位内的督察效果和土地管理绩效。

（2）纵向考核可以及时发现督察工作中存在的问题和各地方政府土地利用和管理工作中存在的苗头性、倾向性问题。

（3）纵向考核在督察工作中起到一个自我总结、自我批评的过程，以便于及时更正工作中存在的一些问题，同时也是一个良好工作经验、方式方法总结的过程。

7 土地督察预警研究初探

从青海省土地利用执行情况和土地督察情况出发，系统分析不同级别区域土地利用执行与督察现状及存在问题，通过相关分析选取土地督察预警警兆指标，明确警情、确定警度（巨警、重警、中警、轻警、无警），采用最优的数学方法建立土地督察预警模型，对不同级别区域土地督察警情进行预测，确定土地督察警情级别，发布警度预报，为土地督察决策提供依据。

7.1 预警基本概念与相关研究

7.1.1 预警基本概念

预警一词最早出现于军事领域，它是指用来对付突然袭击的防范措施，如北大西洋公约组织通过各种常规的情报系统、现代卫星电子侦察系统，不间断地监视假想敌的数百个预警目标量。当预警目标的构成模式与目标量接近或超过设定目标量的阈值时，预示着即将发生突然袭击，因而预先发出警报，以供预警主体做出相应的对策性决策[40]。随着系统科学的不断发展，预警学目前已发展成为一门新兴的交叉学科，科学预警的思想和方法已经逐渐超越了军事领域，进入现代政治、经济、技术、医疗、灾变、生态、治安等自然和社会经济领域，并逐步成为围绕某一特定目标展开的一整套监测和评价的理论和方法体系。由此可见，预警是组织的一种信息反馈机制，它以人类面临的各种警情、灾情作为主要研究对象，并通过建立各种监测、运行与调控机制，构成预警系统，以保证自然和社会生产生活安全[41]。因此，所谓预警就是指当危机或灾害来临之前，对某一警素的现状和未来进行测度，对不正常状态的时空范围和危害程度，事先发出警报或警告，以便采取预防措施，防患于未然，避免或减少损失[42]。

预警研究大致包括明确警情、寻找警源、警兆识别、预报警度以及排除警患等几个方面的内容。

（1）明确警情。明确警情就是对预警研究对象进行刻画，是预警活动的起点[43]。通常把系统发展过程已经出现或将来可能出现的异常情况或问题称为警情。警情就是指警情的含义，其中还可以分为警素和警度两个方面：警素指构成警情的指标是什么[44]；警度是指警情处于什么状态，即它所具有的严重程度[45]。

（2）寻找警源。警源即警情产生的根源，寻找警源就是分析产生某种警情发生的根源是什么，既是分析警兆的基础，也是排除警患的前提[44]。

（3）警兆识别。由警源到产生警情是一个过程，包含着警情的孕育、发展、扩大、爆发。警情在爆发之前必有一定的征兆，分析警兆及其报警区间便可预测预报警情。警兆是指警素发生异常变化导致警情爆发之前出现的先兆，又称先导指标或先行指标，它是预警指标体系的主体，是能够直接提供预警信号的一类预警指标[46]。警兆识别就是辨识警情发生前所表现出来的征兆。分析警兆是预警过程中的关键环节，如果说警源是警情产生的原因，则警兆就是警源演变成警情的外部形态表现。但是，由于不同警素对应不同的警兆，相同的警素在特定的时空条件下也可能表现出不同的警兆[47]。因此，分析警兆必须具体问题具体分析。

（4）预报警度。预报警度就是根据警兆预报警情的轻重。它不仅要求建立科学的预警指标体系，更重要的是确定一个与预警指标体系相适应的合理尺度，并作为预警指标的衡量标准以表明某一警素是否已经出现极其严重的程度[44]。通常把警度划分为 4 个等级即轻警、中警、重警和巨警，也可以划分为 3 个等级即轻警、中警和重警，还可以采用类似交通管制的信号灯表示不同的警度，比如无警（以绿灯表示）、轻警（蓝灯）、中警（浅蓝灯）、重警（黄灯）和巨警（红灯），并根据信号指示采取相应的对策减小警度和防止警度的扩大[48]。

其实将警度划分为几个等级并不是确定警度的关键，关键在于确定某个预警指标是否有警，即确定警限。警限是指某个预警指标有警和无警的临界值以及警情严重程度的等级分界线[49]。

（5）排除警患。预警终极目的并不是预报警度，而是通过排除警患的措施对系统运行中的不正常状态进行及时调控，使系统正常运行[46]。

可以看出，明确警情是前提，是预警研究的基础；寻找警源是对产生原因的分析，是排除警患的基础；分析警兆是关联因素的分析，是预报警度的基础；预报警度是排除警患的根据，而排除警患是预警的目标所在。其预警逻辑实质上是结果—原因—结果分析的具体体现过程[48]。

7.1.2 预警相关研究

预警一词最早起源于军事，随着系统科学的不断发展，科学预警的思想和方法迅速向其他领域和学科延伸，科学预警的系统思想和方法在宏观调控中首先得到应用，其次便是灾害管理[50]，而后区域综合预警和部门专业预警系统相继出现[51]。目前预警系统在各个行业已经得到了广泛的应用，并正在向智能化、集成化方向发展[46]。科学预警是围绕某一特定目标展开的一整套监测和评价的理论和方法体系，主要包括预警指标的选择和确定、预警方法、警限界定和报警等几个方面的内容[52]。土地资源作为关系到人类可持续发展的重要基础资源，其预警研究显得尤为重要。近年来，我国学者对预警理论与方法在土地资源的应用也进行了大量开拓性的研究工作，主要体现在以下几个方面。

（1）在土地资源管理中的基础理论研究。我国人多地少的基本国情决定了我国在相当一段时间内必须始终坚持耕地保护和粮食安全的国家战略。因此，土地资源管理中的预警研究也在有关耕地的领域开展。我国早先预警系统应用于耕地保护中，通过构建我国耕地生态经济预警系统的基本思路及方法，尝试实现耕地管理由静态、被动状态走向动态，突显耕地生态经济系统调控的超前性[53]。在耕地保护中，警情、警源、警兆和警度等基本要素在耕地质量预警中的方法和基本步骤也得以开展，为开展耕地质量预警研究的理论与实践指导提供了依据[54]。具体的案例研究集中在驱动因子的因子的探讨，通过对耕地供需动态平衡特征和耕地供需平衡变化驱动因子的分析，以监测变化、发现警情、明确警情、明确警度、寻找警源、明确警源、区内排警、区外排警为主线，从预兆量、行动量和结果量不同层面构建了多尺度耕地供需动态平衡预警体系[55]。同时，GIS 预警系统的设计与实现为区域的耕地保护进程及预警提供了翔实、动态的数据支持[56]。此外，预警理论在土地资源管理中的应用还体现在农用地资源安全预警体系构建[57]、土地盐碱荒漠化预警体系构建[58]和土地可持续利用预警体系构建[59]等方面的研究中。

（2）在土地资源管理中的应用实践研究。土地资源管理中的应用实践研究是将预警要素与系统对现实土地资源管理的实践问题进行剖析，仍集中体现在耕地数量和质量的预警中。有学者通过将有关经济、环境预警的基本方法引入耕地预警研究中，运用统计法与模型法对城市边缘区耕地数量变化进行了探讨，并将其应用于对温州市边缘区耕地数量变化的预警[60]。对区域耕地产出能力的变化进行耕地总量动态平衡的实时监测和预警研究也是当前土地管理领域的热点之一[61]。而预警理论的实践在其他相关土地资源管理中的应用重点体现在资源安全和生态安全方面，如通过分析土地利用和植被变化对土壤肥力的影响，对黄河三角洲土壤质量进行了预警[62]；利用潜水位埋深与盐碱化程度的空间相关系数、土壤有机质含量、潜水钠离子含量、土壤质地、人口密度和草场载畜量作为预警指标，采用神经网络模型对土地盐碱化进行预警研究[63]；利用植被状况、地表风蚀状况及土壤状况作为预警指标，对区域性土地沙漠化总体水平进行预警[64]；也有通过地理信息系统与人工神经网络模型的结合，开展对平原地区荒漠化的发生进行预警研究[65]等。

（3）研究评述与应用。相关研究表明，我国当前关于预警理论与方法在土地资源管理中的应用主要集中在两个方面，即耕地资源的利用与保护以及生态环境的保护与持续利用。研究也主要体现了在土地资源管理中的基础理论研究和应用实践研究[66]。在现有研究成果中，基本沿用预警的基本理论与方法，即通过建立警情、警源、警兆和警度，再通过预警指标体系的建立对上述预警要素进行判断。将预警理论与方法应用在土地督察中是一种新的尝试，可通过相应预警要素的判断，对督察区内不同预警级别的潜在的土地违法违规行为进行预警。

7.2 研究技术思路与方案

土地督察预警研究步骤包括以下几点。

（1）动态监测。通过对土地利用过程的检查，完成其基础数据的采集和整理。

（2）对土地督察现状警情进行评定，这是整个预警的基础，可以具体了解当前土地督察状况，划分土地督察警情级别，并为预测提供依据。

（3）对青海省未来的土地督察警情级别进行预测。

（4）对土地督察警度进行预报。

（5）研究制定调控措施。

预警结构体系主要包括评价指标选取、数据处理、警情分析、警兆预测、警度预报、决策建议等部分（图 7.1）。

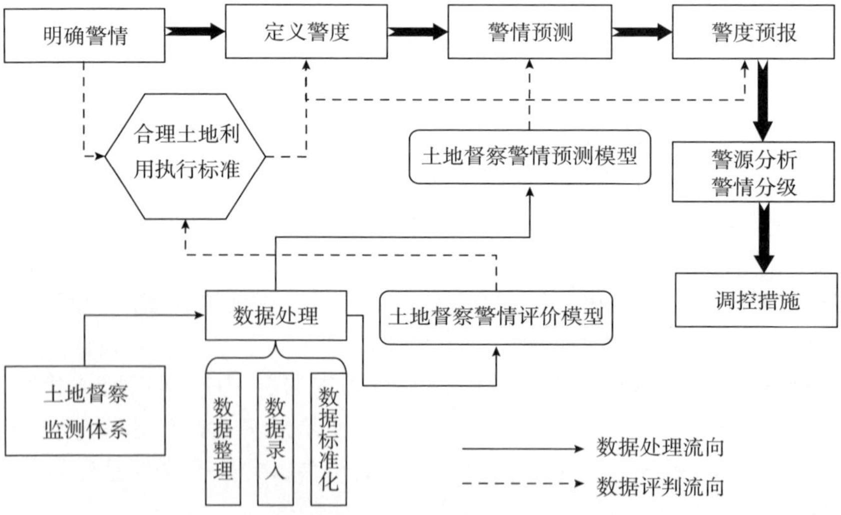

图 7.1　土地督察预警框架图

7.3 土地督察预警指标体系

7.3.1 指标选取原则

土地划区分级督察预警指标体系的制定是以土地督察职责为本，在综合考虑区域自然、经济、社会和土地利用等综合因素的基础上，制定出适合青海省土地利用类型的预警指标体系，为提高土地督察工作的效率、效益和效果服务。指标选取的主要原则如下。

（1）综合分析与主导因素相结合的原则。综合分析原则指选取的指标以及指标体系应综合反映土地违法现象影响因素的原则。指标的选取要符合各类型区和各督察级别区的客观实际情况，既要能反映区域内的全部土地违法违规行为，又要把握住主要因素。主导因素是指土地违法发生的支配因素，预警指标与土地违法现象相关性高，并且具有重要的，影响较大的和明确的统计意义。

（2）全面性原则。预警指标要具有足够的涵盖面，要全盘考虑，既能从全局性的宏观层面上把握预警指标的选取思路，又能够反映土地违法现象的深层次原因。

（3）可靠性原则。预警指标所设计的统计数据要具有可靠性，据此形成正确的结论，做出适当的反映和政策调整，充分发挥预警系统的作用，使督察工作有的放矢。

（4）可操作性原则。预警指标要考虑各类指标数据取得的难易程度，可靠性和成本，指标尽量能进行量化计算，避免人为因素的干扰，能够更科学合理地反映土地违法的趋势状态。

7.3.2 预警指标体系构建

选择土地督察预警指标体系首先要明确土地督察职责。国家土地督察西安局主要由督察三室负责对青海省的土地督察工作。其基本职责是按照规定负责对青海省人民政府耕地保护责任目标落实情况、执行国家土地调控政策情况、执行土地管理法律法规情况等进行监督检查，核查土地利用和管理中的合法性和真实性；对青海省人民政府上报国务院审批的农用地转用和土地征收文件，以及青海省人民政府审批的农用地转用和土地征收的批准文件进行检查；按照有关规定提出责令限期整改建议，对被责令限期整改地区的整改工作实施监督检查，督促青海省人民政府组织实施整改工作，承担对被责令限期整改地区结束整改的审核，并提出是否结束对该地区整改的建议；根据工作需要，适时对青海省进行巡视和督察；开展相关加强土地管理的调查研究工作。

可见，青海省土地督察职责主要以耕地保护、农用地管制为主，故土地督察预警指标选取应强调耕地及农用地的保护，耕地及农用地的减少将导致土地督察警度的提高，而耕地及农用地减少同土地违法行为相关联。可以说督察预警的主要目的是保护耕地及农用地，遏制土地违法行为的发生，督察重点就是耕地及农用地集中区。

随着我国经济的发展以及城市化水平的提高，土地违法案件的数量和占用耕地的面积仍处在高位。建立土地督察预警安全系统，通过系统的有效管理和系统所需数据的采集及处理，为土地督察预警分析服务，帮助土地督察机构及早发现并控制违法违规情况的发生。预警分析关注的是系统相关信息的定性、定量分析，在利用一系列预警指标与方法后，得出预测性的结论。这就涉及预警指标体系的确立、预警模型的选择和预警安全阈值的界定等问题。

影响土地督察预警的因素众多，涉及自然、社会、经济、技术等各个领域，不同影响指标之间又存在着各种复杂的关系。如果指标体系选择不当或涉及因素过多，势必影响预警结果的准确性。

青海省地广人稀，人口及耕地主要集中在西宁，海东等州市；矿产及未利用地主要集中在海西蒙古族藏族自治州；而南部的玉树、果洛则主要以牧草地为主。青海省土地督察预警以区县为基本单元，根据青海省自身特点及第四章青海省划区分级成果，有针对性地选取青海省土地督察警情、警源、警兆指标（表7.1），随之划分警度的阈值。

表7.1　青海省督察预警指标体系

目标	预警指标	评价指标	备注
青海省土地督察预警	警情指标	土地违法频次	警情是指土地违法发生情况
	警源指标	耕地面积	警源是指警情产生的根源
		牧草地面积	
		居民点与工矿用地面积	
	警兆指标	地区生产总值	警兆是指警情发生之前的征兆
		人口机械增长率	
		总人口数量	
		城市化水平	

土地违法频次，指青海省一年内发生土地违法案件的频率及次数。土地督察最关心耕地及农用地的保护，而耕地保护是否到位的主要反映指标就是土地违法次数。违法次数每年发生多少，哪一地区发生多少，这些都将影响区域耕地及农用地数量，所以不同区域的警情指标均为土地违法频次，根据不同地区发生土地

违法次数最终划分警度。

根据项目组前期调研走访情况，青海省土地违法类型主要以未批先占为主，主要以占用耕地、牧草地居多，故将耕地面积、牧草地面积、居民点与工矿用地面积作为青海省土地督察预警警源指标。它们的面积变化将会反映违法案件数量。

警兆指标中地区生产总值、人口机械增长率、人口总量和城市化水平代表一个城市的发展程度，他们的增加会间接导致居民点与工矿用地面积需求增加，从而使得违法占用耕地及牧草地数量急剧上升。

警源及警兆指标都会在不同程度上影响警情指标，具体各预警指标间因果关系图见图7.2。

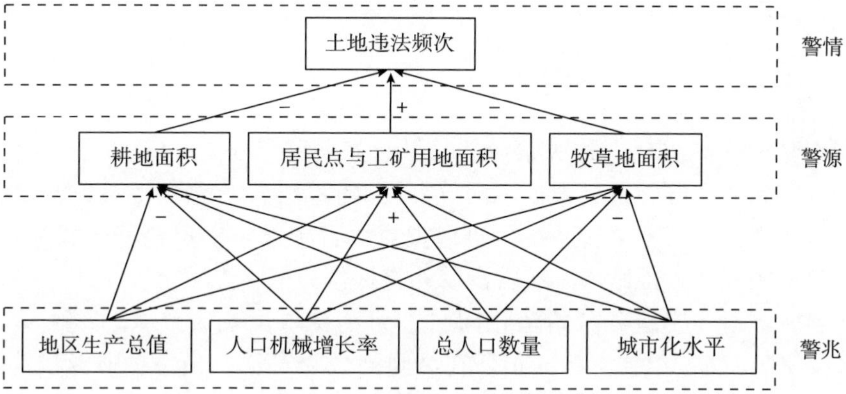

图7.2 预警指标因果关系图

7.4 土地督察预警方法分析与选择

从实践看，预警系统只有建立在定量的基础上，才具有较强的可操作性。预警系统定量描述的模型多种多样，一般可分为指标预警、统计预警和数学模型预警等类型，选取、集成预警模型时要尽可能地选取精度较高的模型。在安全预警中使用较多的方法有主成分分析法（PCA）、层次分析法（AHP）、灰色系统评价法（GS）、模糊综合评价（FS）、逻辑回归模型（LMR）、系统动力学法（SD）、支持向量机模型（SVM）、人工神经网络模型（ANN）等。

7.4.1 主成分分析法（PCA）

主成分分析法是一种模型简化的方法，通过对多个指标相关矩阵内部结构关系的研究，提取少数几个综合的主成分指标，它们都是原指标的线性组合，不仅保留原指标的主要信息，且互不相关，同时比原指标具有更好的性质。

将警源与警兆等指标进行无量纲标准化，通过对多个指标相关矩阵内部结构关系的研究提取 $Z1 \sim Z7$ 为主成分，确定 F 为提取出主成分 $Z1$、$Z2$、$Z3$、$Z4$、$Z5$、$Z6$、$Z7$ 的线性组合，即 $F = a1\ Z1 + a2\ Z2 + a3\ Z3 + a4\ Z4 + a5\ Z5 + a6\ Z6 + a7\ Z7$。$a1 \sim a7$ 为各主成分贡献率，将 F 值所在区间划分为安全、轻警、中警、重警和巨警 5 个级别，最终确定青海省土地预警警度。

然而，主成分预测模型的研究样本必须满足正态分布的条件，并且主要应用于选取指标较多较复杂的系统中。青海省土地督察预警系统所选指标并不多，而样本容量的局限又会导致样本未必服从正态分布，所以主成分分析法应用于青海省土地督察预警系统有可能会产生较大误差。

7.4.2 层次分析法（AHP）

层次分析法实质是一种决策分析方法，在对系统分析的基础上，建立目标层、准则层和方案层，最后根据不同方案权重值大小确定最终决策方案。

在青海省土地督察预警系统中可以把青海省土地督察预警安全作为目标层，将两个警情指标作为准则层，将警源警兆指标作为最终方案层。求出不同指标所占权重值，最后与主成分分析法相同引入 F 为提取出主成分 $Z1$、$Z2$、$Z3$、$Z4$、$Z5$、$Z6$、$Z7$ 的线性组合。将 F 值所在区间划分为安全、轻警、中警、重警和巨警 5 个级别，最终确定不同年份青海省土地预警警度。

层次分析法主要是通过构建判断矩阵的方式确定最终权重，而判断矩阵则是根据专家和分析人员的经验经研究后确定，因此，层次分析法往往主观性很强，所得最终权重缺乏一定的客观性。

7.4.3 灰色系统评价法（GS）

灰色系统评价是一种灰色预测方法，主要采用 GM（1，1）模型进行预测，只要预测指标有一组基础数据即可预测该指标未来的发展趋势。

在青海省土地督察预警系统中，影响警情的包括警源和警兆等许多指标，单独拿出某单项指标预测均很难达到精确预警的目的。所以在预测出各个指标值的同时，还应像主成分分析和层次分析法一样确定不同指标权重，最后达到精确预警。故将灰色预测法与主成分分析或者层次分析法进行结合预警效果更佳。

7.4.4 模糊综合评价（FS）

模糊综合评审是应用模糊集合的概念，将定性评价指标定量化，从而实现系统评价的一种方法，特别适用于多指标或多目标的系统。

在青海省土地督察预警系统中，将警源与警兆的不同指标划分为安全、轻警、中警、重警和巨警5个级别，每一级别分别赋予分值得到分值向量。每一指标分别请专家打分得到每一指标的态度向量，所有指标态度向量构成反应矩阵，再由AHP法确定不同指标权重，将权重向量与反应矩阵相乘之后再乘分值向量得到最终分值。该分值所在区间即为最终警度。

模糊综合评价法与层次分析法拥有同样的缺点，即模型求解过程中主观性过强，难免导致误差过大。

7.4.5 系统动力学法（SD）+逻辑回归模型（LMR）

系统动力学模型包括两部分内容，一是反映系统各组成部分关系的流图；二是对流图进行描述的方程式。首先画出各指标的因果关系图，青海省土地督察预警系统由警情、警源、警兆三大指标构成，其中任一子指标的变化都会导致其他指标的变化。根据各指标因果关系图建立反映系统各组成部分关系的流图，通过流图建立不同指标之间变化的方程式。由于许多指标之间并非简单的线性关系，有些指标之间方程式较复杂，这就需要将逻辑回归模型引入系统动力学方法中，通过指标的基础数据建立指标之间方程组，完成最后的求解。

相比于模糊综合评价及层次分析法等方法，系统动力学方法更加客观，而且通过引入逻辑回归模型建立各指标之间方程组，通过不同指标的变化来改变其他指标继而影响到最终警情指标，其客观性及准确性都要强于其他方法。

由于土地督察预警系统的复杂性和初创性，仅用一种模型往往难以达到精度要求，如何在深化模型应用研究的基础上，建立适合研究区域的模型，实现对土地资源安全的准确评价与预测，是今后模型研究的主要方向。

7.5 土地督察预警模型研究

7.5.1 模型假设与说明

通过以上预警方法比较分析，确定本模型的具体实现方法是利用系统动力学的方法和原理，借助于计算机的仿真模拟，建立青海省土地督察预警模型。模型预警范围包含青海省47个县域单元，以2006年为基期年，可以算出2007、2008两年仿真数据，通过与历史数据比较，达到模型检验目的。模型预测时间段为2009～2013年。

其中土地违法频次基础数据来源于青海省国土资源厅执法监察局；耕地面

积、牧草地面积以及居民点与工矿用地面积的数据来源于青海省土地利用变更调查年报；人口机械增长率＝（人口增长绝对数／年平均城市总人口数）×100%，城市化水平＝城市人口数／总人口数 ×100%；地区生产总值、人口数量等数据参考青海省统计年鉴。

本模型采用系统动态学特有的表函数来表达两个量之间的非线性关系，如城市化水平对居民点及工矿用地面积的影响，耕地面积对土地违法频次的影响等。表函数是在一定控制范围内的估计值，其建立的步骤和方法为：①对表函数的有关变量关系制约关系进行定性分析；②确定自变量变化范围及取值问题；③根据因果关系极性确定函数的增减性；④找出特殊点和特殊线；⑤根据实际背景确定斜率。

7.5.2 模型建立

一个系统通常分为几个子系统来考虑。子系统是指具有一个输入端和输出端，并含有状态变量和速率或辅助变量等的集合。子系统，尤其是不含状态变量时，亦习惯称为环节。土地督察预警系统警情指标为土地违法频次，共有 3 个子系统影响土地违法频次，它们分别是居民点与工矿用地面积子系统，牧草地面积子系统和耕地面积子系统。居民点与工矿用地面积子系统又由总人口数量、城市化水平、地均生产总值 3 因素组成，他们的变化将会影响居民点与工矿用地面积，进而影响警情指标土地违法频次。根据各预警指标之间关系图确定青海省土地督察安全预警系统流图（图 7.3）。

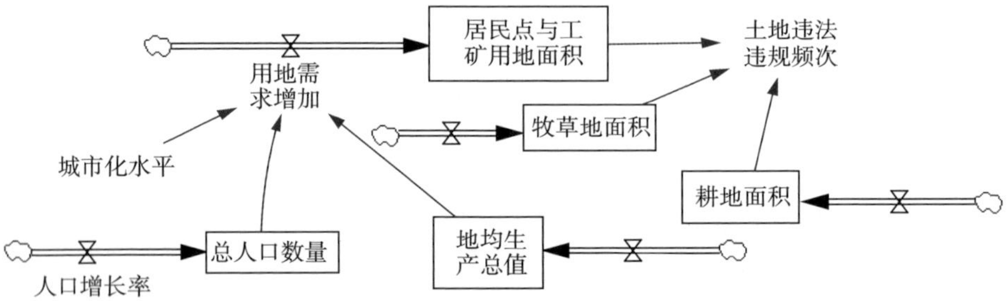

图 7.3　青海省土地督察安全预警系统流图

7.5.3 模型的计算机实现

本模型使用的 Ventana System Inc. 的 Vensim PLE plus 32 Version 4.2a 软件进行仿真模拟。此软件可以对模型进行概念化、分析、优化和仿真，它对模型的容量没有限制，可以处理一般用于研究的模型。该软件有如下特点。

（1）友好的界面，易于操作，软件基于 Windows 平台，而以往的系统动态学模拟软件大多基于 Dos。

(2) 良好的中文支持，不像以往的英文软件，使得模型易于读懂。

(3) 可以使用它快速、直观地建立模型，定义方程，省去了编程的麻烦。

(4) 自动对模型进行检验，分为模型方程检验和单位检验，提示错误位置和原因。

(5) 强大的各种函数功能，如测试函数、表函数、延迟函数等，可从 Excel 中直接调用数据。

7.5.4 模型的模拟与应用

将研究区若干年的指标基础数据代入模型，仿真得到未来若干年的土地督察预警结果。得出预警结果后需进行 SD 模型的有效性检验，首先要和需解决的问题及建模的目的联系起来，其次看模型是否和预定要描述的区域土地督察预警系统一致。本模型采用历史数据检验法，将耕地面积、牧草地面积、年末总人口等指标某两年仿真数据与实际数据对比，检验两组数据是否一致，如果相对误差在 5% 之内，则说明模型能够较圆满地解决提出的问题，并达到了预定的目的。

建立预警模型后，根据警情指标值，设定合理的划分区间，将各评价单元划分为红色警戒区、橙色警戒区、黄色警戒区、蓝色警戒区。红色警戒区预警级别最高，是督察重点区，其次是橙色警戒区、黄色警戒区，蓝色警戒区预警级别最低，基本属于督察安全区。

地区生产总值、城市化水平、年末总人口及居民点工矿用地面积的增加将会导致土地违法频次的增加，耕地牧草地面积的增加则会抑制土地违法违规频次的增长。由此可见，当前土地督察的重大难题是如何在合理发展地区经济、促进城市化水平稳步提高的过程中，兼顾耕地及基本农田的保护，抑制工矿用地面积。只有合理协调经济发展与耕地保护之间的关系，才能降低土地督察预警警度，最终实现督察区的可持续发展。

8 土地划区分级督察信息系统设计与实现

国家土地督察西安局代表国家土地督察总督察履行监督检查职责，负责对陕西省、甘肃省、青海省、宁夏回族自治区、新疆维吾尔自治区人民政府和新疆生产建设兵团的土地利用和管理情况进行监督检查 。西安督察局督察范围广、任务重，需要探索新的监督机制和方法，借助现代科学技术，特别是地理信息系统（GIS）技术，划分监督区，评定级别，改善作业方式方法，区别对待，分清主次，提升督察效率和效果。

8.1 系统设计总则

8.1.1 设计目标

青海省土地划区分级督察信息系统项目的主要目标是：从国家土地督察西安局管理工作的实际需求出发，利用数据库技术、地理信息系统空间分析等技术手段，综合行政区划、主体功能区、矿产资源分布、土地利用类型、地貌分区等因素，划分土地督察区域，评定土地监督级别，从而实现土地督察的信息化。为有效管控新增建设用地、保住耕地红线、实现用地保障可持续发展等管理目标提供决策支持，进一步提高土地督察工作的效率，提升土地督察管理水平。

8.1.2 设计原则及依据

8.1.2.1 设计原则

“青海省土地划区分级督察信息系统”的建设应参照国内外土地行业标准，紧密结合国家土地督察西安局土地管理工作的需要，系统建设过程中应始终坚持以下原则。

（1）标准化。标准化是建设大型信息化系统应特别注意的问题，是保证系统实现共享服务与应用升级的基础。项目建设应优先选择符合国际标准化的产品和技术。在应用开发中，数据规范、指标代码体系、接口标准都应该遵循国家、国土资源部门、土地督察机构及国际规范要求。

（2）实用性。作为一个应用系统，实用性是直接影响系统的运行效果和生命力的最重要因素之一，也是一个严谨的系统开发者要无条件遵循的原则。该系统无疑是来源于生产，服务于生产，故应与生产紧密结合。应开发出具有土地督察管理特色的系统，使其服务于生产，这样的系统才有生命力，才有实用性。

（3）先进性。在系统的总体设计上，要借鉴多年开发各类系统的经验，采用国际、国内先进且成熟的技术，使得设计更加合理、更为先进。选用的软件平台要体现国际最新技术，符合今后的发展方向；在软件开发思想上，严格按照软件工程的标准和面向对象的理论来设计、管理和开发，保证系统开发的高起点。只有实用、先进的系统，才是用户所欢迎的，也才能展现其真正的魅力。

（4）开放性。信息系统的开放性可以说是系统生命力的表现，只有开放的系统才能够兼容和不断发展，才能保证前期投资持续有效，保证系统可分期逐步发展和整个系统越来越完善，系统应具有良好的兼容性和可扩充性，能够较为容易地实现系统的对接、升级和扩充，以达到保护初期阶段投资的目的。

（5）技术成熟性。青海省土地划区分级督察信息系统在追求技术先进的同时，要保证所采用技术与设备的成熟性，不能采用尚在试验阶段的技术手段，这样才能保证项目的成功和有效应用，把风险降到最低。

（6）安全性。安全性是一个优秀系统的必要特征，系统应遵循安全性原则，充分考虑分级权限的设定、数据保密等情况，并要提供数据备份功能，进行定期的数据备份。安全性还体现在保证数据的真实性不被修改，保证信息变更的真实性、正确性不被篡改，因此系统应设置使用权限，以保证系统信息的保密安全。同时采用全方位的系统安全保障，从系统主机保护、访问用户身份识别、网络传输加密、病毒防护和入侵攻击检测等多方面保证该系统的安全。

8.1.2.2 设计依据

设计依据有：《计算机软件工程规范》、《计算机软件产品开发文件编制指南》（GB/T 8567－1988）、《计算机软件单元测试》（GB/T 15532－1995）、《土地利用现状分类》、国务院《关于深化改革严格土地管理的决定》（国发〔2004〕28号文）、《国务院办公厅关于建立国家土地督察制度有关问题的通知》（国办发〔2006〕50号文）。

8.2 系统设计的技术思路与方案

8.2.1 总体架构

青海省土地划区分级督察信息系统是以国家土地督察西安局工作的实际需求为基础，以信息网络为纽带，以标准、制度和安全体系为保障，以实现督察区域内土地有效管理为目标，提供土地督察管理和决策支持的综合应用系统。

整个系统可分为 3 个层次：数据采集层、数据管理层、系统应用层，总体结构图见图 8.1。

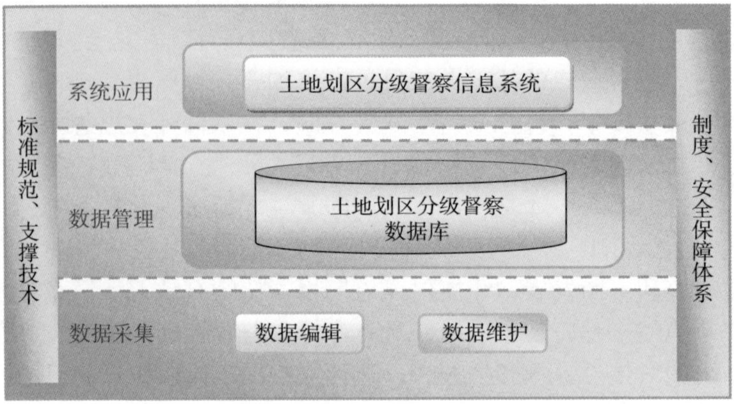

图 8.1　土地划区分级督察信息系统总体结构图

（1）数据采集层是系统建设和运行分析的基础，包括数据录入、数据接口等。

（2）数据管理层是整个系统的数据管理与输入输出交换中心。通过大型数据库系统对土地划区分级、督察信息进行有效管理。

（3）系统应用层是系统建设的核心，在数据管理的基础上，实现对土地划区分级、督察信息的更新与维护，通过查询、统计、分析等功能，辅助管理者了解区域基本概况、土地督察划区分级等情况。

8.2.2　逻辑结构

本系统采用 C/S + B/S 混合模式。具体结构见图 8.2。

系统主要由数据库服务器、应用服务器、WEB 服务器、C/S 客户端和 B/S 客户端组成。督察局内部间通过内网（Intranet）相连，同时，政府其他部门、社会公众用户可以通过外网（Internet）访问本系统。

（1）数据库服务器：负责存储各类业务数据。除此之外，还包括系统管理、地图空间数据库及其他系统业务数据库表数据。统一由 SQL Server2003 数据库管理系统进行数据管理和存储。

（2）Web 服务器/应用服务器：是数据处理的核心和外部接口的具体实现部件。应用服务器一方面负责处理从客户端或 Web 服务器发送过来的数据请求，如地图放大、缩小、漫游、地理查询等；另一方面负责对服务器接收到的定位终端数据进行解析和存入数据库；另外对数据的自动处理，如统计报表等，也由应

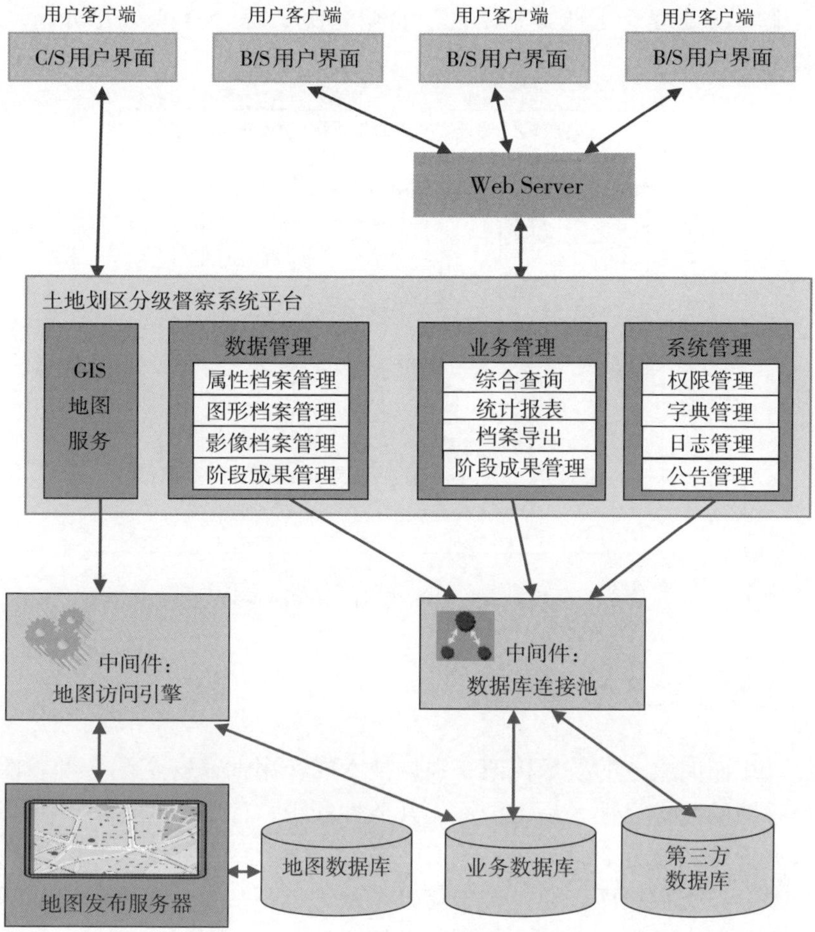

图 8.2　逻辑结构图

用服务器来完成。Web 服务器为网络监控或异地分监控中心提供用户访问的 Web 页面，并负责响应 B/S 模式客户端的请求。

（3）B/S 客户端：B/S 客户端不需要额外安装任何软件，只需要 Microsoft 的 IE 浏览器就可以实现系统的使用。

（4）C/S 客户端：C/S 客户端是一个应用软件（如 SuperMap 6.0 等），是系统管理员进行数据录入等操作的界面。

（5）近期以单机版为主，实现主要的划区分级功能。

8.2.3　功能结构

土地划区分级督察信息系统是以空间数据为纽带，以 GIS 为数据处理与分析工具，以决策模型为核心，为土地划区分级土地督察服务。其主要模块包括：数据编辑与处理、土地督察划区、督察分级、综合查询与分析等，总体功能参见图 8.3。

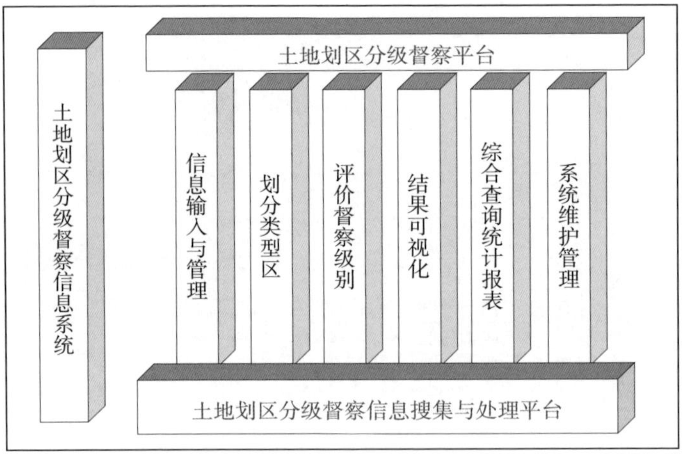

图 8.3　土地督察划区分级信息系统总体功能

8.2.4　主要技术路线

优先采用面向服务的技术构架，强调技术的实用性、安全性、可靠性、先进性，保障系统的可扩充性、易维护性、开放性和统一性。

在数据资源建设方面，采用主流 GIS 平台、大型数据库等技术，按照统一标准建设与整合各类数据库，通过集中与分布式管理相结合、多级备份、相对独立的数据管理机制实现数据的统一管理与维护。

在工程建设方面上，按照“试点先行，稳步推进”的思路。在工程开展的步骤中，要突出重点，急用先行，注重实效。

在标准研制和技术选择上，采用国家或行业已有标准，在标准缺位的情况下，按照急用先行的原则，加快急需标准的研制和应用。

8.2.5　系统安全设计

8.2.5.1　应用系统安全

应用系统面临的主要安全威胁是因非授权的数据访问而造成的信息泄密和内部人员滥用权力。应用系统安全设计的主要目标是保证信息的保密性与完整性，主要依赖认证、加密、访问控制、数字证书等安全服务完成。应用系统安全需要解决主体（用户）的标识与认证、客体（资源）安全属性（包括密级）的定义、主体对客体的访问权限（即访问控制或授权）3 个主要问题，具体系统安全体系见图 8.4。

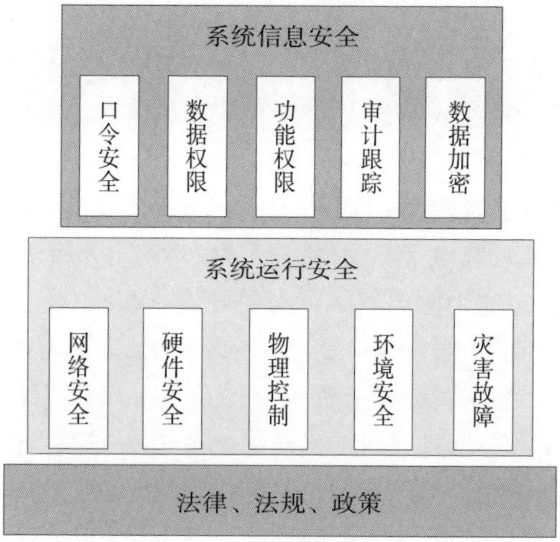

图 8.4 系统安全体系

授权 - 基于角色的访问控制：在主体标示和认证以及资源属性定义的基础上，应用系统使用基于角色的访问控制策略来控制用户对信息的操作。在多种密级的信息混合存储在一个物理或逻辑的系统中时，只能依赖一定的访问控制或授权策略来实现上述多种密级的保密。

每个角色是一种任务，它定义了一组数据以及对信息的操作权限，还可以包括授权策略。角色信息可以用信息、操作、授权策略三元组表示。

基于角色的访问控制模型就是把“用户—角色—操作—资源”关联到一起，实现非自主型访问控制策略。使用基于角色的访问控制模型可以减轻安全管理工作，因为某种任务是稳定的，而负责该项任务的人员是经常变化的，这种方式只需把新的用户分配给已有的角色即可，无需为用户重新指定资源和操作，因而简化了授权管理工作。应用系统用户角色一般可以划分为：公众用户、专业用户、系统管理员。

应用系统根据用户角色不同，实行用户分级管理。根据用户的角色可以将用户分级，对于不同的用户层面，定制不同的应用，这样就可以保证本级用户不会接触到其他层次的数据及其应用。

8.2.5.2 操作系统安全

操作系统是应用软件和服务运行的公共平台，操作系统安全漏洞是网络入侵的重要因素。安全的操作系统应该提供用户身份认证、访问控制功能，对用户的所有操作和网络服务进程具有完备的审计机制。对于操作系统的安全防范可以采取如下策略：尽量采用安全性较高的网络操作系统并进行必要的安全配置、关闭一些不常用却存在安全隐患的应用、对一些保存有用户信息及其口令的关键文件使用权限进行严格限制；加强口令字的使用（增加口令复杂程度，不要使用与用户身份有关的、容易猜测的信息作为口令），并及时给系统打补丁、系统内部的相互调用不对外公开。

通过配备并操作系统安全扫描系统，发现其中存在的安全漏洞，并有针对性地进行对网络设备重新配置或升级。

8.2.5.2.1　应用软件系统安全

应用系统安全管理主要包括应用系统用户管理、应用系统的授权管理、服务器系统与应用服务的实时监测和应用系统定期的审计分析。

在应用系统安全上，应用服务器尽量不要开放一些没有经常用的协议及协议端口号。如文件服务、电子邮件服务器等应用系统，可以关闭服务器上如 Http、Ftp、Telnet、Rlogin 等服务。还有就是加强登录身份认证。确保用户使用的合法性；并严格限制登录者的操作权限，将其完成的操作限制在最小的范围内。充分利用操作系统和应用系统本身的日志功能，对用户所访问的信息做记录，为事后审查提供依据。

同样可以配备应用系统安全性扫描系统对应用系统如数据库系统进行安全性扫描，检测其认证强度、系统完整性等。

8.2.5.2.2　数据库安全

数据库是整个系统数据交换的平台和枢纽，存储管道属性、图形、遥感影像、多媒体等各种信息，如何保证数据库系统安全高效运转是整个系统的关键，将从物理安全和逻辑安全两方面对其安全性设计进行考虑。

（1）设立专用的数据库服务器。系统的核心是数据库，各个子系统都需要从数据库中提取数据，加工处理的成果也放在数据库中，因此数据的访问量非常大，将数据库服务器同其他应用服务器分开来，可保证数据的正常、高效访问，从而可防止意外突发事故造成的数据在存储传输过程中的差错。

（2）定期备份，并妥善保管备份文件。建立备份机制，定期对数据库中的数据进行备份，备份介质可采用光盘或磁带，对备份的这些介质应妥善保管，必要时可实现异地存储。

8.3　系统开发与实现

8.3.1　开发平台与工具

本系统采用单机版用户/管理员模式，以 Visual Basic 6.0 为底层开发语言，通过 SuperMap Object 6 实现了组件式开发（图 8.5）。

（1）系统利用 SuperMap Object 组件强大的 GIS 接口与 VB 面向对象的简单应用实现了复杂的 GIS 组件式开发。

（2）程序具有综合管理的模块化结构，以数据为中心，扩展为各种功能模块。模块间使用同一数据源，功能上却又相对独立。

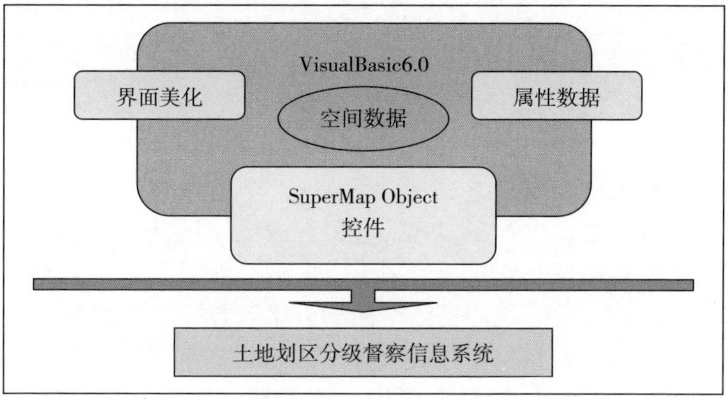

图 8.5 开发结构图

（3）利用 SuperMap 海量数据的分级显示有效降低了大量运算的迟缓问题。

（4）系统的一般通用性解决了不同数据源的沟通问题。

8.3.2 数据组织方式

该系统的空间数据与属性数据实现了高度的统一，完全集成到了 SuperMap 的数据源之中。这样，所有的编辑、修改与删除操作均在 SuperMap Object 控件里操作，不但方便操作的撤销与重做，获得了操作的灵活性，也为数据的安全打下了基础（图 8.6）。

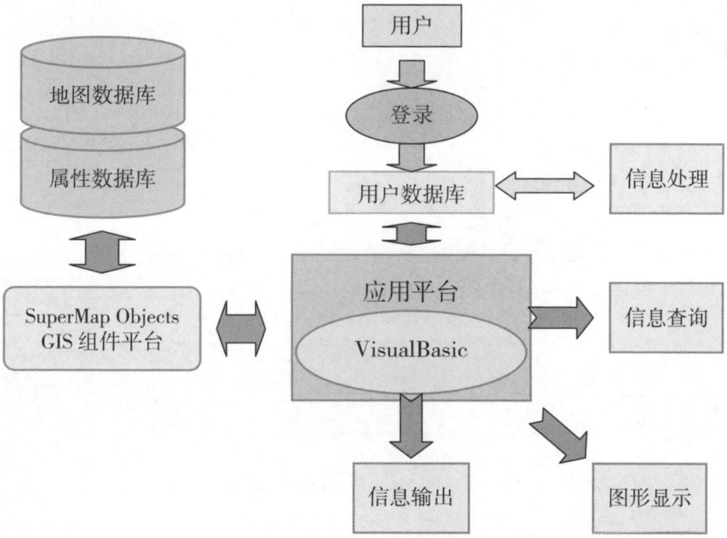

图 8.6 数据组织结构图

程序中的用户管理采用了单独的数据库，这样处理的目的主要在于保持程序的灵活性，方便用户或地理数据的单独转移，使得系统在数据更替上更为灵活。

8.3.3 模块开发与设计

8.3.3.1 类型区划分系统开发

传统的土地督察工作中对于 GIS 的应用一般仅仅局限于遥感影像的对比，提取土地利用情况变化图斑。它只能监视重点区域，滞后性比较明显[2-5]。本书着重研究了 GIS 在土地督察系统中更为全面的应用新方式，根据青海省土地划区分级督察项目思路，从土地督察警西安局管理工作的实际需求出发，对督察类型区划分系统进行了扩展研究，信息化成果主要包括 3 个部分，分别是基础数据模块、成果应用模块和成果更新模块。

8.3.3.1.1 基础数据模块

基础数据部分主要是实现对目标区域的一些基础区划信息的查询，在整体上对目标区域的土地利用情况、功能分区等有个详细的了解，有利于结合后续的土地督察类型区划分结果，从宏观上更为深刻地把握督察区的特征，为有效、高效督察提供源泉。

主要信息包括地貌类型分区、主体功能区、土地利用分区、矿山环境影响分区以及行政区划（图 8.7）。

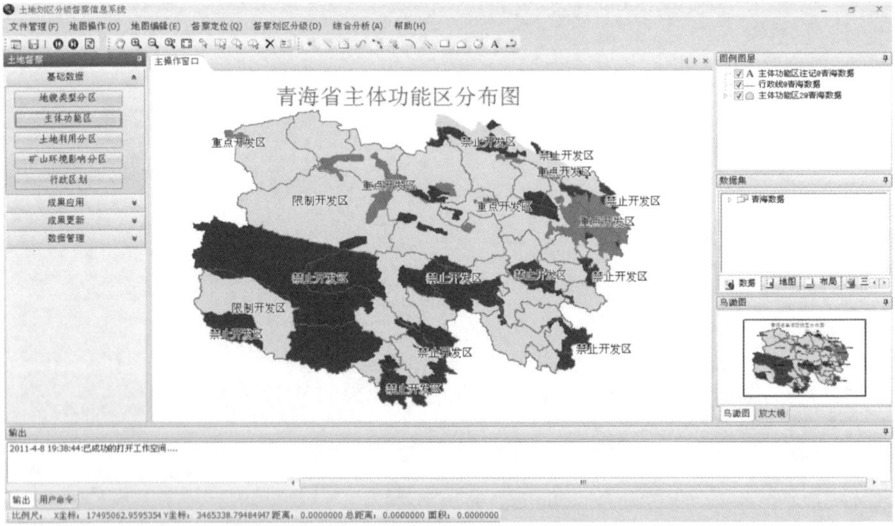

图 8.7 系统基础数据查询模块

8.3.3.1.2 成果应用模块

在土地督察类型区划分系统中，成果应用模块主要是展现土地督察类型区划分的结果，为督察工作人员提供直观的视觉实物，同时结合督察警戒级、督查办法和综合统计分析功能实行差别化督察（图 8.8）。

图 8.8 督察类型区成果展示

8.3.3.1.3 成果更新模块

在土地督察类型区划分系统中，成果更新模块在类型区的划分上有两种作用。一是针对现状指标进行赋值，然后采用聚类分析模型进行类型区划分；二是在督察的后续工作中，根据指标值的变化更新督察类型区，在时间和空间上适时调整督察重点和督察方式，切实提高督察效率（图 8.9）。

8.3.3.2 警戒级别评定系统开发

根据土地督察警戒级的评定思路，借助 SuperMap 二次开发平台对警戒级评定系统进行了研究。由于地理信息系统空间分析与数据管理功能强大，警戒级评定系统的研发对于提高督察效率具有积极的意义。警戒级评定系统属于土地划区分级督察信息系统中很重要的一个组成部分，其信息的处理与应用是基于整个信息系统的基础功能应用之上的，包括文件管理、地图操作、地图编辑等。从其自身的特点来看，它主要包含了两个模块，分别是成果更新模块和成果应用模块。

8.3.3.2.1 成果更新模块

土地督察警戒级系统中，成果更新模块对警戒级的划分与类型区的划分类似，同样具有两种功能。一是对现时数据的分析划分督察警戒级，二是在时间尺度上依据级别评定指标的变化更新督察警戒级。由于在督察的实际操作中，基于县域单元的督察才是最为合理的，基于图斑单元的督察成本过大，效率较低，所以该系统最终呈现的是以县域为单元的督察级别图。

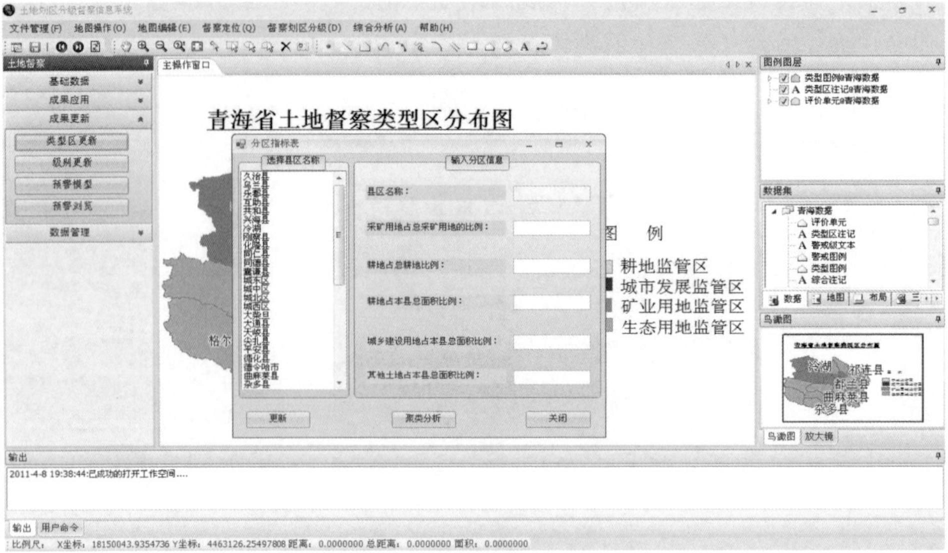

图 8.9　类型区更新示意图

成果更新模块可以实现指标数值的更新、综合计算以及图标统计等功能，实现县域单元的督察级别划分（图 8.10、图 8.11）。

图 8.10　级别更新示意图

8.3.3.2.2　成果应用模块

根据目标区域的用地类型、督察特点制定了相应的指标体系并运用层次分析

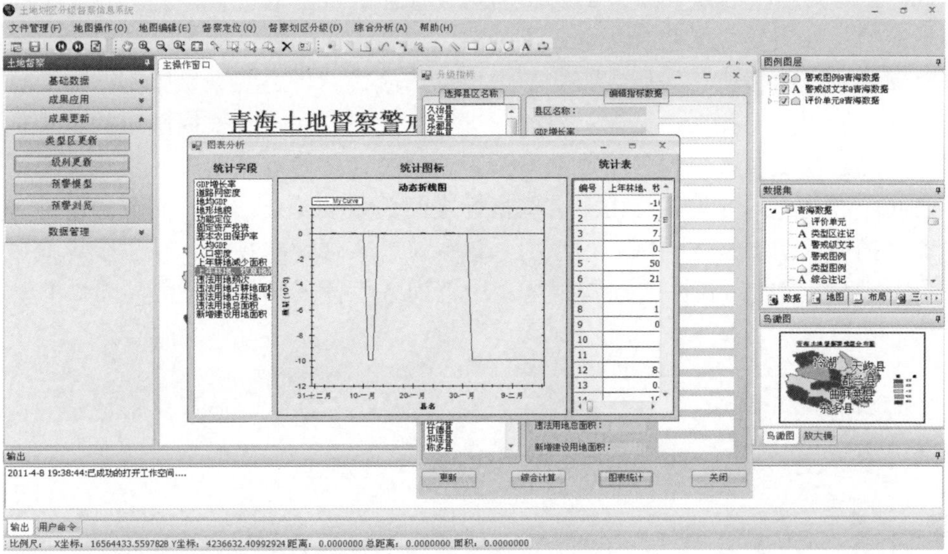

图 8.11 图表统计示意图

法进行督察级别划分后，可以进行成果展示（图 8.12），使督察工作人员更为有效直观地查看各县域的督察级别，进行差别化土地督察。

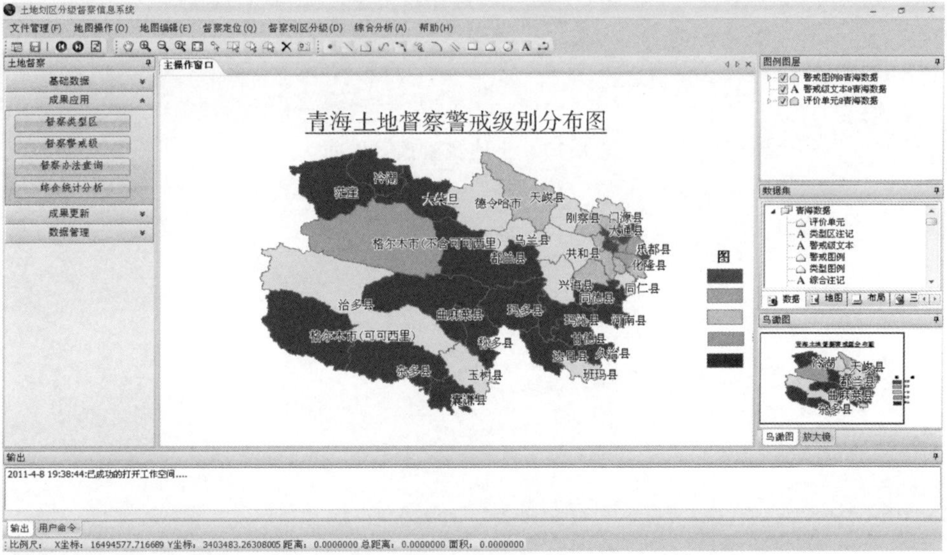

图 8.12 督察警戒级别成果展示图

8.3.3.3 土地督察预警系统开发

研究采用系统动力学的方法和原理具体实现土地督察预警模型，在 Microsoft

Visual Studio 2005 中完成模型实现，建立青海省土地督察预警模型。建立系统动力学模型包括主要包括两个步骤：①画出系统各组成部分之间关系的流图。土地督察预警系统由警情、警源、警兆三大指标构成，三者之间联系紧密，需要详细分析各指标之间的关系。②建立对流图进行描述的方程式。根据画出的各指标因果关系图建立反映系统内各组成部分关系的流图，并通过流图进一步建立不同指标之间影响变化的方程式。由于有些指标之间关系较复杂，并非简单的线性方程能加以描述，需要将逻辑回归模型引入该系统，实现智能预警，在系统界面中由“预警模型”完成，并在“预警浏览”中查询各年各区域督察警度（图 8.13）。

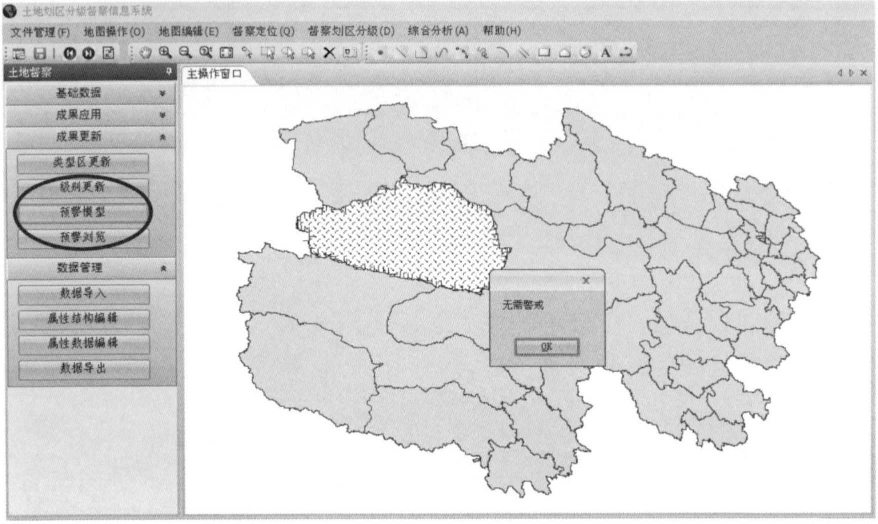

图 8.13　土地督察预警界面

9 成果应用与运行保障

西北地区具有土地资源丰富、矿产资源储量丰富、人口密度小、产业集聚性强、土地利用方式多样等特征，而青海省作为西北地区的一员，其经济发展处于工业化初期向中期转化阶段，年用地量相对不大，土地违法案件在量上属中等水平，能够代表西北地区的典型用地特点，体现西北土地利用的特征。因此，选择青海省作为本次研究的试点，并针对青海省土地划区分级督察工作建立完整的运行机制和保障体系，以科学指导青海省土地划区分级督察的试点工作，为进一步推广应用研究成果积累切实可行的、可操作工作经验，奠定坚实的基础。

9.1 成果应用与推广

9.1.1 指导思想

全面实践科学发展观，以构建保障和促进科学发展的土地管理新机制为主线，以对土地督察区域进行划区分级为基础，以实现差别化的土地督察方法、差别化的土地政策、差别化的绩效评估为核心，建立划区分级督察模式，实行土地督察精细化管理，提升土地督察工作的针对性、效能性和科学性，促进最严格的耕地保护和节约集约用地目标的实现，不断提高土地督察对社会经济全面协调可持续发展的保障作用。

西北地域广，气候干旱，生态环境脆弱，主要社会经济活动区与稀缺的耕地及其他农业资源分布区相重叠，大量的新增建设用地集中于大中城市、工矿区及交通沿线，形成特有的土地利用格局。以构建保障和促进科学发展的土地管理新机制为主线，保护耕地资源和改善生态环境，促进区域可持续发展是西北土地督察的重要任务。由于国家土地督察西安局督察区域面积广、任务重，试行土地划区分级督察，是构建土地督察新机制的有效探索，是科学发展观在土地督察工作中的具体体现。通过试点和培训活动，将土地划区分级督察技术在国家土地督察西安局督察区域内其他 4 省（陕西、宁夏、甘肃和新疆）进行推广应用。

9.1.2 必要性与可行性

9.1.2.1 必要性

青海省是我国西部地区的省份之一，其地广人稀、土地利用水平相对较低的特征在整个西部地区具有一定的典型性和代表性，因此，以青海省为试点进行技术推广有一定的必要性。

（1）西部区域地广人稀、督察任务艰巨。国家土地督察西安局辖管西北5个省（自治区）及新疆生产建设兵团、52个市（地、州）、359个县（市、区），总面积达$311.34\times10^4km^2$，总人口9842.46万人。而额定编制人均督察土地面积为$8.2\times10^4km^2$，是全国额定编制人均督察土地面积的3倍，督察任务艰巨。青海省的划区分级办法与土地督察差别化办法突出了青海省的土地督察工作重点，划分了土地督察重点区域，明确了土地督察的差异性任务。因此，将青海省土地划区分级督察研究成果和试点经验进行推广可对西北区域其他省（自治区）及新疆生产建设兵团的土地督察工作具有建设性的指导作用，可大幅提高国家土地督察西安局的督察效果。

（2）土地利用整体水平相对较低，区域性差异明显。我国西北地区由于自然环境恶劣、地广人稀、经济相对落后，土地利用整体水平相对较低，土地违法违规行为相对集中，呈现区域性差异特点。各行政范围内可采用相应的土地督察办法，实现区域督察任务与督察办法对接，进行全面开展、有针对性地实施土地督察工作，以最少的人力、物力和财力实现最有效的土地督察。

（3）土地督察方法需不断丰富和完善。我国土地督察工作起步晚，但发展较快，已经形成了相对较为完备的土地督察体系，多种土地督察方法在摸索中也得以不断丰富和完善。我国西北区域有其自身的特点，其土地督察工作的开展也有别于全国其他区域。偏少的人力资源和广袤的督察区域要求西北区域的土地督察工作探索适合其自身发展的土地督察方法，并需在探索中不断丰富和完善。

9.1.2.2 可行性

青海省土地划区分级督察研究是国家土地督察西安局和青海省政府在进行土地督察工作中的一次探索，并取得了阶段性的成果，达到了预期目标，其推广意义重大。根据后续工作的安排及开展，在整个西北地区开展土地分级督察工作具有一定的可行性。

（1）行政管理可行性。青海省土地划区分级督察研究是由国家土地督察西安局和青海省政府共同牵头开展的。西北地区的其他4个省（自治区）及新疆生产建设兵团也隶属于国家土地督察西安局辖管区域，而且这些省域与青海省有相似的区域特征，地方政府也给予高度的关注和支持，加上督察局自身创新和改进土地督察方法的现实要求。因此，在行政管理层面上，青海省土地划区分级督察研究的技术推广具有可行性。

（2）技术应用可行性。青海省土地划区分级督察研究由国家土地督察西安局组织，相关高校和科研机构合作，聘请领域专家对研究进行了多次讨论和论证，形成了“科研单位为研究依托与基础，领域专家为技术指导与顾问”的项目实施模式。有强大的技术力量和项目经验，在技术应用层面上，青海省土地划区分级督察研究的技术推广也具有可行性。

（3）资金支持可行性。青海省土地划区分级督察研究的阶段性成果和试点应用已在一定程度上表明能够提高青海省土地督察工作的效果，表现出项目推广的必要性。同时，西北地区其他区域的土地划区分级督察也将由国家土地督察西安局牵头开展。因此，作为一项有效的项目土地督察技术，将受到国家和地方的双重支持，已被列入国家土地督察西安局重点调研内容，资金支持层面上，其推广也具有可行性。

9.1.3 技术路线

以青海省作为试点，通过对试点研究工作进行总结，进一步修正和完善土地划区分级督察技术，并将该技术推广应用于陕西、宁夏、甘肃和新疆（含兵团），并及时对各区的技术推广工作进行总结和完善，形成西北五省的土地划区分级督察技术体系，以实现对西北五省进行综合的土地划区分级督察工作。本次技术推广的技术路线见图9.1。

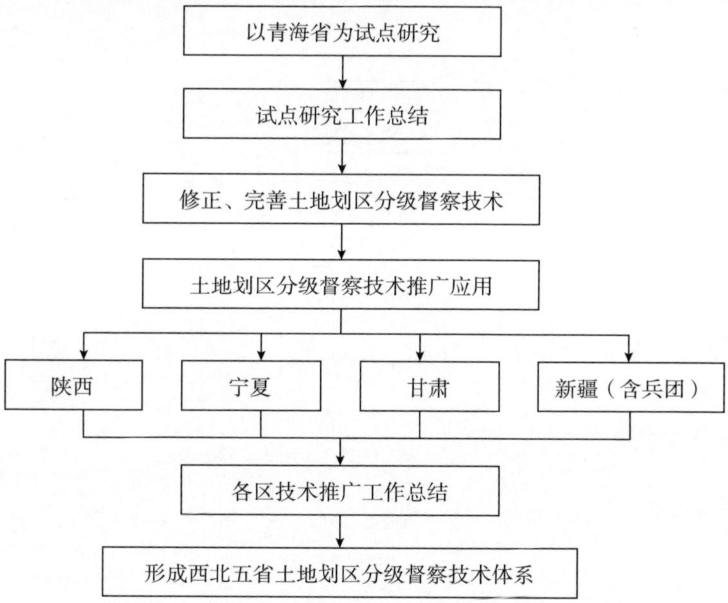

图9.1 成果应用与技术路线

9.2 运行机制

土地划区分级督察运行机制包含组织结构机制、技术培训机制、更新机制、系统维护和优化机制以及安全保密机制。这5种机制中，组织结构机制和技术培训机制起着基础性的作用，系统的维护和优化机制以及安全保密机制是保障性因素，更新机制是动力因素，机制之间的关系见图9.2。

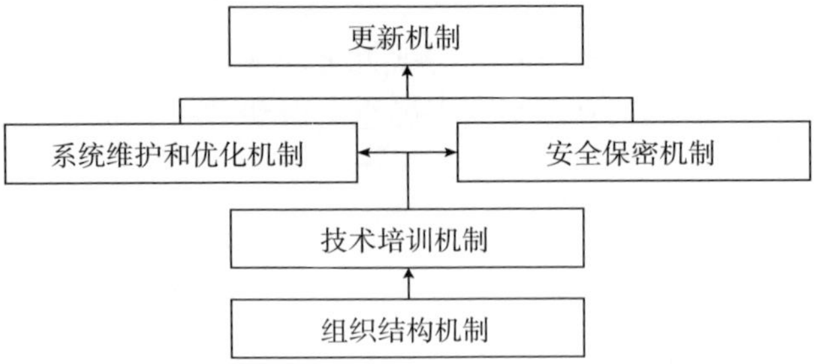

图9.2　土地划区分级督察运行机制关系图

组织结构机制是其他4种机制的前提和基础，并推进了技术培训机制的形成；系统维护和优化机制与安全保密机制为更新机制提供了保障；更新机制保证了整个系统的持续、高效运行。具体工作流程见图9.3。

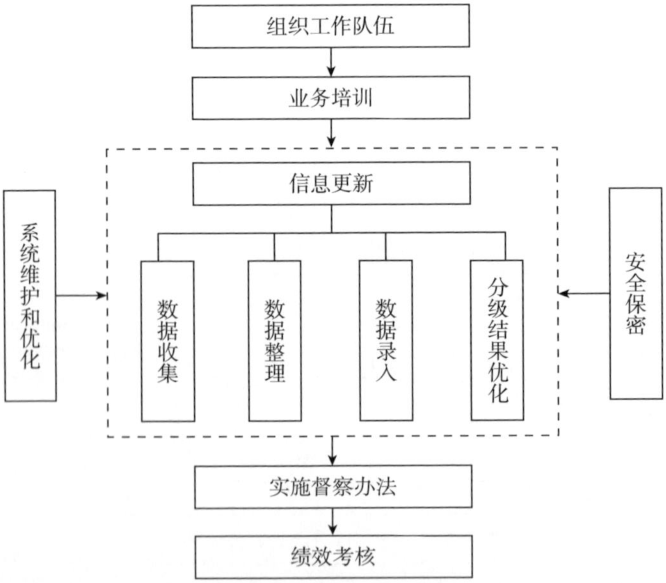

图9.3　土地划区分级督察工作流程

9.2.1 组织结构机制

组织结构包括人员组织和工作组织。人员组织包括领导人员及具体工作人员的组织。工作组织包括工作的开展和实施。组织结构见图9.4。

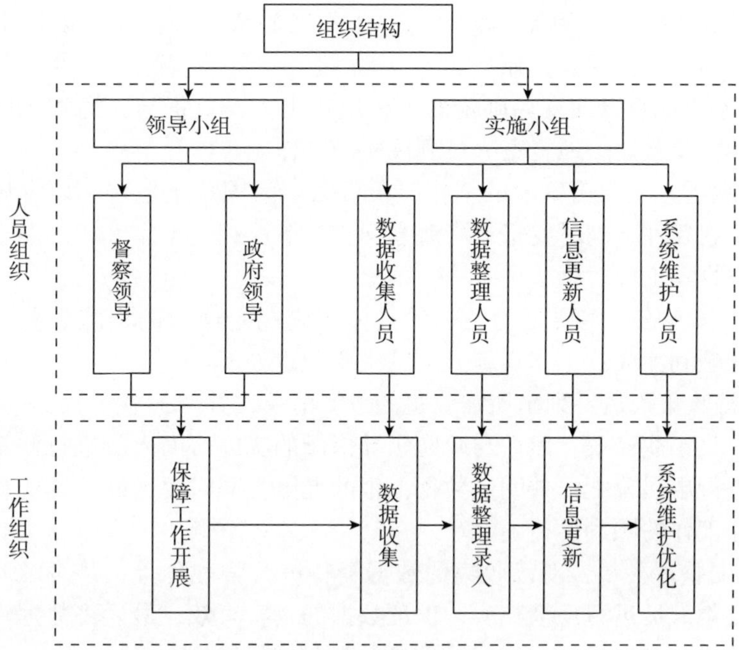

图9.4 土地划区分级督察工作组织结构图

9.2.1.1 人员组织

（1）领导人员组织：由国家土地督察西安局和青海省人民政府联合成立专门的领导小组，督促、监督该项工作的开展和实施。领导小组组长由西安督察局局长和青海省人民政府秘书长共同担任。小组成员由国家土地督察西安局、青海省国土资源厅及其他相关部门（主要有统计、环保、建设等）的副职组成。

（2）组织相关的土地督察人员、青海省政府及国土资源厅人员、技术合作支撑机构共同实施该项工作，确保土地划区分级督察工作的开展。该项工作实施人员组成如下。

1）数据收集人员：由国家土地督察西安局明确数据收集人员，包括青海省人民政府及国土资源厅的工作人员、技术合作支撑机构人员，按照职责分工，共同完成数据收集工作。

2）数据整理人员：由国家土地督察西安局和技术合作支撑机构人员共同明确数据整理人员，负责数据的整理和录入工作。

3）信息更新人员：由国家土地督察西安局确定信息更新人员，完成系统信息的更新工作。

4）系统维护人员：由国家土地督察西安局确定信息维护人员，负责信息系统的日常维护和优化工作。

9.2.1.2　工作组织

（1）工作保障：由领导小组对该项工作实施决策和协调，以便工作的顺利开展。领导小组的主要职责如下。

1）国家土地督察西安局确定的工作组负责人：负责与青海省人民政府进行工作联络，以及督促土地督察人员开展实施工作。

2）青海省人民政府确定的工作组负责人：为国家土地督察西安局进行该项工作提供便利条件，同时要指派青海省国土资源厅相关工作人员协助土地督察人员进行数据收集工作。

（2）工作实施：主要是为工作的具体实施制定详细的实施步骤，以确保该项工作能够顺利完成。工作实施人员的主要职责如下。

1）数据收集人员：列出所需收集的数据清单，并掌握各种数据的数据来源、所属单位、收集途径等，然后与政府领导指派的实施协助人员进行联系，将数据收集任务进行层层分配，并明确数据上报的期限，同时要做好数据资料的保密工作，以保证工作的顺利进行。

2）数据整理人员：对已收集的数据资料进行整理分类，并对疑似失实的数据向数据收集人员进行反馈核实，保证数据的真实有效，最后将数据转换成本系统所认可的格式进行录入，以保障信息更新工作的进行。

3）信息更新人员：对已经录入的数据进行系统分析，得出土地督察划区分级的成果，并对成果进行时间序列的和不同区域的比较研究。为下一步的土地督察工作提供科学依据。

4）系统维护人员：对系统的内部环境以及外部环境进行日常的维护工作，保障硬件、软件的正常运行，同时系统维护人员也要对系统的优化升级有着全面的认识，以便于协助技术承担单位进行后续的软件升级工作。

针对青海省这一试点区域，在实际运行过程中，发现不足并及时修正，进而形成更完整、更成熟的土地划区分级督察信息系统。

9.2.2　技术培训机制

为保证土地划区分级督察工作的顺利展开，其工作组领导人员和实施人员必须要了解、掌握一定的土地划区分级督察的相关知识。为提高土地督察人员的认知水平，则应该建立土地划区分级督察技术培训制度，提高有关人员的认识水平，促使该项工作的顺利实施。对工作人员进行技术培训的主要内容包括以下几方面。

（1）土地划区分级督察基础知识培训。该项培训需要对工作组全体成员进行培训，培训内容主要涉及：土地划区分级督察的目的和意义、土地划区分级督察基本理论知识、土地划区分级督察体系构成、土地督察预警指标体系和研究方法、土地划区分级督察绩效考核指标体系与评价方法等方面。通过培训使得全体工作人员对土地划区分级督察工作有着全面的认识，并基本掌握基础知识。

（2）土地督察划区分级信息系统运行业务培训。该项培训主要针对工作实施人员进行培训，内容涉及数据收集、整理、录入及信息更新等方面。目的在于使得受培训人员对维持信息系统正常运行的整个工作流程有着系统、全面的了解，同时对处于不同工作岗位的实施人员的培训要有所侧重。

1）数据收集人员：通过培训使其对系统更新所需要的数据有着全面的掌握，同时对数据收集的方式和途径有着深刻的了解，并具备真实、高效地收集数据的能力。

2）数据整理、录入人员：通过培训使其掌握系统所需要的有效数据和认可的数据格式，以及能够对数据的真实有效有着一定的辨别能力，保证提供系统更新所需要的数据。

3）信息更新人员：通过培训使其能够熟练操作该信息系统，并能够对信息更新结果与以往结果进行深入和系统的分析能力，以保证为采取差别化的土地划区分级督察办法提供可靠依据。

（3）土地督察划区分级信息系统维护和优化技术培训。该项培训针对培训系统维护和优化技术人员，使其对整个信息系统的开发过程有着全面的认识，并掌握系统运行的内在机制，以及后续的日常维护和优化技能，以保证系统的安全稳定运行。对于系统的升级工作由技术支撑单位承担，并对升级后的系统如何使用进行进一步技术培训。

9.2.3 更新机制

信息的更新是保证土地划区分级结果动态管理的前提条件，科学地、合理地、有组织地、系统地进行数据的更新，以保证土地划区分级的现势性，为土地划区分级督察工作提供科学的依据。信息更新具体的工作内容主要包括以下几方面。

9.2.3.1 数据的收集

本项工作所需要收集的数据分为静态数据和动态数据两类，静态数据主要是指图件数据。动态数据主要是指土地督察级别评定和绩效评价的指标数据。

所需收集的静态数据以及所属部门见表9.1。

表 9.1 静态数据清单

序号	资料名称	所属部门	备注
1	行政区划图	国土资源	最新
2	主体功能区图	国土资源	最新
3	土地利用分区图	国土资源	最新
4	地貌分区图	国土资源	最新

由于静态数据常年变化幅度很小，不需逐年更新，建议以 5 年为周期进行核实更新。

动态数据主要分为两类：一是土地督察类型区分级评价指标，数据以及所属部门见表 9.2。二是土地划区分级督察绩效考核指标数据，数据以及所属部门见表 9.3。

表 9.2 土地督察类型区分级评价指标数据清单

序号	资料名称	所属部门	备注
1	土地违法频次	国土资源	评价目标年
2	违法用地占耕地面积	国土资源	评价目标年
3	上年耕地减少面积	国土资源	评价目标年
4	基本农田保护率	国土资源	评价目标年
5	城市化水平	统计	评价目标年
6	违法用地占建设用地面积	国土资源	评价目标年
7	新增建设用地面积	国土资源	评价目标年
8	人口机械增长率	统计	评价目标年
9	人口密度	统计	评价目标年
10	固定资产投资	统计	评价目标年
11	人均 GDP	统计	评价目标年
12	交通便利度	交通	评价目标年
13	违法用地占草地、林地面积	国土资源	评价目标年
14	上年草地、林地减少面积	国土资源	评价目标年
15	违法用地占未利用地面积	国土资源	评价目标年

表 9.3 土地划区分级督察绩效考核指标数据清单

序号	资料名称	所属部门	备注
1	违法占用耕地面积占新增建设用地占用耕地面积比例	国土资源	评价目标年
2	补充耕地和基本农田的实际到位比例	国土资源	评价目标年
3	对土地违法违规案件的群众信访接收与处理次数	土地督察西安局和各级国土部门	评价目标年

续表

序号	资料名称	所属部门	备注
4	督察权行使反馈	土地督察西安局职能部门	评价目标年
5	年度督察土地违法违规立案率	国土资源	评价目标年
6	年度督察土地违法违规案件结案率	国土资源	评价目标年
7	督察土地违法违规案件的平均响应时间	土地督察西安局职能部门	评价目标年
8	督察土地违法违规案件平均整改时间	土地督察西安局职能部门	评价目标年
9	年度督察资金投入	土地督察西安局职能部门	评价目标年
10	年度督察人力投入	土地督察西安局职能部门	评价目标年

考虑到数据的逐年变化性和数据的可获得性，建议以3至5年为周期，以各级行政单位分时、分级进行数据收集和更新，实时进行划区分级结果的定性修正。

由于数据收集工作任务重、工作量大，为了提高工作效率，需要通过不同途径进行数据收集工作。主要的数据收集途径有：数据挖掘、实地收集、邮寄、电子邮箱传输以及系统网站上传等。

（1）数据挖掘：对于能够通过遥感影像等资料进行挖掘的数据可直接通过数据挖掘获取，该项工作由土地督察工作人员完成。

（2）实地收集：对于关键的需要实地核实验证的数据以及高度保密的数据可通过实地考察收集的方式进行，该项工作由青海省人民政府指定相关人员协助土地督察人员完成。

（3）邮局邮寄：对于一般纸质数据可通过邮局邮寄的方式进行收集，该项工作由数据来源单位相关人员完成。

（4）电子邮箱传输：对于保密级不高的电子版数据可通过电子邮箱传输的方式进行，但是要对所传输的文件进行加密处理，该项工作由数据来源单位相关人员完成。

（5）群众对于违法用地的举报以及其他相关意见和建议可通过系统网站直接上传。

在数据收集过程中优先考虑收集电子版数据，以提高数据收集工作的效率，同时大大减少了数据整理的工作量。为了保证数据的真实有效，须对所有数据注明数据来源，并加盖所属单位公章、对部分数据进行抽查，一旦发现数据失实，要对相关责任人进行严肃处理。

9.2.3.2 数据的整理和录入

对收集的各种数据进行集聚和统一处理，形成统一的土地督察划区分级信息系统资源库，并形成海量数据交换、共享、查询和管理机制。进一步通过数据集中挖掘，提高数据利用率。经过录入整合后的数据应该具有准确性、权威性、可靠性等。

9.2.4 系统维护和优化机制

系统的稳定可靠是开展土地划区分级督察工作的重要基础。系统维护就是要保证系统在工作过程中能够持续稳定和高效的运行。系统维护可分为系统内部环境维护和系统外部环境维护两方面。

9.2.4.1 系统内部环境维护

由于本系统设计以可靠性为前提，充分考虑后备以及灾难恢复系统，使系统在部分故障时仍然能够提供服务，并且能够很快地排除故障正常运行，大大减少了系统内部环境维护的工作量。因而本系统内部环境维护主要是对系统进行性能测试，在系统运行中提供全程质量保证。

性能测试是一种信息的收集和分析过程，过程中收集的数据用来预测何种负载水平将耗尽系统资源。主要目的是为维护系统的性能找到有效的改善策略。本信息系统的测试主要从以下几个方面进行。

（1）连接速度测试。主要是测试用户连接到系统上传和下载数据的页面响应时间，有些页面有超时的限制，如果响应速度太慢，用户可能还没来得及浏览内容，就需要重新登录。并且，连接速度太慢，还可能引起数据丢失，使用户得不到真实的页面。

（2）负载测试。负载测试是为了测试系统在某一负载级别上的性能，以保证系统在需求范围内能正常工作。负载级别可以是某个时刻同时访问系统的用户数量，也可以是在线数据处理的数量。测试如果超过了这个数量，会出现什么现象。

（3）压力测试。进行压力测试是指实际破坏一个系统，测试系统的反映。压力测试是测试系统的限制和故障恢复能力，也就是测试系统会不会崩溃，在什么情况下会崩溃。压力测试为了得到可信的结果，一般安排在实际的网络环境中进行。通过模拟多个用户同时访问系统进行压力测试。压力测试的区域包括表单、登录和其他信息传输页面等。

9.2.4.2 系统外部环境维护

要想保证系统顺畅运行，在维护好系统内部环境的同时，还需做好预防性的外部环境日常维护管理工作。要在熟悉信息系统技术体系和设备性能的基础上，掌握系统故障分析与排除的原则、方法和过程，学会操作使用相关测试分析工具，以达到快速准确地分析和排除故障的目的。

（1）系统运行环境维护。良好的工作条件和环境，是系统正常运行的基础。要按照国家标准，调节系统运行环境。运行环境要求主要有：工作温度是常温环境，即15℃～25℃，温度太高或太低，都会影响设备的寿命；网络设备理想的相对湿度为40%～60%，湿度太高会影响机件的性能，湿度太低，则容易产生静电，损坏设备；电脑在运行一段时间后，要全面进行电脑内部的清洁，如软驱清洁、主机内电路板的清洁等，以免灰尘在电脑内部长期积累后，往往会引起电路的短路；在使用电脑时，应尽量使电脑远离音响设备、电机、大功率电器、电源等电磁干扰源，以避免电磁干扰；供电电源对网络系统的影响很大，交流电正常的范围应在220V ±10%，频率范围是50Hz ±5%，并且具有良好的接地系统。

（2）系统日常操作维护。错误操作是导致系统故障的主要原因之一，要减少或避免误操作，必须养成良好的操作习惯。正确的操作使用主要体现在以下几方面。

1）要正确开关机：不要在驱动器灯亮时强行关机，也不要频繁开关机，另外，关机时必须先关闭所有的程序，再按正常的顺序退出，否则有可能损坏程序。

2）不带电操作：在增减电脑的硬件设备时，必须要断掉与市电的连接后，并确认身体不带静电时，才可进行操作。在触摸电脑内部部件或电路前，一定要释放人体的高压静电，比如触摸一下水管等接地设备。

3）防止静电：在接触电路板时，不应用手直接触摸电路板上的铜线及集成电路的引脚，以免人体所带的静电击坏这些器件。

4）注意防振：设备在加电之后，不应随意地移动和振动，以免造成硬盘表面的划伤或意外情况的发生，造成不应有的损失。

5）加强病毒防范：使用来路不明的软盘或光盘前，一定要先查毒，安装或使用后也要再查一遍毒，因为一些杀毒软件对压缩文件里的病毒无能为力。

6）及时维护硬盘：系统非正常退出或意外断电后，应尽快进行硬盘扫描，及时修复错误。因为在这种情况下，硬盘的某些链接会丢失，给系统造成潜在的危险，如不及时修复，会导致某些程序紊乱，甚至危及系统的稳定运行。

为了顺应未来计算机技术的发展，保证系统的现势性，本系统采用模块式升级方式，使用先进的网络开发技术，以 C/S 或 B/S 体系结构为框架，结合模块化和结构化的设计思想，具有适当的超前性。在硬件方面，能够支持多种硬件设备和网络系统，能够方便地扩展应用；在数据方面，网络系统、数据库系统和信息通讯枢纽采用标准数据接口，具有与其他信息系统进行数据交换和数据共享的能力。通过不断对系统进行优化，保证系统能够准确、高效的运行。

9.2.5 安全保密机制

土地划区分级督察信息资源共享依赖于计算机和网络技术而存在，它是搭建在基于互联网技术的网络平台上，而互联网的安全先天不足，自身缺少设防和安全隐患很多，土地划区分级督察信息的安全保密问题关系到土地督察的准确实施。安全保密机制就是指出于对系统信息资源的保护，防止信息在吸收、处理、传送、保存等过程中被窃取、篡改和破坏，土地督察划区分级信息系统应当能够抵御侵犯而具有包括保密性、完整性、真实性、可用性和可控性等特征。

目前可能存在的安全与保密问题有以下几点。

（1）由于缺少规范的信息资源共享制度和例外的规定，信息资源究竟应该如何划定共享与不共享的界限在实践中非常困难。

（2）网络易于被攻击性。病毒和黑客软件泛滥成灾，使得掌握了一定技术的人可以轻易获取网络服务器上的用户账号信息和文件，并可进入系统修改删除重要数据文件。

（3）安全意识薄弱。由于土地督察人员对信息技术、网络技术和计算机技术掌握的水平有限，对网络安全性的认识不足，网络安全意识薄弱，对系统信息资源的安全机制建设缺乏应有的积极态度。

（4）信息资源日趋复杂。随着工作的开展，各信息系统之间的相互操作越来越多。由于缺乏应对的信息处理交换平台，导致数据有效性、真实性、可用性存在安全问题。

因此，土地督察划区分级信息系统需要从全局来考虑其安全策略，以保障信息更新的安全稳定。

（1）确定有关安全保密的规定。需要设立专项的、具有可操作性的规定，为不同种类的秘密信息资源设定合适的密级。

（2）加强安全组织与管理。改变传统的安全管理方法和手段的模式，以完成和强化信息安全的管理，对信息安全进行动态的、全面的、有效的、不断改进的管理。

（3）建立安全标准与规范。实施统一的标准和规范，有利于保证信息资源安全可信性、实现信息资源的更新和可扩展性，支持系统安全的测评与评估，保障土地督察划区分级信息系统的安全可靠。

（4）安全技术手段。例如利用 VPN 技术，对不同部门、不同业务之间进行隔离。并运用防火墙、安全数据库漏洞扫描、入侵检测、计算机病毒防治工具等安全防御措施。

9.3 保障措施

青海省土地划区分级督察实施保障的具体措施是以国家法律法规等为基础，结合本项工作的实际情况，以保障土地督察划区分级信息系统的正常运行为基本目标，遵循其运行机制体系的基本原则，并在其基本思想指导下，从制度、人员、技术和经费 4 个方面实施保障措施（保障体系见图 9.5）。

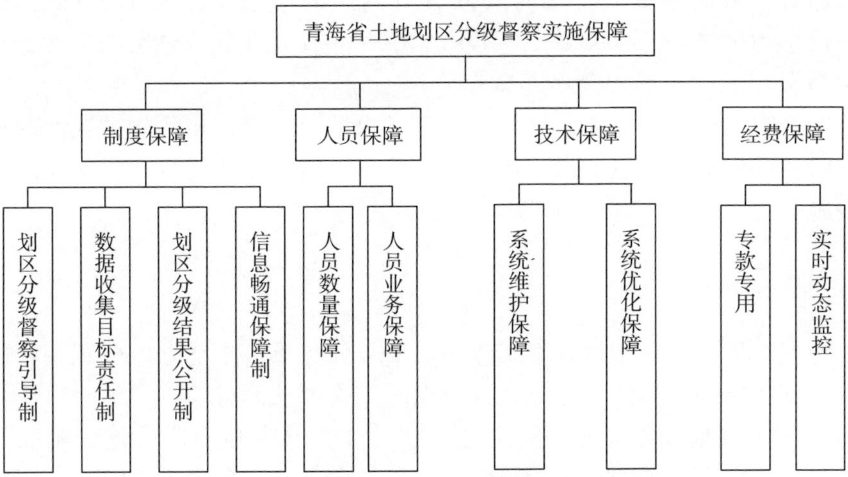

图 9.5 青海省土地划区分级督察实施保障图

9.3.1 制度保障

建立完善的土地划区分级督察管理制度是督察工作正常、高效运转的重要保障。为了保证土地划区分级督察工作的顺利进行，应建立、完善和实施以下工作制度。

（1）实行划区分级督察引导制。国家土地督察西安局对于青海省实施土地划区分级督察工作，是一项督察系统的试点工作。为了保证该项工作的顺利开展，需要将该项工作落实到土地督察西安局的实际业务中。考虑到土地划区分级督察是为了通过区域差异性土地督察的方式来提高督察的工作效率，具有全面性、针对性和相对周期性，因此建议将该项工作与现有督察业务相衔接。

（2）数据收集目标责任制。数据资料的翔实可靠是土地划区分级督察的重要保障，为了提高数据资料收集工作的效率，国家土地督察西安局要按照逐步“由上至下”将数据收集任务层层分配，即“省—市（州）—县（区）”三级推进模式。由此把土地划区分级督察的数据收集任务下放，并明确各级资料收集责任人，由土地督察人员对数据进行核实和督导。

（3）划区分级结果公开制。对青海省土地划区分级结果定期进行公示，体现评价结果的公开、公平和公正。相关公务人员可通过网络平台对评价结果提出合理化建议或指出不足之处，西安督察局对建议意见进行梳理，并及时修正完善，以保证土地督察划区分级结果的科学性和实用性。

（4）信息畅通保障制。为了保证信息畅通，建立完备的信息上报体系，为他人举报违法用地情况、发表意见和建议开辟畅通的信息传输渠道。主要的信息传输渠道有：①国家土地督察西安局官方网站的信息上报系统进行信息举报；②公布信息举报电话“12336”；③设立信息举报专用邮箱；④公布邮政地址，便于信函举报。

西安督察局相关工作人员将分类核实举报情况，根据核实的情况及时做出处理。同时要严格保密信息上报人员的个人信息，保障其合法权益，并实施一定的奖励措施。

9.3.2 人员保障

青海省地域辽阔，土地督察工作人员少、任务重。土地划区分级督察的实施需要有一支完备的人员队伍保障。人员保障工作要从两方面落实。

（1）人员数量保障。考虑到土地督察工作人员数量有限，建议精简的工作队伍人员组成如下：①国家土地督察西安局任命工作组负责人 1 名；②青海省人民政府任命工作组负责人 1 名；③国家土地督察西安局指定数据收集、整理人员 1 名；④国家土地督察西安局指定数据录入和更新人员 1 名；⑤青海省人民政府指定国土资源厅数据收集工作协助人员 1 ~2 名。

由此可得精简的工作队伍由 5 ~6 人组成（其中国家土地督察西安局工作人员 3 名，青海省人民政府安排工作人员 2 ~3 名）。如果土地督察人员数量允许，可适当增加该项工作的实施人员数量。为了防止由于实施人员工作调动而影响到该项工作的进行，还需要有稳定的实施骨干成员，骨干成员由国家土地督察西安局指定一人。骨干人员的职责是既要参与工作的实施，又要对新加入的工作人员进行技术培训，使其快速上岗，以保证该项工作的顺利开展。

（2）人员业务保障。要加强培养实施人员，使其对土地划区分级督察工作有着全面的认识和掌握，了解具体操作过程及督察方式，建立督察工作人员整训制度，提高督察干部业务素质，确保该项工作落到实处。督察队伍应及时上报土地划区分级督察过程中出现的问题，以及对此种督察方式的思考、建议等，使土地划区分级督察保持时效性。

9.3.3 技术保障

本项工作技术保障主要是保证土地督察划区分级信息系统的操作、维护和优化工作的顺利进行。本信息系统的设计是以可靠性为前提，充分考虑后备以及灾难恢复系统，使系统在部分故障时仍然能够提供服务，并且能够很快地排除故障以正常运行；同时提供及时准确的系统维护，在系统运行中提供全程质量保证。

为了便于系统的优化，本信息系统采用模块式升级方式，可逐步实现平滑扩容；使用先进的网络开发技术，以 C/S 或 B/S 体系结构为框架，结合模块化和结构化的设计思想，具有适当的超前性。

在硬件方面，能够支持多种硬件设备和网络系统，并能够方便地扩展应用。在数据方面，网络系统、数据库系统和信息通讯枢纽采用标准数据接口，具有与其他信息系统进行数据交换和数据共享的能力。系统采用符合工业标准的技术，支持统一标准的软硬件接口，提供 Web Service 接口，可以与其他系统之间进行互联，可以把本系统的数据送到其他系统中，也可以从其他系统读取数据。

本系统支持多种 GIS 发布平台，兼容多种地图数据格式，可以更加灵活地满足用户需求。此外，本系统数据的安全性被高度重视，对于网络系统采取防范措施防止黑客的入侵；对于内部工员及其他用户有相应的权限控制，避免用户能够操作到超越权限的数据；提供自动故障报警检测以及一定程度的自恢复能力。因此，本系统的设计为该项工作的开展提供了有力的技术保障。

同时，技术承担单位将对系统的运行进行跟踪保障，并负责系统的后期升级工作，以保障系统的持续和高效运行。

参考文献

[1] 姜大明. 国家土地督察公告（2015 年第 1 号）.

[2] 李园媛. 在线土地督察系统应用研究——以兰州市土地例行督察为例［D］. 西安：长安大学硕士学位论文，2012.

[3] 屈少科. 我国土地长效管理机制构建研究［J］. 现代商业，2010（3A）：180.

[4] 周琳玉，王梦飞. 目前我国城市土地管理中的问题及对策［J］. 企业文化旬刊，2014（6）.

[5] 许志跃. 科学发展观与传统发展观之比较［J］. 中共济南市委党校学报，2009（2）：35 ~ 37.

[6] 葛世莲. 树立和落实科学发展观推进经济增长方式的根本性转变［J］. 攀登，2006，25（5）：66 ~ 68.

[7] 张玉国，杜立新，安静. 畜禽地方品种资源及其保护的经济学分析［J］. 山东家禽，2002（7）：43 ~ 45.

[8] 王俊贤. 科学发展观与生态文明的内在关系［C］. 中国科协年会，2010.

[9] 杨建涛. 河南省城乡统筹发展测度研究［D］. 开封：河南大学硕士学位论文，2008.

[10] 张惜伟. 城市住宅区位特征及居民择居行为分析——以北京市为例［D］. 北京：中国农业大学硕士学位论文，2006.

[11] 徐阳，苏兵. 区位理论的发展沿袭与应用［J］. 商业时代，2012（33）：138 ~ 139.

[12] 樊杰，相伟. 区位论、空间结构与区域（空间）规划［C］. 中国法学会经济法学研究会 2005 年年会，2005.

[13] 颜克芬. 技术进步的经济增长模型探析［D］. 北京：中共中央党校硕士学位论文，2005.

[14] 张文敏. 结合行政问责制度 浅谈中国行政监督机制［J］. 学理论，2011（8）：8 ~ 9.

[15] 董祚继. 国家土地督察制度的理论渊源. http：//www. gjtddc. gov. cn/xxyd/lltt/200907/t20090706_ 18410. htm，2009 - 07 - 06.

[16] Cascini L. Applicability of landslide susceptibility and hazard zoning at different scales［J］. Engineering Geology，2008，102（3）：164 ~ 177.

[17] Liu X，Li J. Scientific solutions for the functional zoning of nature reserves in China［J］. Ecological Modelling，2008，215（1）：237 ~ 246.

[18] Del Carmen Sabatini M，Verdiell A，Iglesias RMR，et al. A quantitative method for zoning of protected areas and its spatial ecological implications［J］. Journal of environmental management，2007，83（2）：198 ~ 206.

[19] Boyes S J，Elliott M，Thomson S M，et al. A proposed multiple - use zoning scheme for the Irish Sea.：An interpretation of current legislation through the use of GIS - based zoning approa-

ches and effectiveness for the protection of nature conservation interests [J]. Marine Policy, 2007, 31 (3): 287 ~ 298.

[20] Picarelli L, Olivares L, Avolio B. Zoning for flowslide and debris flow in pyroclastic soils of Campania Region based on "infinite slope" analysis [J]. Engineering Geology, 2008, 102 (3): 132 ~ 141.

[21] Araya A, Keesstra S, Stroosnijder L. A new agro - climatic classification for crop suitability zoning in northern semi - arid Ethiopia [J]. Agricultural and Forest Meteorology, 2010, 150 (7): 1057 ~ 1064.

[22] 刘彦随. 区域土地利用优化配置 [M]. 北京: 学苑出版社, 1999.

[23] 宋国明. 加拿大国土资源与产业管理 [J]. 国土资源情报, 2004 (2): 26 ~ 32.

[24] 燕乃玲. 生态功能区划与生态系统管理 [M]. 上海: 上海社会科学院出版社, 2007.

[25] 邓静中. 我国土地利用现状区划 [C]. 中国农业土壤志, 北京: 农业出版社, 1964.

[26] 黄秉维. 中国综合自然区划的初步草案 [J]. 地理学报, 1958, (4): 14 ~ 31.

[27] 谢高地, 鲁春霞, 甄霖, 等. 区域空间功能分区的目标、进展与方法 [J]. 地理研究, 2009, 28 (3): 561 ~ 570.

[28] 贾良清, 欧阳志云, 赵同谦, 等. 安徽省生态功能区划研究 [J]. 生态学报, 2005, 25 (2): 254 ~ 260.

[29] 张熙, 申玉铭. 门头沟区旅游资源评价及功能分区研究 [J]. 首都师范大学学报 (自然科学版), 2006, 27 (3): 72 ~ 77.

[30] 尤光付. 中外监督制度比较 [M]. 北京: 商务印书馆, 2003.

[31] 梁光明. 俄罗斯土地资源管理 [M]. 北京: 中国大地出版社, 2003.

[32] 于立. 规划督察: 英国制度的借鉴 [J]. 国际城市规划, 2007, 22 (2): 72 ~ 77.

[33] 阎群力. 国 (境) 外廉政建设与反腐败考察研究 [M]. 北京: 中国方正出版社, 2007.

[34] 邱永明. 中国古代监察制度史 [M]. 上海: 上海人民出版社, 2006.

[35] 胡平仁, 鞠成伟. 论土地督察制度与土地管理模式改革 [J]. 行政法学研究, 2007 (2): 96 ~ 101.

[36] 董祚继. 走向良好监管 [M]. 北京: 地质出版社, 2009.

[37] 朗利. 地理信息系统与科学 [M]. 北京: 机械工业出版社, 2007.

[38] 何建华, 刘耀林. 土地信息学 [M]. 北京: 科学出版社, 2007.

[39] 韩德峰, 孔凡伟, 李琳. 基于 GIS 的国土资源督察信息系统的设计与实现 [J]. 矿山测量, 2009, (4): 53 ~ 56.

[40] 霍松涛. 旅游目的地旅游预警系统研究 [D]. 开封: 河南大学硕士学位论文, 2006.

[41] 詹晓燕. 环境安全预警系统研究——以浙江省农业地质环境安全预警系统为例 [D]. 杭州: 浙江大学硕士学位论文, 2005.

[42] 姚笑秋. 论我国商业银行金融风险预警系统的构建 [D]. 杭州: 浙江工商大学硕士学位论文, 2007.

[43] 张琼. 区域旅游可持续发展预警系统研究 [D]. 秦皇岛: 燕山大学硕士学位论文, 2006.

[44] 王璇子. 武汉城市圈城市土地利用安全预警机制研究 [D]. 武汉: 华中科技大学硕士学位论文, 2010.

[45] 杨杰军. 青岛市崂山区水资源可持续利用研究［D］. 青岛：中国海洋大学博士学位论文，2009.
[46] 陈军飞，王慧敏. 城市生态系统诊断预警体系研究［J］. 城市问题，2005（6）：5～10.
[47] 姚丽. 农村水利现代化指标体系及其预警管理［D］. 南京：河海大学硕士学位论文，2005.
[48] 文俊. 区域水资源可持续利用预警系统研究［M］. 北京：中国水利水电出版社，2006.
[49] 吴延熊，郭仁鉴，周国模. 区域森林资源预警的警度划分［J］. 浙江农林大学学报，1999（1）：71～75.
[50] 冷泠. 历史文化村镇外部空间保护预警方法研究［D］. 重庆：重庆大学硕士学位论文，2011.
[51] 徐芳. 大型工程项目风险预警系统研究［D］. 宜昌：三峡大学硕士学位论文，2007.
[52] 田湘波. 教育系统党风廉政预警系统构建的理论基础及设计思路［J］. 湖湘论坛，2012（6）：44～50.
[53] 黄贤金，曲福田. 耕地生态经济预警的理论与方法［J］. 生态经济，1998（5）：14～17.
[54] 刘友兆，马欣，徐茂. 耕地质量预警［J］. 中国土地科学，2003，17（6）：9～12.
[55] 刘艳芳. 多尺度耕地供需动态平衡预警体系研究［J］. 武汉大学学报：信息科学版，2004，29（5）：420～425.
[56] 白清，李满春. 耕地保护预警信息系统初步设计［C］. 中国地理信息系统协会1999年年会，1999.
[57] 赵烨，袁顺全，郧文聚，等. 农用地资源安全的监测－评价－预警系统［J］. 农业工程学报，2007，23（1）：77～81.
[58] 卞建民，林年丰，汤洁. 土地盐碱荒漠化预警理论及实证研究［J］. 农业环境科学学报，2003，22（2）：207～209.
[59] 陶青山，李江风，王建龙. 土地可持续利用预警研究［J］. 安徽农业科学，2007，35（2）：508～509.
[60] 刘艳霞. 耕地预警研究进展［J］. 黑龙江农业科学，2009（4）：142～144.
[61] 葛向东，彭补拙. 耕地总量动态平衡的监测和预警研究［J］. 自然资源学报，2002，17（1）：35～41.
[62] 李新举，胡振琪，刘宁，等. 基于土地利用和覆被变化的黄河三角洲土壤质量预警研究［J］. 农业工程学报，2006，22（8）：32～37.
[63] 赵艳萍. 农田生态安全预警研究［D］. 合肥：安徽农业大学硕士学位论文，2007.
[64] 王君厚，廖雅萍，林进. 土地沙漠化评价预警模型的建立及北方12省（市、区）分县预警［J］. 林业科学，2001，37（1）：58～63.
[65] 汤洁，林年丰. 松嫩平原西南部土地碱质荒漠化预警研究［J］. 环境科学研究，2001，14（6）：47～49.
[66] 白晓刚，李敏. 土地资源管理研究方向探讨［J］. 中国科技纵横，2013（12）：244.